Heinz Mäde

Das durchweg unliterarisch erzählte Leben eines Mannes im Deutschland des 20. Jahrhunderts

Heinz Mäde

Das durchweg unliterarisch
erzählte Leben eines Mannes
im Deutschland
des 20. Jahrhunderts

Langendorf/Untergreißlau 1999

ISBN

Verlegt bei Heinz Mäde
Langendorf/Untergreißlau

2. verbesserte Auflage 1999

Redaktion: Rita Jorek
Textbearbeitung:
Rita und Jan Jorek

Zeichnungen: Heinz Mäde

Digitale Bildbearbeitung:
Christoph Sandig, Christian Garlet

Gesamtherstellung:
Saale-Druck Naumburg GmbH
Topfmarkt 7
06618 Naumburg
Telefon: 0 34 45 / 24 37-0

Ich, Willi Kurt Heinz Mäde, wurde am 10. Juni 1916 in Böhlitz-Ehrenberg bei Leipzig geboren. - Oft habe ich diesen Satz, wie er hier steht, geschrieben als stereotypen Anfang von Lebensläufen, angefordert von Behörden und Institutionen, Lebensläufe, geschrieben als Hoffnungsträger für Bewerbungen und Gesuche. Trotz der unterschiedlichen Anlässe und Zwecke, denen sie genügen sollten, waren sie doch recht konform und steril. Es ist erstaunlich, wie sprachlich trocken und emotionslos wir über das wichtigste Ereignis in unserem Leben schreiben.
Ich weiß nicht, wie die Straße hieß, in der das Haus stand, in dem es geschah. Vielleicht hieß sie damals schon Hindenburgstraße. Es war zur Zeit des Ersten Weltkrieges, und Deutschland hatte noch einen Kaiser. Ich glaube, der Ruhm Hindenburgs war noch zu jung für solche Ehre. Erst im Dritten Reich hatte sie für kurze Zeit diesen Namen. Sicher hieß sie Südstraße - meine ersten Erinnerungen kennen nur diese Bezeichnung. Erst viel später habe ich erfahren, in welchem Haus ich zur Welt kam. Ich lag noch in den Windeln, da zogen meine Eltern mit mir und meiner neun Jahre älteren Schwester zwei Treppen hoch in die Nummer 26 derselben Straße, von der östlichen auf die westliche Seite und etwas südlicher. Es war eines der Häuser, wie sie am Ende des vergangenen und zu Beginn des 20. Jahrhunderts überall mit geringen baulichen Abweichungen in den Vororten der Städte, besonders für Arbeiter, errichtet wurden, die dort durch die damals rasch zunehmende Industrialisierung ihren Lebensunterhalt fanden und gebraucht wurden. Das waren meistens zweistöckige Gebäude mit sechs Wohnungen, wenn kein Laden dazu gehörte. Von der Straße führte ein Hausflur oder besser eine Hauseinfahrt in den Hof mit Waschhaus und anderen unterschiedlichen Zwecken dienenden Nebengebäuden.
Ich habe heute noch Hochachtung vor der Leistung dieser Zeit, in der trotz mangelhafter Technik, manuell, in relativ wenigen Jahren in solchen sich entwickelnden industriellen Zentren ein an baulicher Qualität und Quantität beachtlicher Wohnraum neben anderen großen repräsentativen Bauten entstand. Natürlich gab es kein Bad und Innenklosett. Es gab einen Korridor, geräumig, ohne Platz zu verschwenden. Von ihm gingen alle übrigen Zimmer ab: Da war eine Küche, in der man nicht nur wirtschaften, sondern auch

wohnen konnte, samt Speisekammer; denn Kühlschränke existierten damals noch nicht. Zwei einfenstrige Stuben und eine größere mit zwei Fenstern gehörten dazu. Das waren sehr solide Doppelfenster mit Jalousien. Unsere Wohnung entsprach etwa der Norm. Ich beschreibe das so ausführlich, weil ich später Erbautes kennenlernte, das, für ähnliche soziale Strukturen gedacht, von zeitbedingten Zugaben wie Bad und Innen-WC abgesehen, in bezug auf bauliche Solidität und Wohnlichkeit sich nicht vergleichen ließ, dafür aber mit propagandistischem Aufwand als gütige und wohlwollende großzügige Geste des Staates seiner Bevölkerung gegenüber dargestellt wurde, für die man ideologische Gefolgschaft und Dankbarkeit erwartete. Daß man dafür in größerem Maße landesweit schöne und solidere Häuser verkommen ließ, sie sogar abriß, war keiner Erwähnung wert.
Doch zurück zur Südstraße 26. Jetzt möchte ich erst einmal etwas über den Hausbesitzer erzählen. Hausbesitzer waren damals in der Weimarer Republik für die "Rote Fahne" und für andere Zeitungen der KPD eine der erbärmlichsten gesellschaftlichen Kategorien. Angeblich waren sie durchweg Tyrannen und Blutsauger. Ständig saßen sie auf der propagandistischen Anklagebank. Folge dieser Einstellung war nach 1945 die verordnete Rechtlosigkeit der Hausbesitzer ihren Mietern gegenüber. Als Ergebnis dieses Zustandes sahen wir die verkommenen Häuser in Städten, Vorstädten und Gemeinden nach vierzig Jahren DDR.
Unser Hausbesitzer hatte damals - es war noch die Zeit der "goldenen zwanziger Jahre" - Einfluß und Rechte auf seinen Besitz. Ich muß gestehen, daß er dies verantwortungsbewußt wahrnahm. Er war ein großer, stattlicher und - wie man so schön sagte - rechtschaffender Mann, korrekt und patriotisch. Als Maurer von Beruf war er für diese Aufgabe gut gerüstet. Die Einschränkungen, die mir beim Aufenthalt und Spielen in Haus und Hof auferlegt waren, schmerzten nicht, zumal seine Tochter, sie war etwas älter als ich, uns genügend Bewegungsspielraum sicherte. Seinen erlernten Beruf übte unser Hausbesitzer nicht mehr aus. Nach dem Krieg war er einer der sechs Polizisten im Ort geworden, eine sehr stramme, deutsch-nationale Respektperson.
Es war in der Weimarer Republik üblich, unaufgefordert und frei seine politische Überzeugung anderen kundzutun, indem man die

entsprechende Fahne zum Fenster hinaushing. Anlässe gab es genug dafür. Je härter die politischen Auseinandersetzungen gegen Ende der zwanziger und Anfang der dreißiger Jahre wurden, umso mehr und um so öfter hingen die Fahnen zum Fenster hinaus. Die Farben der Weimarer Republik waren Schwarz-Rot-Gold. Für sie setzte sich besonders, außer wenigen anderen, die SPD ein. Folglich waren es ihre Farben. Unser Hauswirt wohnte direkt unter uns im ersten Stock. Aus seinem Fenster wehte in dieser Zeit immer eine große, weit ins Parterre reichende schwarz-weiß-rote Fahne. Als die Nationalsozialisten sehr stark geworden, aber noch nicht an der Macht waren, bekam diese Fahne ein Enblem mit dem Hakenkreuz in der Mitte. Nach der Machtergreifung wehte dann die richtige Hakenkreuzflagge von rotem Tuch aus diesem Fenster. Dafür durfte er auch weiter Polizist bleiben. Über seiner Fahne hing aus unserem Fenster bis 1933 und dem bald folgenden Verbot der SPD immer die schwarz-rot-goldene und dann nie wieder eine. Es war ein richtiger Fahnenkrieg, entstanden durch freiwillige Sympathiekundgebungen für eine politische Richtung. Zu DDR-Zeiten gab es auch genug Anlässe zum Flaggen, aber man wußte nicht, geschah es freiwillig, aus politischer Überzeugung oder weil man wußte, es wurde erwartet. Als ich mein Atelier am Leipziger Markt bewohnte, kam zu einem solchen Anlaß die Hausbeauftragte zu mir, um mich diskret darauf hinzuweisen, daß ich gut beraten wäre, wenn ich eine Fahne zeigte.
Die SPD organisierte in den zwanziger Jahren verschiedene internationale Treffen in Leipzig. Zu diesen Festlichkeiten wurde nicht nur geflaggt, es wurden auch Girlanden über die Straßen gezogen. Meine Eltern beherbergten dann immer Einquartierung. Ein tschechischer Genosse hatte bei der Abreise die goldene Sprungdeckeluhr meines Vaters mitgenommen. Zum Glück bemerkte meine Mutter den Verlust und meldete ihn der Polizei. So wurde unser Gast an der Grenze die Beute wieder los.
Meine erste Erinnerung zeigt folgendes Bild: Ich versuche in das Papier einer Keksrolle zu beißen, um an den Inhalt heranzukommen. Wenn man bedenkt, daß es um diese Zeit - Ende des Ersten Weltkrieges - nicht viel zu essen gab, leuchtet dieser Akt ein.
Zur zweiten Erinnerung gehören Begebenheiten, die mit dem Tod meiner Mutter am 11. Februar 1921 in Verbindung stehen. Es war

ein schlimmes Ereignis, das mein künftiges Leben entscheidend beeinflußte. Während einer Grippeepedemie wurde sie von dieser Krankheit erfaßt und erlag ihr. Sicher hatte sie nach den entbehrungsreichen Kriegs- und Nachkriegsjahren nicht viel entgegenzusetzen. Von ihr habe ich kein Bild mehr in mir. Wahrscheinlich sah ich sie als Tote nicht. Ich erinnere mich nur, daß meine Schwester mit mir - es waren noch andere Kinder dabei - fortging, weil mein Vater und mein Onkel sie auf einem zweirädrigen Gefährt mit Plane in das Diakonissenhaus nach Lindenau schafften und wir nicht dabei sein sollten. Dieser Gang von uns Kindern in den Wald, der gleich nach der Brücke, die über die Luppe führt, am nördlichen Ortsrand begann, ist mir noch gut in Erinnerung, ebenso der Aufenthalt auf der kleinen, an einer Wegkreuzung liegenden Wiese, an derem Rand zwei große alte Eichen standen und sich noch heute als Rudimente dort befinden. Fast immer, wenn ich später daran vorüberging, gedachte ich dieses Tages.

Im nächsten Bild sehe ich mich am Rande der Grube stehen, die mein Großvater auf dem Gundorfer Friedhof für den Sarg meiner toten Mutter aushob.

Mein Großvater väterlicherseits - meinen Großvater mütterlicherseits habe ich nicht kennengelernt - war in seinen letzten aktiven Jahren Totengräber in Gundorf. Vorher war er dort der Ortsgendarm. Er soll ein strenger, auf Ordnung bedachter Gesetzeshüter gewesen sein.

Gundorf war damals eine kleine Gemeinde, westlich von Böhlitz-Ehrenberg gelegen, davon durch einen etwa einen Kilometer breiten Streifen zumeist freien Feldes getrennt. Der Gundorfer Friedhof war auch die letzte Ruhestätte der Toten von Böhlitz-Ehrenberg und Burghausen. Meine Großeltern wohnten, seit der Großvater dieses Amt ausübte, in einem kleinen Haus am Eingang zum Friedhof. Über dem ebenerdigen Wohngeschoß befand sich unter dem Dach ein geräumiger, über eine Leiter zu erreichender Boden, der meinen ersten Freund und mich zum Spielen einlud. Er war gleichen Alters und kam aus dem benachbarten Burghausen.

Etwa in der Mitte des Friedhofes am Ende seines alten Teiles steht eine schöne Kapelle. In ihr befand sich die Leichenkammer für Erwachsene und eine für Kinder sowie eine kleine Trauerhalle. Der

alte Teil des Friedhofes war auf beiden Seiten durch eine Mauer nach außen abgegrenzt. Dort hatten die wohlhabenden und angesehenen Familien ihre Erbbegräbnisse. Einen großen Teil dieser Ruhestätten pflegte meine Großmutter. Wenn sie mich bei dieser Arbeit in ihrer Obhut behalten wollte, bereitete ich ihr aus Langeweile oft Kummer, indem ich verschiedene kleine Schäden anrichtete, die sie wieder in Ordnung bringen mußte. Nach dem Tod meiner Mutter war mein Zuhause bei den Großeltern auf dem Friedhof.
Wie damals führt noch immer ein breiter Fahrweg vom Eingang des Friedhofes zur Kapelle. An beiden Seiten des Weges stehen große Linden. Meine Großmutter beschwor, wenn ein Rabe auf die vorletzte Linde der linken Seite kurz vor der Kapelle flog, dann käme in etwa einer Stunde der Leichenwagen von Böhlitz-Ehrenberg. Ich glaube noch heute, ihre Prophezeihung traf meistens ein.
Diese Zeit hat mich sicher für manches sensibel gemacht und Grundauffassungen vorbereitet. Ich lebte eine gute Zeit dort und kletterte nur manchmal an der Mauer hoch, um mit wehem Herzen nach Böhlitz zu schauen, wo mein Vater und meine Schwester wohnten. Täglich kamen Besucher zum Friedhof, meistens ältere Frauen, alleinstehend, die mir oft Kleinigkeiten schenkten, und denen ich mitunter eine Gefälligkeit erweisen konnte, wenn sie Gießkannen ausliehen oder Geräte zur Grabpflege. Viel zu erleben und zu sehen gab es, wenn Beerdigungsfeierlichkeiten stattfanden. Ich lernte Zeiten der Ruhe und des Friedens kennen in diesem Stück eingegrenzter Natur mit vielen Bäumen, Gebüsch und Blumen. Das alles wirkte auf mein kindliches Gemüt.
Romantisch waren die Johannisfeiern auf dem Friedhof, wenn sich spät beim Dunkelwerden Menschen in feierlicher Stimmung vor der Kapelle einfanden und ein Prediger unter dem Vordach des Einganges stand, um Andacht zu halten. Viel Angst hatte ich, wenn ich allein etwas aus dem Keller der Kapelle holen mußte. Dieser befand sich unter der Kinderleichenhalle. Der Eingang war ein ganzes Stück entfernt vom Wohnhaus auf der abgewendeten Seite in einer besonders einsamen und tristen Ecke. Wenn ich meinen Auftrag erledigt hatte, rannte ich, mich immer umschauend, schnell zurück.

Bei den Großeltern lebte damals ein junges Paar. Es war die Schwester meines Vaters mit dem Bruder meiner verstorbenen Mutter. Er war Straßenbahnfahrer. Die von ihm befahrene Strecke führte von Gundorf zum Leipziger Hauptbahnhof. Das Kennzeichen dieser Linie war ein weißes Dreieck, gleich einer Maurerkelle. Die Endstation lag ungefähr zweihundert Meter vom Friedhofseingang entfernt an der Straße von Böhlitz-Ehrenberg nach Burghausen, die weiter zum Bienitz führt, ein hügliges Waldstück mit Schießständen. Das wurde von der in Leipzig stationierten Reichswehr für Übungen genutzt. Die Soldaten sah ich oft am Friedhof vorbeimarschieren.
Ein anderer Onkel war ebenfalls Straßenbahnfahrer, kein Wunder also, daß mich diese Tätigkeit faszinierte. Ich erinnere mich, wie ich die Wege zwischen den Gräbern entlang lief und Straßenbahnfahrer spielte. Wenn das Wetter schlecht war, stand ich auf einer Fußbank am Fenster mit einer Kaffeemühle als Fahrerkurbel vor mir. Kam mein Onkel mit seiner Bahn in Gundorf an, lief ich oft zur Endstelle, um dabei zu sein und zu helfen, die lange Stange, die vom Wagendach zur elektrischen Leitung führte, mit Hilfe einer Leine in die andere Fahrtrichtung zu bringen.
Einmal war der Wagen vor Gundorf entgleist und lag im Straßengraben. Das gab eine Aufregung, es war nicht die einzige. Voller Angst war ich immer, wenn ich nach Burghausen zum Bäcker gehen mußte. Der Weg war nicht weit, führte gleich hinter dem Friedhof durch eine Senke, in der sich ein Teich befand, ein herrlicher Tummelplatz für Enten und Gänse, leider auch für viele Gänseriche, die mich mit vorgestrecktem Hals und viel Geschrei in die Beine beißen wollten. Das war schon schlimm. Jedoch noch schlimmer war, wenn ich gegen Abend an das andere Ende des Dorfes mußte, zum Rittergut, um Milch zu holen. Es streckte sich am Rande des Waldes hin, und auf jenem Hof liefen nicht nur feindselige Gänseriche herum, sondern auch angriffslustige Truthähne. Ich war also sehr früh gezwungen, Taktiken und Schliche zu erfinden, um schmerzhaften Begegnungen aus dem Wege zu gehen.
Um das Rittergut herum lag der alte, in seiner Ausdehnung sehr bescheidene Dorfkern. Daneben, nur durch eine Mauer getrennt, befanden sich Pfarrhaus und Kirche. Ihre Geschichte reicht bis ins

zehnte Jahrhundert zurück. In ihr soll Rudolf von Schwaben die letzte Nacht vor der Schlacht bei Merseburg am 15. Oktober 1080 zugebracht haben. Links und rechts des Weges, von der Eingangspforte bis zur Kirchentür, war ein kleiner, alter, nicht mehr benutzter Friedhof mit verwitterten Sandsteingrabmalen. Ein Weg schlängelte sich zwischen diesem und einem kleinen eingegrenzten Grundstück mit der Schule. Es gehörte zur Aufgabe meines Großvaters, als Friedhofswärter für Ordung und Sauberkeit in der Schule und in der Kirche zu sorgen. Da ihm auch das Lauten der Glocken oblag, trieb ich mich in diesen geheimnisvollen Räumen und verwilderten Ecken oft herum. Besonders beeindruckend war es, wenn ich abends mit auf den Kirchturm steigen durfte.

Nach Westen konnte man weit über die flache Ebene schauen, über den Dorfteich und seine zum Teil mit hohen Bäumen und Gestrüpp bewachsene Ufer und die letzten Häuser des Ortes, weit über das freie Land zu den bewaldeten, flachen Hügeln des Bienitz. Dann war es wieder eben bis zu einer Erhebung, auf der sich die ersten Häuser von Dölzig zeigten. Rechts davon war alles Auenwald von Leipzig bis Merseburg mit den Flüssen Luppe, Elster und dem Flutbecken. Bei guter Sicht konnten die hinter Dölzig sich ausstreckenden Auendörfer gesehen werden. In die Landschaft eingebettet lagen sie am Rande des Waldes, der das Blickfeld nach Norden begrenzte und sich bis zum Horizont erstreckte. Im Südwesten gab es den Friedhof, einige neuere Gebäude und Burghausen. Das Gebiet dahinter gehörte noch zum Bienitz, weiter ging dann der Blick bis Rückmarsdorf zum Sandberg, auf dem der Wasserturm und eine Windmühle standen. Das zu mahlende Getreide trug damals ein Esel den Berg hinauf.

Nach Osten zu schauen, war nicht so schön. Oft war es in dieser Richtung schon dunkel, und der Blick erreichte über Wiesen und Felder nur den Ortsrand von Böhlitz-Ehrenberg mit Wasserturm und dicht stehenden Häusern, begrenzt vom Auenwald im Norden. Am südöstlichen Horizont wuchs die Leipziger Industrie-Region mit großen Essen in die freie Landschaft hinein. Besonders eindrucksvoll war es im Winter, wenn die Sonne tief stand oder schon untergegangen war und der vom Abendrot eingefärbte Himmel über der dunklen, etwas schwermütigen, flachen

Waldlandschaft lag. Ich habe das als Kind unbewußt, aber sehr intensiv in mich aufgenommen, erlebt und nicht vergessen.
Meine Mutter ist im Februar 1921 gestorben. Ende Oktober desselben Jahres heiratete mein Vater wieder. Das wurde ihm von den Schwestern meiner Mutter sehr übel genommen. Er tat es vor allem, damit für uns Kinder wieder eine Frau im Haus war. Außerdem mußte ich ab Ostern 1922 in Böhlitz-Ehrenberg zur Schule gehen. Ich war noch klein, und mit mir gab es kein Problem, zumal die neue Frau meines Vaters, eine Kriegerwitwe, die in Lindenau gewohnt hatte, sich von ihrem Sohn enttäuscht sah. Er war älter als ich und spurlos verschwunden, ohne eine Nachricht zu hinterlassen. Später behauptete er immer, geschrieben zu haben. Doch sie glaubte ihm nicht. Als er seine Mutter - meine Stiefmutter - zum ersten Mal bei uns besuchte, es war Anfang der dreißiger Jahre, kam er in SA-Uniform. Das schlug natürlich dem Faß den Boden aus. Meine Stiefmutter, die auf demonstrierende Nazis vom offenen Fenster aus herabspuckte, hatte einen Sohn, der sie in SA-Uniform besuchte, um ihr zu imponieren. Das konnte nicht gut gehen, und es blieb sein einziger Besuch. Das Ganze war eine tragische Geschichte; denn später ergab sich, daß er nicht gelogen hatte. Als meine Schwester nach dem Tod der Eltern die Wohnung aufgab, um eine kleinere zu beziehen, schraubte ich den Briefkasten ab und fand zwischen dessen Rückwand und dem Türrahmen eingeklemmt eine Postkarte von Anfang der zwanziger Jahre - eine Nachricht vom angeblich undankbaren, verlorenen Sohn an seine Mutter.
Ich war meiner Stiefmutter offensichtlich recht, ihr Herz und ihre Sympathie gehörten mir. Anders war es mit meiner Schwester. Sie mußte außer Haus in eine Stellung als Hauswirtschaftslehrling zu der Familie des Inspektors vom Rittergut Dölitz, ein altes Gut in der Südvorstadt von Leipzig. Dölitz und sein Torhaus hatten 1813 in der Völkerschlacht bei Leipzig eine bedeutende Rolle gespielt. Auf Besuche dort freute ich mich immer. Zur Familie gehörte ein Junge meines Alters. Wir hatten uns angefreundet. Die Schuppen, Ställe, Heu- und Strohböden waren herrliche Tummelplätze. Nach einigen Jahren wechselte meine Schwester zu einem großen Bauernhof in Zuckelhausen östlich von Leipzig. Von dort ging sie später nach Basel. Eine verwandte Familie des Gutsbesitzers, eine

Druckereibesitzerfamilie, die immer zur Messe nach Leipzig kam, nahm sie mit. Von Basel wechselte sie nach Lausanne und dann nach Vevey am Genfer See. Sie kehrte erst 1938 nach Hause zurück, als ich zur Wehrmacht eingezogen wurde. Dadurch bin ich praktisch als Einzelkind groß geworden, und habe mich in dieser Rolle ganz wohl gefühlt. Meine Schwester besuchte uns selten, aber sie brachte mir immer etwas mit. Besuchten wir sie, solange sie noch in der Nähe war, wurden das fremde, herrschaftliche Milieu zum Erlebnis. Meiner Schwester habe ich auch einen frühen beeindruckenden Theaternachmittag zu danken. Diese Vorstellung von Ali Baba und seinen vierzig Räubern sah ich im unvergeßlichen Leipziger Alten Theater. Gottseidank war ich bis zu seiner Zerstörung noch oft in diesem schönen Haus.

Der Aufenthalt meiner Schwester in der Schweiz war auch für mich eine ganz gute Sache, kenntnisvermittelnd und phantasieanregend. Ihre Briefe, Ansichtskarten und anderes Bildmaterial, all das, was sie schickte, nicht zuletzt die Schweizer Schokolade, und ihre Erzählungen, wenn sie nach Hause zu Besuch kam, waren ein Fenster in eine schöne, weite Welt, Anregung und Aufforderung zugleich.

Seidem mein Vater wieder geheiratet hatte, war mein Zuhause erneut in Böhlitz-Ehrenberg. Aber die Bindungen nach Gundorf blieben sehr eng, solange die Großeltern auf dem Friedhof lebten. Ich kann mich noch an die beiden Märzgefallenen erinnern, die 1921 in der Leichenhalle der Kapelle aufgebahrt lagen. Es war etwas Besonderes, was sie umgab und bedeutender machte, als die anderen Toten. Die Tür zur Halle stand meistens offen, wir konnten sie im Vorbeigehen liegen sehen, und ich weiß noch, daß die Augen des einen geöffnet waren.

Dank der Initiative meiner neuen Mutter, die immer bestrebt war, unsere materielle Lage zu verbessern, fütterten wir zeitweise sogar ein Schwein in dem kleinen Schuppen des Friedhofes. Dazu mußten wir Futter nach Gundorf schaffen. Keinen Spaß machte es mir, wenn ich mitgehen mußte, um säckeweise Brennesseln von den Ufern der Luppe im Wald zu holen, wo Unmengen davon wuchsen, von Mückenschwärmen bewohnt, die aufgestört über uns herfielen. Das änderte sich erst, als meine Großmutter starb und der Großvater zu uns nach Böhlitz-Ehrenberg zog. Er wohnte

in der sogenannten kleinen Stube, die einmal meine werden sollte. Dort saß er mit seinem langen, weißen Vollbart, der das ganze Gesicht einrahmte, in einem Lehnstuhl, ein Greis, wie man ihn sich damals vorstellte. Auf Grund von Querelen und Mißgunst zwischen den Geschwistern meines Vaters mußte er zu einer seiner Töchter ziehen. Ich hatte deshalb jeden Freitag fünf Mark als Unterhaltsbeitrag meines Vaters zum Gemeindeamt zu bringen. Das wurde säuberlich in ein kleines, blaues Notizbuch eingetragen. Streitereien mit der Verwandtschaft gab es immer, sowohl von Vaters wie von Mutters Seite.
Meine richtige Mutter stammte aus dem Frohburger Kohrener Land. Ihre Eltern hatten ein kleines - ich nehme an - Nebenerwerbs-Häuslergrundstück besessen. Das wurde nach ihrem Tod in der Nachkriegszeit verkauft. Die vier Söhne und zwei Töchter teilten sich darein. Alle vier Onkel waren meine Paten. Drei davon standen zur Zeit meiner Taufe im Feld. Einer, ein Schmied, kaufte sich von seinem Erbe und dem seiner Geschwister ein Grundstück mit Dorfschmiede in Drachenau: ein großes, schönes Grundstück mit etwas Wald, durch den ein kleiner Bach floß. Seine Schulden zahlte er in der Inflation mit wertlosem Geld zurück. Durch diese Lumperei wurde er ein wohlhabender und angesehener Mann, sogar Kirchenratsvorsitzender des Ortes. Er war der einzige von meinen Paten, der reich geworden war. Seine Gesinnung erlaubte es ihm nicht, mir, seinem Patenkind, das am Ende der Schulzeit zur Jugendweihe ging, ein Geschenk zu machen. Für meinen Vater war dieser Schwager seit seinem Bubenstück in der Inflation nicht mehr existent. Ich hatte nur selten das Glück, dort sein zu können. Manchmal erhielt ich die Erlaubnis, ihn mit einem anderen Onkel zu besuchen. Dieser hatte den Kontakt nicht abgebrochen, obwohl er zu den Betrogenen gehörte. Es war nicht schön mit anzusehen, wie er an Wochenenden dort schuftete, um in jenen schlechten Zeiten für seine Familie etwas mit nach Hause nehmen zu können.
Drachenau war ein freundliches Dorf im Süden von Leipzig bei Böhlen. Hier entstand später inmitten von Braunkohletagebauen ein Chemieschwerpunkt. Durch mannigfaltige Aufträge wurde jener Onkel in diesem Zusammenhang noch wohlhabender. Neben vielen anderen Dörfern fiel auch Drauchenau dem Tagebau zum

Opfer. Jetzt befindet sich dort eins der großen Löcher, die die Seenlandschaft südlich um Leipzig bilden werden.

Ich war wieder in Böhlitz-Ehrenberg und identifizierte mich sofort mit meiner Umgebung. Das war auch nicht schwer. Unser Haus, wenn ich das Haus, in dem wir wohnten, so nennen darf, war unter den vielen gleichartigen im Ort, eines der ansehnlichsten. Das war das Verdienst seines Besitzers. Er, der gelernte Maurer, baute sogar Balkons an seine und unsere Wohnung. Als ich eine Zeit vor der Wende 1989 bei einem Besuch in Böhlitz-Ehrenberg durch unsere ehemalige Straße ging, überfiel mich die Lust, "unser" Haus anzuschauen. In der Toreinfahrt kam mir eine ältere Frau entgegen. Sofort ging sie laut schimpfend auf mich los; denn sie glaubte, ich sei ein Mitarbeiter der kommunalen Wohnungsverwaltung. Sie machte ihrem Ärger über die Mißstände im Haus lautstark Luft und behauptete steif und fest, als ich mich ihr vorstellte, ich sei nicht ich. Sie würde Heinz Mäde von früher her kennen, und ich sei ein Funktionär der Wohnungsverwaltung. Sie hörte nicht auf, mich mit Schmähungen und Beschwerden über die Mißstände zu überhäufen. Der frühere Besitzer war nach dem Krieg in den Westen gegangen.

Im Erdgeschoß hatte sich in der zweiten Hälfte der zwanziger Jahre ein Süßwarengeschäft eingerichtet, "Okina" hieß es und war die Filiale einer Ladenkette. Welche Verführung ging von dem Schaufenster aus, trotz oder gerade wegen der niedrigen Preise: dreizehn Pfennige für ein viertel Pfund einfache Pralinen, Kokosflocken oder Schokoladenbruch! Ich weiß noch, wie standhaft ich gegen solche Verlockungen sein konnte, notgedrungen zum Teil aber auch, weil ich schon damals Interessen hatte, die mir mehr bedeuteten.

Anfang der dreißiger Jahre wurde dieser Laden umgebaut und ein Lampen- und Elektrogeschäft eingerichtet mit Wohnung für die Familie des Handwerksmeisters. An Stelle von Hundehütte und Schuppen im Hof, wo es sich so gut spielen ließ, entstand eine Garage für den Hausbesitzer und eine Werkstatt für den Elektriker. Aber das störte mich dann nicht mehr. Ich war schon Lehrling. Unser Verhältnis zu diesen Parterrebewohnern mit ihren zwei kleineren Söhnen war distanziert freundlich. Sie gaben sich als Geschäftsleute politisch neutral.

In der ersten Etage neben dem Hausbesitzer wohnte eine Familie, die eine kleine Rauchwarenzurichterei betrieb. Leipzig galt damals noch als ein Zentrum der Pelzwarenindustrie. Die Leute waren nicht arrogant, aber betont eine Note vornehmer. Später zog ein älteres, freundliches, etwas farbloses und kirchlich engagiertes Ehepaar in diese Räume. Zum Hausbesitzer hatten wir viele Jahre ein recht gutes Verhältnis, nur sein Imponiergehabe störte uns mitunter. Seine Frau war zurückhaltend, aber nett. Sie hatten eine Tochter, die etwas älter war als ich. Bis sie aus der Schule kam, spielten wir viel miteinander, auch mit anderen Kindern, die sie auf den Hof holte. Mit ihr hockte ich oft zusammen. Wenn ihre Eltern abends ausgingen, mußte ich zu ihr kommen, damit sie nicht allein war und keine Angst zu haben brauchte. Wir vertrieben uns die Zeit auf die mannigfaltigste Weise. Mitunter war es ein ganz schön neckisches Spiel, das sie mit ihren knospenden fraulichen Reizen einem naiven und schüchternen Knaben zumutete. Nachdem sie konfirmiert war, gehörte der Hof mir. Als auch ihre Mutter starb, erging es ihr wie meiner Schwester. Sie kam außer Haus. Später heiratete sie in ein Bäckergeschäft, zu ihrem Unglück ein ganzes Stück weiter östlich von Leipzig. Sie mußte, wie sie bei einem Besuch nach dem Zweiten Weltkrieg meiner Schwester erzählte, bei dem Einmarsch der Russen viel Schlimmes über sich ergehen lassen.

Nach dem Tod der Frau heiratete der durch die faschistische Machtergreifung noch strammer und seine Autorität betonter zu Schau stellende Hausbesitzer, Polizist und Kleinbürger eine Alleinstehende, die schon seit Jahren auf der gegenüberliegenden Straßenseite gewohnt hatte. Wir hielten sie immer für eine kauzige und verklemmte alte Jungfer. Sie gebahr ihm noch einen "Stammhalter". Das stärkte seinen Stolz und paßte ausgezeichnet zur Situation. Zunächst ging alles ganz gut weiter, und meine Stiefmutter betreute das Kind oft und gern. Doch mit dem immer stärkeren Durchdringen des täglichen Lebens mit nazistischen Regeln und Anschauungen nach dem Januar 1933 und besonders zwei bis drei Jahre vor Kriegsbeginn änderte sich das. Unser Hauswirt hatte in seinem Polizistendasein immer das Soldatische hervorgekehrt. Deshalb hielt er es, stolz in seinem Auto sitzend, für selbstverständlich, mich nach meiner Einberufung in der Merseburger

Kaserne zu besuchen. Da die Polizei in die Militarisierung der Gesellschaft mit einbezogen wurde, ließ er mich, wenn ich auf Urlaub kam, abends in seine Wohnung kommen. Dort mußte ich ihm Gewehrgriffe und Exerzierkommandos beibringen. Einen guten Lehrer hatte er sich nicht ausgesucht. Seine schwarz-weiß-rote Fahne war unterdessen längst in eine hundertprozentige Nazifahne umgewandelt, die bei gegebenen Anlässen groß und weit aus dem Fenster hing. Er und seine Frau, die nun endlich auch etwas darstellen wollte, kamen zu der Überzeugung, daß sie ihren Sohn nicht mehr meiner Mutter anvertrauen konnten, die aus ihrer Gesinnung keinen Hehl machte. Sie war zuckerkrank und auf Butter angewiesen. Deren Rationierung lange vor dem Krieg gab ihr immer wieder Anlaß zu öffentlicher Mißbilligung, wenn sie einkaufen ging und sich über den Slogan "Kanonen statt Butter" aufregte. Das ging sogar soweit, daß der Eigentümer meine Eltern aus dem Haus haben wollte, weil es mit ihnen kein einwandfreies "deutsches Haus" mehr wäre. Daß meine Stiefmutter trotzdem mit ihren laufenden Meckereien damals ohne Unannehmlichkeiten davonkam, wundert mich heute noch.

Neben uns auf demselben Flur wohnte zuletzt ein etwa gleichaltriges kinderloses Ehepaar. Die Frau war vor dieser Ehe mit einem Schneider verheiratet gewesen, einem Bruder meiner Mutter und einem meiner Patenonkel, der einzige, der bei meiner Taufe anwesend sein konnte und bald nach meiner Mutter starb. Sie war mit ihrem zweiten Mann in diese Wohnung gezogen. Es gab kaum Kontakte zwischen uns. Auch sie entwickelten sich mit der Zeit zu Mitläufern der Nationalsozialisten. Mehrfach hat mir diese Frau gedroht, mich anzuzeigen, weil ich immer die Uniform auszog, wenn ich auf Urlaub kam und in Zivil ausging.

Doch jetzt bin ich weit vorausgeeilt. Das Haus, in dem wir wohnten, war die eine Sphäre und zwar jene, die am wenigsten Spuren in mir hinterlassen hat. Die andere Sphäre war die Familie und der Ort Böhlitz-Ehrenberg mit seiner Schule und Umgebung. Beides war bestimmender.

Mein Vater war ein ruhiger, großer Mann von keiner kräftigen Statur, zurückhaltend im Auftreten und bescheiden. Warum er trotz ausgezeichneter Schulzeugnisse - ich habe sie als Kind beim Herumstöbern in der Gundorfer Schule gefunden und gelesen -

keinen Beruf erlernte, weiß ich nicht. Vermutlich hatte das etwas mit seiner Gesundheit zu tun. Sie war auch Anlaß für den Glücksumstand, daß er 1915 von der Front in Frankreich nach Hause geschick und als Heizer auf den Truppenübungsplatz Zeithain versetzt wurde. Dort konnte er den Krieg ungefährdet überstehen.

Was er vor dem Krieg gearbeitet hat, weiß ich nicht. Ich kenne nur seine Arbeitsstelle in der Elektrostahl- und Eisengießerei Max Jahn in Leipzig-Leutzsch. Es waren fünfzehn Minuten Fußweg von uns zu Hause dorthin. Die Fabrik lag an der westlichen Stadtgrenze von Leipzig. Vor ihr auf dem Weg von uns war ein Viadukt, der zwei Eisenbahnlinien überspannte, die nicht weit auseinanderlagen. Die eine Brücke nannten wir die "Große" wegen ihrer aufwendigen Stahlkonstruktion. Sie führte über die Strecke Leipzig-Frankfurt am Main. Das war die wichtigere, die andere, die Kleine Brücke, überquerte die Strecke Gera-Zeitz. Darüber fuhr auch die Straßenbahn von Leipzig nach Gundorf. War es damals, als ich noch auf dem Friedhof wohnte, die Straßenbahn, die meinen Spieltrieb inspirierte, so war es jetzt die Eisenbahn. Besonders die Strecke, die unter der Großen Brücke lag, war interessant; denn hier fuhren die Schnellzüge mit den gewaltigen Lokomotiven. Ich kannte die Strecke, die in Richtung Süden schnurgerade von der Stadt wegführte nur soweit, wie ich sie von der Brücke aus sehen konnte. Alles Fernere war Geheimnis und Anregung für Phantasie und Spekulation. So zerbrach ich mir den Kopf mit der Frage, wie es wohl dahinter weiterginge. Ich konnte mir einfach nicht vorstellen, daß die weiten Strecken, von denen man sprach, genauso gebaut waren, wie diese hier, die ich sehen konnte: Holzschwelle neben Holzschwelle. Es schien mir unmöglich, daß es soviel Holz und Eisen gäbe und soviel Arbeiter, die es schaffen könnten, diese großen Strecken auszubauen. Ich dachte, irgendwie müßte das zwischen den Bahnhöfen und großen Städten anders sein.

Es war nicht verwunderlich, wenn die Eisenbahn meine Gedanken so beschäftigte. War ich doch in den ersten Schuljahren durch einen begrenzten Stundenplan vormittags noch nicht voll ausgelastet. Oft mußte ich mittags dreiviertel zwölf mit dem Korb oder nur mit einem Henkeltopf in der Hand zur Eisen- und Stahlgießerei laufen, um meinem Vater das Essen zu bringen. Dieser Gang

führte mich immer über die beiden Bahnbrücken. Auf dem Hinoder Rückweg, je nachdem wie ich Zeit hatte, hielt ich mich auf der großen Brücke länger auf, um die Durchfahrt von Zügen zu erleben. Wenn mein Vater wußte, ich mochte etwas besonders gern, hatte er Essen im Topf gelassen. Es war mir ein besonderer Genuß, wenn ich es, neben der Brücke im Gras auf dem Bahndamm sitzend, verzehren konnte. Oft war ich in gleichaltriger Gesellschaft; denn auch andere Kinder mußten Essen tragen. Es war immer ein Erlebnis, wenn die Lokomotiven mit viel weißem Dampf durchfuhren, dann rannten wir, um recht lange davon eingehüllt zu sein, von der einen Seite der Brücke zur anderen. Dieses Essentragen, wie wir es nannten, war nie unintressant; denn auch die Fabrik, in der mein Vater arbeitete, eine Dreckbude, besaß Anziehungskraft für einen Jungen. Zunächst stand ich zusammen mit vielen Kindern und Frauen vor dem Pförtnerhaus und wartete, bis die Sirene das Signal zur Mittagspause gab. Dann ging ich in die Werkhalle. Mein Vater war dort Gußputzer. Es war eine angelernte, schwere und ungesunde Arbeit. Die Gußstücke mußten von Formsand, Gußfehlern und allen möglichen Schlackerückständen befreit werden. Einen Speisesaal gab es nicht. Mein Vater und zwei oder drei seiner Kollegen kippten einfach eine Holzkiste um, setzten sich darauf, nahmen ihren Topf auf den Schoß und schwarz verschmiert und verstaubt, wie sie waren, löffelten sie ihr Essen aus. Ganz Ohr war ich immer für die Mittagspausengespräche. Neben Dingen, die die Arbeit betrafen, ging es besonders um Politik und mitunter auch um Streik.
Es geschah nicht nur einmal, daß mich mein Vater auf Streikposten mitnahm. Das waren Themen, mit denen ich früh konfrontiert wurde, sie beschäftigten und interessierten mich in zunehmendem Maße. Überall war Politik, in der Familie, im Wohnhaus, in der Schule und in der Gemeinde. Mein Vater war von früher Jugend an organisiert, in der Gewerkschaft und in der SPD. Diese Partei war das Fundament allen Tuns und Denkens - für ihn und sehr bald auch für mich. Jeden Nachmittag, wenn mein Vater gegen halb fünf nach Hause gekommen war, ging ich zum Schreibwarenladen an der Straßenecke. Dort lag auf dem Ladentisch ein Stoß Leipziger Volkszeitungen zum Selbstabholen für Abonnenten. Selbstverständlich las ich darin auch schon voller Interesse

und wachsender Anteilnahme. Mit der Partei hatte ich zu dieser Zeit noch nichts zu tun. Aber da waren ihre Nebenorganisationen, wie der Ortsverein mit seiner Bibliothek im Hinterhaus des Konsums. Ich war ein eifriger Benutzer dieser Einrichtung. Als ich etwa zwölf Jahre alt war, sperrte man mich dort für ein paar Nachmittage hintereinander ein, und ich mußte in dieser Klausur für die SPD zur Kommunalwahl Plakate malen. Diese befaßten sich mit ortsbezogenen Themen über den Hauptkonkurrenten der SPD. Und das war damals noch die KPD.

Der Ortsverein organisierte auch Kinderfeste mit buntem Umzug und Musik von Böhlitz-Ehrenberg über Gundorf zum Bienitz. Auf einer freien Wiese vor dem Wasserwerk, umgeben von Nadelwald - eine Ausnahme in einer Auenlandschaft - gab es ein fröhliches Treiben bis zur Dunkelheit. Dann ging es mit Lampions zurück nach Hause. In den Sommermonaten wurden Nachtausflüge gemacht - durch den Auenwald bis zur Domholzschänke oder weiter bis nach Maßlau-Liebenau, ein beliebter Ausflugsort direkt am Wald. Außerdem war mein Vater noch im Arbeitergesangverein. Dieser veranstaltete Konzerte, Sängertreffen und Festveranstaltungen. Es gab ein reiches gesellschaftliches Leben und Treiben im Ort.

Sehr früh war ich Mitglied im Arbeiterturn- und Sportverein. Seine Devise hieß "Frisch, frei, stark, treu". Dienstags und freitags am frühen Abend übten wir in einer Turnhalle, die auch von der Schule genutzt wurde. Nach uns Knaben turnten die Männer. Außer uns gab es eine Sparte des Deutschen Turnerbundes mit einer eigenen Turnhalle. Außerdem existierte im Ort der bürgerliche Fußballclub "Saxonia 07". Turnen war nicht meine starke Seite. Ich hielt es lieber mit dem Ball und war bald in den verschiedensten Mannschaften aktiv, zuerst in der Raffballknabenmannschaft. Raffball war ein Spiel mit kleinerem Ball, mit kleinerem Tor und Wurfkreis als beim Handball. Eine weitere Besonderheit des Spiels bestand darin, daß man mit dem Ball nicht laufen durfte und aus dem Stand werfen mußte. Dieses Spiel wurde nur in den Arbeitersportvereinen gepflegt. Ich spielte auch Hand- und Fußball, sonntags in Vereinsmannschaften und wochentags so oft es ging mit Schulkameraden und Freunden. Wenn wir sonntags kein Spiel auf eigenem Platz hatten, fuhren wir mit dem Rad, selten mit der Bahn in

die umliegenden Dörfer oder Leipziger Vororte zum Wettkampf. Es war eine schöne Sache, und wir lernten die Gegend im weiteren Umkreis kennen.
Der Ortsverein war eine sozialdemokratische Nebenorganisation, die sich um kulturelle und gesellschaftliche Veranstaltungen kümmerte. Auch der Arbeiterturn- und Sportverein war sozialdemokratisch dominiert, aber keine Nebenorganisation der Partei. Sein Sportplatz war die am besten ausgebaute Sportstätte im Ort mit einem kleinen, aber ansehnlichen Vereinshaus, das bewirtschaftet wurde. Wenn ich mich recht erinnere, stimmte in dieser Zeit bis 1933 alles. Ich lebte in Harmonie mit meinem Umfeld. Im Sportverein war ich einer der aktivsten, genoß eine gewisse Achtung als Sportler und guter Schüler. Ich war ein ansehnlicher Junge, auch wenn ich nicht zu den größten gehörte, im Sommer stets am ganzen Körper tief gebräunt, womit ich nicht wenig kokettierte, besonders bei Festumzügen durch den Ort.
Meine Stiefmutter - aber ich hatte keinen Grund, sie so zu nennen - war von derberem Holz als mein Vater. Ihr Sinn war ausschließlich auf die praktische Seite des Lebens orientiert. Die schwere, schmutzige Arbeit meines Vaters in der Eisengießerei wurde nicht gut belohnt. Damit es besonders ihm an nichts fehlte bei seiner labilen Konstitution, war sie immer bemüht, unseren Lebensunterhalt zu verbessern. Dazu benutzte sie alle Beziehungen, die sie hatte, und ging lange Zeit acht Stunden täglich in einer Blechwarenfabrik arbeiten. Ich glaube, sie verdiente damit etwa 27 Mark in der Woche. Mein Vater bekam etwas mehr.
Mein Vater hatte freitags, meine Mutter donnerstags Lohntag. Die Blechbude beschäftigte an ihren Stanzen bevorzugt Frauen. Das wußten die fliegenden Händler und standen mit Pferd und Tafelwagen vor Betriebsschluß am Farbriktor, um die Spendierlaune der Frauen an diesem Tag zu nutzen. Ich war mitunter auch dort, um meine Mutter abzuholen, und staunte, was alles angeboten wurde: Bonbons, die in Bergen ausgeschüttet auf dem Wagen lagen oder sich in großen, offnen Blechbüchsen befanden. Apfelsinen, Bananen und vieles andere lockten zum Ausgeben der schwer verdienten Groschen. Meine Mutter war nicht geizig, aber ab und zu mußte ich mich mit dem Anblick der guten Sachen begnügen.

Ihr reichte nicht, was sie beide in der Fabrik verdienten. Über Bekannte in Lindenau - dort hatte sie mit ihrem ersten Mann gewohnt - pflegte sie Beziehungen zum Verwalter des Leipziger Schützenhofes. Der Schützenhof lag mitten im Wald zwischen Leutzsch und dem Flutkanal, nicht weit von der Stadtmitte, direkt an der Luppe. Es war eine große Anlage, die sich die Mitglieder der Leipziger Schützengesellschaft, wohlhabende Bürger, besonders Kaufleute, dort errichtet hatten. Die Halle, aus der geschossen wurde, war mit einem stattlichen Wohnhaus verbunden, in dem der angestellte Verwalter oder Schützenmeister, jedenfalls der Mann wohnte, der dafür zu sorgen hatte, daß alles funktionierte, wenn einer der Herren schießen wollte. Dazu gehörte, daß Frauen zur Verfügung standen, um dem Schützen anzuzeigen, was er getroffen hatte. Sie saßen in einem Graben, um die Scheiben hochzuziehen, sie einzuholen und anzuzeigen, wo der Einschuß lag. Geschossen wurde meistens am Mittwoch- und Sonnabendnachmittag sowie am Sonntag. Meine Mutter interessierte diese Verdienstmöglichkeit. Ich glaube, nachmittags gab es drei und sonntags fünf Mark. Von uns bis zum Schützenhof war ein langer Weg von etwa vier Kilometern. Da er mitten im Wald lag, war er mit der Straßenbahn nicht zu erreichen. Es gab keine festen Terminabsprachen. Immer mußte ich dorthin laufen und nachfragen, wann meine Mutter gebraucht wurde.

Ihre Aktivitäten brachten mir viel Mobilität; denn nach Lindenau zu ihren Bekannten war es ebenso weit. Ich hatte die Verbindung aufrecht zu erhalten. Dort in der Nähe war ein Tabakladen, bei dem es eine bestimmte Sorte Zigarren gab. Davon mußte ich meinem Vater fast jeden Sonnabend zehn Stück kaufen. Dölzig, wo ich Landwirtschaftsprodukte bei Bekannten holen sollte, lag noch entfernter, von anderen Wegen, die ich ständig zu erledigen hatte, gar nicht zu reden. Diese Aufträge hatte ich mir fast immer im Dauerlauf auszuführen angewöhnt, vor allem wenn ich ihretwegen Wut hatte oder verdrossen war. Aus der Notwendigkeit machte ich ein Spiel. Fuhr ich früher auf dem Friedhof in Gedanken Straßenbahn, so mußte es jetzt die Eisenbahn sein, und ich fühlte mich als Lokomotive auf weiter Fahrt, die ihren Plan einhalten sollte, was natürlich nur mit Schnelligkeit geschehen konnte.

Meine Stiefmutter war an der sächsisch-preußischen Landesgrenze geboren, in einem der Orte, die an der Straße Leipzig-Halle liegen und bis Schkeuditz ineinander übergehen, sodaß man nicht weiß, wo der eine anfängt und der andere aufhört. Sie hatte fünf Brüder. Vier von ihnen wohnten noch dort zwischen der Landesgrenze und Schkeuditz. Alle vier waren Kommunisten. Der fünfte war aus der Art geschlagen. Als Besitzer eines ansehnlichen Hauses in Dölzig gehörte er nicht mehr zur Sippe und wurde ignoriert. Wir waren höchstens zweimal dort. Obwohl ich oft nach Dölzig mußte, kann ich mich an keinen Auftrag erinnern, der mit ihm in Zusammenhang stand. Es war alles sehr mysteriös, und ich wurde nie klug aus der Geschichte, obwohl sie mich sehr interessierte. Meine Anlaufpunkte dort waren kleine Häuslergehöfte, allerdings mit guten Menschen. Einmal haben wir dort sogar ein Schwein geschlachtet, und alles mit dem Handwagen nach Böhlitz gefahren. An des Onkels stattlichem Haus mußte ich immer vorbeilaufen. Mit zwei der Brüder gab es nur Zufallsbegegnungen. Anders war es mit den übrigen beiden. Der älteste wohnte im letzten Haus vor Schkeuditz mit seiner Familie. Seine beiden Töchter waren politisch sehr aktiv. Nach dem 30. Januar 1933 kam ein junger Mann mit dem Anliegen zu uns, sich bei uns verstecken zu dürfen. Hinter ihm waren die Nationalsozialisten her. Ich glaube, es war einer der Schwiegersöhne. Das war eine heikle Angelegenheit; denn unter uns wohnte der Polizist, ein Freund und Handlanger der neuen Machthaber. Naiv, wie man in solchen Dingen noch war, glaubten wir, wenn er auf dem Balkon schliefe und nicht in der Wohnung, würde das Vergehen in einem milderen Licht erscheinen. Tatsächlich hat er noch oft bei uns übernachtet. Bemerkt hat es niemand. Wie er mit seiner Frau diese Zeit durchgestanden hat, weiß ich nicht. Nach dem Krieg und dem Einmarsch der Russen hat er sich politisch sofort hochgespielt und krumme Sachen gedreht, die ihm nicht gut bekommen sind. Eine der Töchter meines Onkels war zeitweise im Konzentrationslager. Nach dem Krieg arbeitete sie in irgendeiner Verwaltung, bis sie Kaderleiterin an der Leipziger Hochschule für Grafik und Buchkunst wurde. Dort begegnete ich ihr wieder.
Intensiver war der Kontakt mit dem in Schkeuditz lebenden Bruder. Er war Kürschner und ebenfalls Kommunist. Ihn haben meine

Eltern mit mir zusammen oft besucht. Das war ein Tag, an dem wir viel laufen mußten, von Böhlitz nach Schkeuditz und dann zurück. Bei diesen Besuchen wurde immer politisiert. Trotz der zunehmenden Härte der Auseinandersetzungen in der Weimarer Republik gegen Ende der zwanziger Jahre stand bei diesem Meinungsstreit das Verwandtschaftliche im Vordergrund, und es gab nichts Beleidigendes und Diskriminierendes im Persönlichen. Die Feindseligkeiten zwischen den beiden Arbeiterparteien SPD und KPD mit dem Alleinvertretungsanspruch der KPD als Interessenvertretung der Arbeiterklasse und ihren Beschimpfungen der Sozialdemokraten als Sozialfaschisten spielten hier keine Rolle. Man ging immer im Guten auseinander. Mit dem Schkeuditzer - wie wir ihn nannten - kam ich auch nach dem Zweiten Weltkrieg und dem Tod meiner Eltern zusammen. Sie hatten sich schon Mitte der zwanziger Jahre einen Garten zugelegt, in dem mein Vater Spalierobst pflanzte. Der Schkeuditzer kam immer im Frühjahr, um es fachgerecht zu verschneiden. Das Erstaunliche für mich war, daß er kurz nach Kriegsende und der Etablierung der russischen Besatzung, als die Kommunisten politische Macht erhielten, in wütende Opposition ging. Er hatte schnell und instinktiv begriffen, was sich da festsetzte und von den Idealen, die er als Kommunist vertrat, immer weiter entfernte. Leider starb er viel zu früh qualvoll an Kehlkopfkrebs.

Die Eltern meiner Stiefmutter lebten in den zwanziger Jahren noch. Wir besuchten sie öfter an Sonn- und Feiertagen. Mitunter mußte ich auch allein wochentags dorthin und Aufträge erledigen. Sie wohnten in Modelwitz an der Landesgrenze in einem kleinen Haus, das direkt am nördlichen Ufer der Elster stand. Vom Fenster der Wohnstube aus konnte ich in eine weite Auenlandschaft blicken. Kurz hinter dem Haus machte der Fluß einen scharfen Knick. Hier befand sich auch die alte hölzerne Brücke, über die wir gehen mußten, wenn wir zu ihnen wollten. Gleich daneben zeigten sich über strauchigem Gebüsch die flachen Holzdächer der Gebäude einer Ziegelei. Von ihr führten schmale Gleise zum westlichen Ufer der Elster. Die Loren holten Lehm, der in den Brennkammern der Schuppen zu Ziegeln gebrannt wurde. Große, weitausladende Pappeln standen an den Flußufern bis zum Wald, in dem der Fluß verschwandt. Im Winterhalbjahr sah ich hier oft die

Sonne untergehen. Das Ganze wurde dann zu einem, in wunderbar harmonischer Farbigkeit erstrahlenden schwermütigen Bild. Im Süden bildete der dunkle Wald die Grenze. Doch bis dahin dehnten sich links vom Fluß große, breite Wiesen aus. In ihrer Mitte stand eine Gruppe von drei hohen Pappeln. Sie gaben das Motiv ab für mein erstes vor der Natur gefertigtes Aquarell. Ich war zwölf Jahre damals.

Im Frühjahr - oft auch zu anderen Jahreszeiten - trat die Elster über ihre flachen Ufer, und es bildeten sich in ihrer Nähe große Wasserflächen auf den Wiesen. Diese Wiesen waren zu jeder Jahreszeit anders und immer ein Erlebnis. Wenn wir aus dem Böhlitzer Wald zum Dammweg der Luppe gegangen waren und die neben dem Fluß mitten im Wald gelegenen Tümpel mit allem möglichen Federwild hinter uns gebracht hatten, gelangten wir auf einen schmalen, ausgetretenen Pfad, der diagonal die Wiesen durchquerte und direkt zu jener alten Holzbrücke über die Elster führte. Die Wiesen waren weit und hatten eine wunderschöne ursprüngliche und kräftige Vegetation. Im Frühsommer war das Gras so hoch, daß es bis über die Hüften reichte. Es blühte, duftete und summte darin, und die Vielfalt der Gräser und blättrigen Gewächse war herrlich. Einmal dominierte das Weiß der Blüten, dann das Gelb, mehr oder weniger von Blau durchwirkt. Erst war es ein frühes Gelbgrün. Dann wurden die Farben satter, bis es später ockriger oder graugrün endete. Dieser Weg - einen reichlichen Kilometer lang - konnte recht beschwerlich sein, wenn im Sommer die Hitze über der von Wald umgebenen und geschützten Fläche lag, wenn Blütenpollen und Blütenstaub in der erhitzten Luft tanzten.

Quer durch die Wiese führte in der südlichen Hälfte eine kleine Straße, links und rechts in größeren Abständen mit mickrigen Bäumen gesäumt. In ihrer Mitte war ein Streifen mit katzenkopfartigen Steinen gepflastert. Diese Straße verband Gundorf mit Lützschena.

Bestürzt und betrübt war ich, als ich in den letzten DDR-Jahren diese Landschaft wie so oft früher aus alter Anhänglichkeit besuchte und sie ganz anders wiederfand. Ein großer Teil der Wiesen war umgeackert und mit Mais bestellt worden. Das ist nicht wieder gutzumachen. Solche Eingriffe in gewachsene Landschaft

wegen einer fragwürdigen Ausweitung der Futtergrundlage für die Massentierhaltung, einer "Wurst-am-Stiel-" und Tonnenideologie, ist verbrecherisch. Wo Prakmatismus wuchert, geht viel Wertvolles, ihn Störendes zugrunde. Die schöne Auenlandschaft um Leipzig hat nach dem Krieg viel erdulden müssen. Das begann schon vorher mit dem Abbau der Braunkohle. Im Süden der Stadt wurde sie vollkommen zerstört und mit ihr alte Ortschaften vernichtet. Ihr westlicher Teil befindet sich zwischen den Straßen Leipzig-Merseburg im Süden und Leipzig-Halle im Norden. Dazwischen erstreckt sich der Wald vom Rosental im Herzen Leipzigs bis Merseburg. Aber auch hier hatte man mit dem Abbau von Braunkohle begonnen und Natur zerstört.
Im nördlichen Teil der Aue fließt die Elster und im südlichen die Luppe. In der Mitte war die Flutrinne, ein flaches, breites Bett zur Aufnahme von Hochwasser. Überschwemmungen gab es oft bis Mitte der dreißiger Jahre, vor allem im Frühjahr. Dann waren die Brücke und die Straße, die von unserem Ort in den Wald führten, unpassierbar. Für uns Jungen war das natürlich paradiesisch. Wir tummelten uns im flachen Wasser der Flutrinne mit seiner leichten Strömung. Überall stand es in den Waldsenken, und alle Tümpel füllten sich, um den vielen Wasservögeln, den Fröschen, Fischen und allem möglichen Getier, das es damals dort mannigfaltig gab, Lebensmöglichkeit zu schaffen bis zur nächsten Überschwemmung. Und die kam bestimmt.
Der Wald war bis zum Ersten Weltkrieg königliches Jagdrevier, und ich weiß noch aus meiner frühen Kindheit von den vereinzelten Auerhähnen. Es war ein schwarzer, dunkler Wald von alten, starken Bäumen, imposanten Eichen mit knorrigen Ästen und verwitterten Kronen. Im Winter und an dunklen Abenden konnte es unheimlich sein. Wo Tümpel und Wasserlachen standen, waren lichte Stellen mit jungem Gehölz, darunter viele Weiden, die sich in heller Farbigkeit von zartem Grün über ockrige Töne bis ins Rötliche gegen die dunkle Wand des Busches abhoben. Alle Wege zu den Angehörigen meiner Mutter führten mich durch diesen Wald. Da gab es immer etwas Besonderes zu sehen.
Ein Weg führte kurz vor Lützschena am freiherrschaftlichen Sternburgschen Park vorbei mit seinen im Freien zwischen großen Bäumen aufgestellten Plastiken, Abgüsse oder Nachbildungen

klassischer Bildhauerarbeiten. Der Park wurde vom nördlichen Ufer der Elster begrenzt, und von einer Wegkreuzung aus führte eine Brücke zu seinem Eingang, verschlossen von einem eisernen Tor. Ihm gegenüber stand am Weg vor einem Nadelwäldchen eine große, weiße Plastik, Herkules darstellend. Leider ist das alles durch vierzig Jahre DDR-Mißwirtschaft verkommen und zerstört, ebenso wie Schlohbachs Hof, eine große Geflügelfarm, die hier auf einer Waldlichtung in den zwanziger Jahren erbaut wurde. Es war eine reiche Anlage mit mehreren Häusern von unterschiedlicher Größe und Funktion in einem, dem Standort angepaßten durchgehenden architektonischen Stil. Das war damals eine ganz moderne Einrichtung mit umfangreichen künstlichen Brutmöglichkeiten. Das Gelände im Auslauf war mit Obstbäumen bepflanzt. Zu DDR-Zeiten wurde es der Leipziger Universität zur Nutzung übertragen. Ich schaute am liebsten nicht mehr hin, wenn ich später vorbeiging.

Kamen wir früher von Besuchen durch den Wald heim, war es meistens schon spät. Diese abendlichen Stimmungen, die farbigen Veränderungen bei Sonnenuntergängen vor allem im Herbst und Winter beeindruckten mich nachhaltig. Die stumme, dunkle Größe des Waldes, die melancholische, oft auch kräftige Farbigkeit des Himmels gaben ein Gefühl von Ehrfurcht und Bewunderung. Diese Erlebnisse erweckten in mir ein unklares, dumpfes, ein mich immer beunruhigendes Bedürfnis, so etwas festzuhalten, wiederzugeben, zu gestalten.

Der Wald hatte für uns Jungen noch etwas anderes zu bieten als nur darin herumzustromern, Buden zu bauen und unzählige Wildwest- und Karl-May-Abenteuer phantasievoll nachzugestalten. In der freien Gegend zwischen Böhlitz-Ehrenberg und Gundorf stand eine Ziegelei mit einer Villa und den vielen niedrigen Gebäuden, in denen Lehmziegeln gebrannt wurden. Von dort aus führten schmale Geleise in das hinter der Luppe gelegene Gelände. Eine kleine Dampflokomotive holte mit Loren von dort den Lehm, den ein Bagger aushob. Am westlichen Ortsrand von Böhlitz-Ehrenberg, wenig entfernt von jener, befand sich noch eine Ziegelei. Dorthin kam der Lehm aus derselben Gegend mit einer Drahtseilbahn. Dadurch war zwischen Wald und Ort eine große ausgebaggerte Landschaft entstanden - die Lehmlachen. Die

einzelnen Löcher waren nicht sehr breit und tief, aber relativ lang. Sie lagen dicht beieinander und wurden nur durch schmale stehengelassene Dämme voneinander getrennt. Die waren bei Nässe, da sie aus Lehm bestanden, sehr glitschig. Die älteren Lachen hatten sich zu einem Naturparadies entwickelt, dicht bewachsen mit Schilf, Rohrpumpen und jede Menge anderer Wasserpflanzen, Weidensträuchern und vielerlei Gestrüpp. Da lebten Frösche, Mücken und anderes Getier. An Sommerabenden quackte es höllisch, und die Mücken tanzten in dunklen Säulen über dem Wald. Es war eine üppige und wilde Region.
Die neueren Lachen waren noch nicht bewachsen und zum Baden wunderbar geeignet. Daß das Wasser lehmig trüb war, störte uns nicht. Je mehr darin herumtollten, umso dicker wurde die Brühe. Auf den glitschigen, schräg abgebaggerten Lehmdämmen gab es gewünschte und unerwünschte Rutschpartien. Vielleicht war ich acht Jahre alt, als ich dort zum ersten Mal baden wollte. Ich war allein und konnte nicht schwimmen. Als ich auf dem Damm stand, kam ich ins Rutschen. Ich rutschte, bis mir das Wasser fast bis zum Kinn reichte. Furchtbare Angst hatte ich dabei und war froh, als ich wieder auf festem Boden stand. Im Winter waren das verlockende Schlittschuhbahnen in stimmungsvoller Natur. Hinter den Lehmlachen existierte noch ein großer Teich, auf drei Seiten umgeben von respekteinflößenden Eichen, der Fischerteich. Er war rund, groß genug zum Eishockeyspielen und sehr romantisch. Wir Kinder fanden zu jeder Jahreszeit genug Möglichkeiten, unsere freie Zeit abwechslungsreich zu verbringen, ohne uns zwischen den Häusern herumdrücken zu müssen.
Böhlitz-Ehrenberg war im wesentlichen ein junger Ort, gewachsen aus dem Bedürfnis nach Arbeitern für die Industrie im westlichen Randgebiet von Leipzig. Schließlich wurde es selbst auch Industriegebiet, das sich mit bedeutenden Firmen, von einem großen Furnier- und Sägewerk, der Pianofortefabrik bis zu Motoren- und Maschinenfabriken, im südöstlichen Teil ausdehnte. Damit wurde Böhlitz-Ehrenberg recht wohlhabend und zur größten Industriegemeinde Deutschlands. Sie bestand in meiner Kindheit aus einer geschlossenen bebauten Fläche, die im Süden vom Wasserturm und im Westen von freiem Feld begrenzt wurde. Der Osten reichte direkt an den Stadtrand von Leipzig, und im Norden

war der Auenwald, der bis zum Ortsrand sich hinzog. Eine Kirche, wie sie die umgebenden Dörfer besitzen, gab es nicht. Erst später wurde ein Gemeindehaus errichtet.
Weithin erkennbares Zeichen waren der wuchtige, aus gelben Klinkern erbaute Wasserturm und der hohe Turm der Pianofortefabrik. Unser Ort hatte ein schönes, großes, ebenfalls aus gelben Backsteinen gebautes Schulgebäude. Das besaß zwei Eingänge, hohe Zimmer und geräumige Flure. Ostern 1922 wurde ich hier eingeschult. Der Lehrkörper bestand überwiegend aus traditionell zum Unterricht eingestellten Lehrern und einigen jungen, reformfreudigen. Das erste bemerkenswerte Erlebnis gab es im zweiten Schuljahr. Unser Lehrer kam morgens nicht in die Klasse, und wir hatten keine Lust nach Hause zu gehen. Ein Mitschüler machte den Vorschlag, seine Tante zu besuchen, die ein Schokoladengeschäft jenseits des Waldes besaß. Die Aussicht war verlockend, und der Weg schreckte uns nicht. Mit Spielen und Leckereien verging die Zeit. Es wurde dunkel, und ehe wir zu Hause eintrafen, war es noch dunkler. Allerhand Schüler einer zweiten Klasse waren nicht nach Hause gekommen, und niemand wußte, wo sie geblieben waren. Das brachte viel Aufregung für Eltern und Lehrer und einen Denkzettel für die sich absolut gar keiner Schuld bewußten Heimkehrer.
Wir waren eine reine Jungenklasse. Es gab noch eine Parallelklasse mit Mädchen und eine gemischte Klasse unseres Alters mit schwierigen und leistungsschwächeren Schülern. Unser Klassenlehrer der ersten vier Jahre war ein angesehener Junggeselle mittleren Alters, der bei einer vornehm tuenden, schwergewichtigen Wirtin wohnte. Wir hatten ein gutes, vertrautes Verhältnis zu ihm. Leider ist er sich später nicht treu geblieben. Er heiratete diese Frau. Ihr Geltungsdrang trieb ihn wohl in die SA. In den letzten Kriegstagen kam er ums Leben.
Wir waren nicht sehr viele Schüler in der Klasse und wurden noch weniger, als nach vier Jahren einige, die begüterte Väter hatten, höhere Schulen in Leipzig besuchten. Nach Leistung ging das nicht, und der eine oder andere war dort sogar fehl am Platze. Ich war ein guter Schüler und hätte gern die IV. Realschule in Lindenau besucht. Da wir im Landkreis wohnten, also nicht zur Stadt Leipzig gehörten, hätten meine Eltern doppeltes Schulgeld für

mich zahlen müssen. Dreißig Mark im Monat bedeutete damals viel, für sie leider zu viel.
Unser nächster Klassenlehrer für die Schuljahre fünf und sechs hatte Sport als Hauptfach. Machten wir in den ersten Jahren nur Schulausflüge zu Fuß in die nähere Umgebung, so gab es jetzt die ersten größeren mit der Eisenbahn in die traditionellen Ausflugsgebiete südlich und südöstlich von Leipzig. Mir bereitete alles Spaß, auch das Lernen. Richtig interessant wurde es, als wir für die beiden letzten Schuljahre einen neuen Klassenlehrer erhielten. Es war einer von den drei jungen Lehrern an unserer Schule. Alle drei waren Kommunisten. Schon in ihrer Erscheinung unterschieden sie sich von den anderen. Sie trugen langes, nach hinten gekämmtes Haar. Mit ihrer legeren Kleidung wirkten sie nicht so würdig, und sie gingen auch nicht so gemessenen Schrittes. Ihr Unterricht war frei und lebendig. Unser Lehrer sprach über ökonomische und gesellschaftliche Zusammenhänge, die damals in keinem Schulbuch standen. Wir erfuhren von Schriftstellern wie B. Traven, Jack London, Maxim Gorki, Knut Hamsun. Das war für die Klasse eine neue Welt und bisher im Volksschulunterricht nicht üblich gewesen. Ich kannte diese Namen alle und noch mehr dergleichen sowie die dahinter stehenden Weltanschauungen und Lebensauffassungen; denn ich war schon länger ein eifriger Leser der Bibliothek des Ortsvereins der SPD, mit zehn, elf Jahren sogar Mitglied der Büchergilde Gutenberg. In ihren Monatsheften und Bücherangeboten hatte ich zumindest die Namen und Charakteristiken dieser für die damalige Arbeiterbewegung interessanten Schriftsteller gelesen. So ein Unterricht machte Spaß, er war lebendig und zeitnah.
Neben kleineren Exkursionen absolvierten wir zwei vieltägige Reisen in die Sächsische Schweiz und über die Grenze nach Böhmen sowie in das westliche Erzgebirge und ins Vogtland. Die Reise in die Sächsische Schweiz ab Dresden mit dem Schiff bis Schmilka brachte die nachhaltigsten Eindrücke. Wir wohnten im Naturfreundehaus am Zirkelstein. Von hier aus erschlossen wir uns in langen Wanderungen besonders die südlichen Teile des Gebirges. Ein Ausflug hatte mich tief beeindruckt. Das landschaftliche Erlebnis war so stark, daß ich ihn später, lange nach dem Krieg, wiederholte. Es ging vom Zirkelstein über die Elbe zum

Großen Winterberg, dann zum Prebischtor, von dort den Gabrielensteig entlang zum damaligen Reinwiese und zur Bootsfahrt in die Wilde- und Edmundsklamm über Hernsgrätzschen an der Elbe zurück nach Schmilka. Von Deutschland in die Tschechoslowakei und zurück, das war ein strapaziöser Marsch für Kinderfüße. Eine Grenze existierte zwar, aber sie störte nicht. Formalitäten gab es damals kaum, und wenn, waren sie nicht lästig. Die Landschaft auf böhmischer Seite, südlich des Gebirgskammes, erstreckt sich flach und weit mit Bergen, die wie von Kinderhand gezeichnet, einzeln in der Ebene stehen. Es ist eine heitere, vom Gebirgskamm im Norden abgeschirmte Natur. Die örtlichen Verhältnisse zur Zeit unserer Schulwanderung waren schön und sauber, Hernsgrätzschen, ein vornehmer, internationaler Kurort. Diese Erlebnisse werteten wir aus, stellten Mappen zusammen, vervielfältigten Aufsätze, Zeichnungen und druckten Linolschnitte. So hatte jeder eine Erinnerung. Nach dem Krieg, viele Jahre danach, sah es in dieser Gegend sehr verwahrlost und trostlos aus, viel schlechter als auf der DDR-Seite.
Unsere Schule stand in einem relativ großen Gelände, nicht direkt an der Straße. Vor dem Gebäude befanden sich mächtige Kastanienbäume, dahinter war ein großer Schulhof mit Toilettenhäuschen und etwas Gartenland. Davon hatten wir auch ein Stück Erde, worauf wir pflanzten, pflegten und experimentierten.
In zwei Fächern hatten wir Unterricht bei einem betagten Oberlehrer alten Zuschnitts. Er war kein Ungeheuer, aber uns zu pedantisch und trocken. Wir beschlossen einmütig, die Mitarbeit in seinen Unterrichtsstunden zu verweigern. Keiner meldete sich, keiner gab eine Antwort. Nachdem er sich hilfesuchend an unseren, von uns eingeweihten Klassenlehrer gewandt und über unsere Motive Bescheid erhalten hatte, kam er mit Jules Vernes Geschichte "Im Ballon über Afrika" in die Klasse und versöhnte sich schließlich mit uns.
Einer der drei jungen Lehrer ging als Klassenleiter einer unteren Klasse in seiner fortschrittlichen Unterrichtsmethode noch weiter. Er war vom Aussehen her der typischste und konsequenteste Vertreter dieser damaligen Linksintellektuellen: ein engagierter Mann in der Jugendweihe- und Freidenkerbewegung mit Schillerkragen, Brille zum langen, glatten Haar, Knickerbockern oder

mitunter kurzen Hosen. In seinem Klassenzimmer gab es keine Bänke und Pulte mehr, sondern Stühle oder Hocker und Tische, auf denen hin und wieder Blumen standen. Es war die Zeit des Anfangs der Waldschulen- und Schulreformbewegungen. Diese neuen pädagogischen Ideale hatten bei den Nationalsozialisten nach 1933 keine Chancen mehr, auch später nicht bei den Kommunisten.

Uns war die Teilnahme am Religionsunterricht freigestellt. Die meisten Schüler besuchten ihn. Es gehörte zum guten Ton und war üblich. Über die wenigen anderen wurde die Nase gerümpft, weil sie oft zu den sozial Schwächeren gehörten. Deshalb gab es gegenüber allen jenen Vorurteile, die an diesem Unterricht nicht teilnahmen. Auf mich paßte das nicht; denn ich war der beste Schüler des Jahrgangs, und das ärgerte unseren Kantor nicht wenig, so daß er oft, wenn wir uns begegneten, Sticheleien gegen mich nicht unterlassen konnte. Ich hatte immer zu manchen dieser nicht vorbildlichen Mitschüler ein gutes Verhältnis, auch später noch. Sie waren mir zuweilen sympatischer, anregender, kreativer im praktischen Leben als viele der langweiligen folgsamen. Nach Abgang der Realschüler hatten wir keinen Gutbetuchten mehr in der Klasse, was für die Harmonie besser war. Nicht nur in den Schulstunden kamen wir zusammen, sondern nahmen uns oft Gemeinsames für die Nachmittage vor: Fußball- oder Handballspiele gegen Mannschaften anderer Klassen, einfach Sporttreiben auf den Wiesen oder Plätzen, gemeinsames Herumstromern im Wald mit entsprechenden Spielen, Budenbauen und Lagerfeuer. Immer fanden sich Anlässe, gemeinsam etwas auszuhecken, sommers wie winters, bei Hochwasser oder Schnee, beim Baden oder Schlittschuhlaufen

Bemerkenswert ist für mich - vielleicht ist es ein Ergebnis dieser freien Kinder- und Jugendjahre -, daß keiner von unserer Klasse sich den Nationalsozialisten angeschlossen hat, bis auf den Schwächsten. Er brauchte die Hitlerjugend zur Selbstbestätigung. Ich wüßte auch keinen, der ein Anhänger der nächsten Diktatur geworden wäre. In den Westen gegangen sind nach 1945 mehrere.

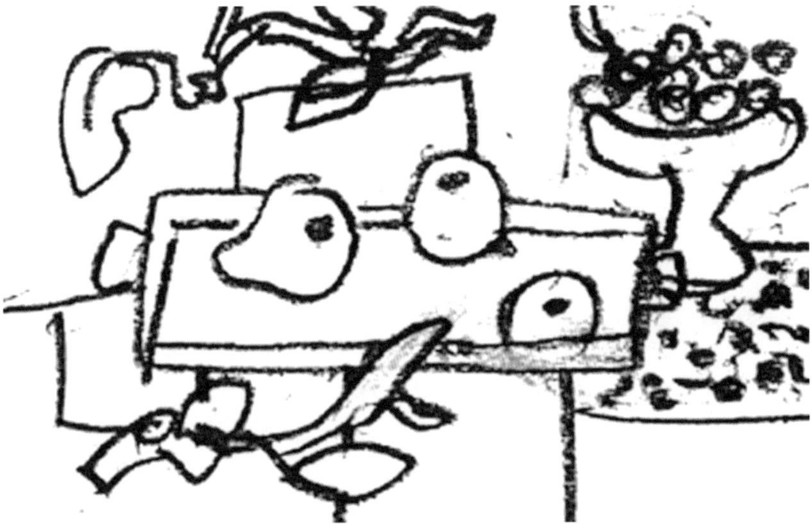

In den letzten beiden Schuljahren beschäftigte mich mitunter Eigenes. Die Bilder hatten angefangen, mich zu beeindrucken und in ihren Bann zu ziehen. Das erste Bild, das mich veranlaßte, länger hinzuschauen, das eine eigenartige Wirkung hinterließ, die ich nie wieder vergessen habe, war eine Landschaft von Cezanne, eine einfache, schwarzweiße Zeitungsreproduktion. Die Farbe konnte es nicht sein, was mich betroffen machte. Später war mir klar, es war die Komposition, die mich erregte. Die aus realen Objekten streng gebaute Bildordnung, die Aufteilung der Fläche erschienen mir als der wirkliche Inhalt des Bildes und weckten in mir verwandte Gefühle. Zur Zeit der Weimarer Republik konnte man oft in öffentlichen Einrichtungen, die kulturnahen Zwecken dienten, Reproduktionen von Arbeiten zeitgenössischer Künstler sehen. Aus dieser frühen Zeit ist mir ein Besuch im Museum der bildenden Künste am Augustusplatz in Leipzig in Erinnerung geblieben. Dieser Besuch war vom SPD-Ortsverein organisiert worden, und mein Vater hatte mich mitgenommen. Zwei Werke habe ich nicht vergessen: Klingers Beethoven, der dem Eingang gegenüber erhöht in einer Rundung aufgestellt war, und ein Kokoschka, der im linken unteren Teil des Museums hing. Ich glaube, es war der Genfersee am Abend oder nachts. Das Bild kann auch einen anderen Titel gehabt haben.

Damals begann ich aus eigenem Antrieb zu malen und zu zeichnen. Ich hatte wenig Ahnung, was dazu nötig war. Da meine Eltern beide arbeiten gingen, gehörte mir am Tage die Küche. Wenn ich Lust hatte, blieb ich in unseren vier Wänden, beschäftigte mich mit Malen, Zeichnen oder mit der kleinen bescheidenen, aber guten Sammlung von Büchern, die sich mein Vater in seiner Jugend zusammengespart hatte, unter finanziell schwierigen Bedingungen. Neben Goethe, Heine und Hauffs gesammelten Werken gab es eine Reihe kleinerer Hefte klassischer Literatur vom Reclam Verlag, geschichtliche- und Kriegsbücher von 1870/71 und von 1914-18, aber wenig davon. Weiterhin war ein Realienbuch da, ein Lehrbuch für höhere Schulen und eine Naturkunde von Schmeil. Das Realienbuch war ein Glücksfall für mich, weil es mir Wissensgebiete erschloß, die in der Volksschule nicht behandelt wurden. Mitunter saß ich stundenlang vor dem kleinen Regal auf dem Fußboden, sortierte und schwartete. Manches las ich öfter. Das waren für mich schöne Stunden. Ich war ganz allein und vergaß alles ringsum.

Als Vorlagen für meine Malversuche dienten zuerst Künstlerpostkarten, die ich mir besorgt hatte. Es waren vor allem Parkmotive und andere Landschaften von Künstlern, die übertriebene romantische Farbstimmungen liebten. Es konnte ruhig etwas Mystisches daran sein. Anders war es, wenn ich meinen Wasserfarbenkasten und den Zeichenblock unter den Arm nahm und allein in den Wald ging, dort Motive suchte und aquarellierte. An manche Arbeiten und ihr Entstehen kann ich mich noch gut erinnern. Leider besitze ich davon nur noch eine. Sie zeigt eine Baumgruppe auf großer Wiese von 1929. Es entstand dabei so etwas wie ein verhaltener Impressionismus.

Eine Zeitlang waren die Dorfkirchen der Umgebung meine bevorzugten Motive. Der ältere Sohn eines Gartennachbarn konnte mir ein paar fachliche Tips geben. Wir fuhren mit dem Rad los, und in der Umgebung war keine Kirche vor uns sicher. Es gab sehr schöne und alte darunter. Ich versuchte, mir auch andere Maltechniken anzueignen. So kam es zu einem großartig mißlungenen, kühnen Versuch einer Leinwandmalerei. Stoff war für mich Stoff. Ich spannte ein Stück Bettuch mit Reißzwecken auf den Fußboden im Schlafzimmer; denn dort hatte ich in einem Schrankfach meine Malutensilien untergebracht. Dann wollte ich mit Wasserfarben darauf arbeiten. Natürlich mühte ich mich vergebens, auf das unpräparierte Gewebe Farbe zu bringen. Dieser absolut mißglückte Versuch weckte Bedürfnis und Verlangen nach mehr praktischen Kenntnissen. Aber es gab niemanden in meiner Nähe, der mir hätte helfen können. Es gab auch niemanden, der mein Steckenpferd als ernsthaft förderungswürdig betrachtete. Wer hätte mir schon mehr zeigen können als Interesse und Wohlwollen? Meine Eltern nahmen meine Versuche auch nicht ernst und schenkten mir eine Dampfmaschine zu Weihnachten, ein Ding, mit dem ich überhaupt nichts anzufangen wußte.

Langsam mußte ich beginnen, daran zu denken, was ich nach der Schulzeit lernen und arbeiten wollte. Unter den gegebenen Umständen wäre es eine Illusion gewesen, eine entsprechende spätere berufliche Entwicklung in dieser Richtung ins Auge zu fassen. Besessen war ich vom Malen damals noch nicht; es war eben eine

Beschäftigung unter anderen. Mitunter beanspruchte sie meine Zeit und mein Interesse mehr, manchmal weniger. Aber da war es immer, zumindest unterschwellig vernehmbar und mitunter beunruhigend. Ein geringer Anlaß genügte, dieses Bedürfnis zu mobilisieren. So lief ich denn eines Tages mit einem Jungen aus dem Nachbarhaus los, um in Leipzig ein Fachgeschäft zu suchen. Ihm fühlte ich mich später durch unsere gemeinsame Kinderzeit noch immer sehr verbunden. Er wurde Dekorationsmaler. Straßenbahngeld hatten wir nicht. Wir liefen und überließen es dem Zufall, das Gewünschte zu finden. Wir fanden einen Laden und zwar gleich den besten. Wie das kam, weiß ich heute nicht mehr. Es war das Künstlerbedarfsgeschäft Alfred Krüger in der Gottschedstraße. Was gab es da alles in den Schaufenstern zu sehen! Mit Andacht und Bewunderung nahm ich es in mich auf. Als wir klopfenden Herzens den Laden betraten, war ich benommen von den Gerüchen der Farben, Harze und Terpentine. Sie erzeugten ein seltsames und sonderbar angenehmes Gefühl in mir. Ich weiß nicht, ob ich damals etwas gekauft habe. Sicher nicht. Ich werde nur dumm und schüchtern geschaut und soviel wie möglich in mich aufgenommen haben. Später wußte ich, was ich damals noch nicht wissen konnte: Dieses Geschäft war in Leipzig die Adresse Nummer Eins für Malutensilien und Künstlerbedarf. Mit der Zeit erweiterte ich meine Kenntnisse. Die Materialien für das Malen wurden mehr, und es kam sogar ein Kasten mit Ölfarben hinzu. Ich glaube, die eigentlichen Fortschritte, auch den Erkenntniszuwachs brachte das Arbeiten vor der Natur mit Wasserfarbe und Bleistift.
Zum Problem wurden für mich meine zunehmenden Tätigkeiten und Verpflichtungen, die mit Geldausgeben verbunden waren. Meine Eltern wollte ich damit nicht noch mehr belasten. Malutensilien, Büchergilde Gutenberg, Wanderungen und Ausflüge, die Sonntagsfahrten zu Sportwettkämpfen. Natürlich gab es da noch manches, was sie bezahlen mußten. Taschengeld erhielt ich nicht. Also mußte jede sich bietende Möglichkeit Geld zu verdienen und zu sparen genutzt werden, zum Beispiel bei Straßenbahnfahrten und Naschereien. Ich lief die Strecke lieber, als das dafür gedachte Geld auszugeben. Oft holte ich Entenfutter aus Teichen und Waldtümpeln. Zwei Eimer voll schaffte ich mit einem kleinen

Wagen zum Schützenhof. Dafür gab es nur wenig und die Höhe bestimmte der Zufall: Nahm der Mann das Entenfutter entgegen, bekam ich nicht viel. War die Frau da, gab es etwas mehr.

Zu den beiden in Böhlitz noch existierenden Bauern ging ich mit anderen Jungen für zwanzig Pfennige Rübenverziehen oder Kartoffellesen. Aber das war nicht nur Arbeit, sondern auch Gaudi und Romantik. Wenn spätnachmittags die Arbeit beendet war und es dunkelte, brannten wir ein Feuer mit trockenem Kartoffelkraut an, um darin Erdäpfel zu rösten. Etwas außerhalb des Ortes in den Sprikken, einer Niederung mit viel Gebüsch, Weiden und Gestrüpp, hatte ein alter Gärtner sein Grundstück. Bei ihm konnten wir ebenfalls Geld verdienen; denn er brauchte immer mal jemanden für die Gartenarbeit, besonders zum Umgraben. Auch hier galt der 20-Pfennig-Stundenlohn. Das war ein guter Job. Er gab Anweisung, wo zu graben war und kümmerte sich nicht viel um unsere Arbeitsmoral. Hatten wir keine Lust, harkten wir das am Vortag Bearbeitete wieder, so daß es frisch aussah, wie eben umgegraben.

Meine Eltern hatten sich in der zweiten Hälfte der zwanziger Jahre einen Garten zugelegt. Die nicht große Anlage grenzte an die alten Lehmlachen. Ein herrliches Froschkonzert und ein hoffnungsloser Kampf gegen die Mücken waren an jedem schönen Sommerabend garantiert. Vorher hatten meine Eltern abends viel aus dem Fenster auf die Straße geschaut und mir beim Spielen mit den Kindern aus der Nachbarschaft zugesehen. Unsere Spiele waren vielfältig, und sie erhielten, wie Haschen oder Verstecken, ihren Reiz durch die Toreinfahrten, Höfe und Vorgärten. Ballvertreiben, Schlagball, das alles war damals auf der Straße noch möglich. Obwohl es eine wichtige Straße war, störte uns kein Verkehr. Oder ich war mit den Eltern spazieren gegangen, zum Pflasterweg, wo Pflaumenbäume standen, oder zur Landstraße nach Merseburg, wo es Kirschbäume gab. Zur Pflückzeit konnten wir abends noch für 10 Pfennige eine große aus Zeitungspapier gedrehte Tüte voll Obst kaufen. Oder wir setzten uns auf eine Aufschüttung am Ende unserer Straße und schauten an der Bahnlinie den Zügen nach. Dieser Hügel war als Unterbau für eine Brücke gedacht, die aber nie gebaut wurde.

Mit dem Erwerb des Gartens änderte sich manches. Ich war gegen diese Anschaffung. Doch das zählte noch nichts. Erstens befürchtete ich neue Aufgaben in meiner Freizeit, und zweitens war das für mich damals kleinbürgerliches Spießertum. Eine gute Seite gewann ich dieser Sache ab, als meine Mutter erkannte, in einen Garten gehöre Mist, wenn man etwas ernten will. Daraus erwuchs mir eine neue Verdienstmöglichkeit.
Wir besaßen einen kleinen Handwagen, groß genug für zwei Wassereimer. Wenn ich die beiden Eimer voll Pferdeäppel im Garten ablieferte, bekäme ich fünfzig Pfennige. Damit ließ sich etwas anfangen; denn es gab damals noch allerhand Gäule. Vor allem in den Ferien verdiente ich mir auf diese Weise Geld. Ich mußte nur morgens früh auf dem Weg zu den Ziegeleien sein, wenn die beladenen Fuhrwerke, mit großen, kräftigen Rössern bespannt, vom Hof losfuhren. Da dauerte es nicht lange, und ich hatte mein Geld für diesen Tag verdient.
Noch eine Geldquelle erschloß sich für mich aus dem Garten, eine ergibige mit weniger Arbeitsaufwand. Nicht weit von ihm war ein schmaler Waldweg, so breit, daß gerade ein Pärchen nebeneinander Platz hatte. Er führte über eine Holzbrücke zum "Waldmeister". Das war das größte und schönste Etablissement des Ortes und der Umgebung, ein beliebtes Ausflugsziel. An der Straße war das Restaurant mit Saal und Bühne. Der Garten hatte einen beachtlichen Bestand von großen, alten Bäumen, vorwiegend Kastanien. Am Ende des Gartens, am Waldrand und Luppeufer, stand noch ein aus Holz gebauter, geräumiger Tanzsaal, der Jugendsaal. An sommerlichen Sonntagnachmittagen war im Garten Konzert, meistens Blasmusik von Militärkapellen. Dort saß ein gutbürgerliches Publikum bei Kaffee und Kuchen. Am Abend ging es gleich zum Tanz in den Jugendfestsaal. Um Mitternacht spazierten dann die Pärchen - was sehr beliebt und schön war - durch den Wald zum Bahnhof oder zur Straßenbahn. Aber das lernte ich erst später kennen und schätzen. Vorerst ging ich abends weder tanzen noch durch den Wald, sondern bewarb mich, wenn das Wetter viele Gäste vermuten ließ, kurz nach Mittag für den Nachmittag mit anderen Kindern beim Gaststättenchef um Arbeit. Das brachte mehr als zwanzig Pfennige die Stunde. Zwei von uns bekamen

einen Wäschekorb, da hinein räumten wir das benutzte Geschirr und trugen es in die Küche.

Wenn in unserem Garten die weißen und rosa Federnelken blühten, hatte ich anderes vor. Dann band meine Mutter die duftenden Blumen zu dekorativen Sträußchen und packte sie in einen Korb. Damit stellte ich mich an den schmalen Weg kurz vor der Brücke zum Kaffeegarten. Besonders flott ging das Geschäft für mich am Spätnachmittag, wenn viele Gäste wieder nach Hause spazierten. Der Preis lag je nach Stimmung und Verkaufschancen zwischen fünfzehn und fünfundzwanzig Pfennigen für einen Strauß. Schwierigkeiten bekam ich nur, wenn ich unentschlossen war und meinen Preis von einem zum anderen Kunden änderte, weil ich die Marktsituation falsch eingeschätzt hatte.

Für längere Zeit - ich war elf bis zwölf Jahre alt - übte ich einen anstrengenden Job aus. In unserem Ort gab es auch ein Kino. Es bot in der Woche zwei verschiedene Programme an, eins von Freitag bis Montag, das andere von Dienstag bis Donnerstag. Dafür wurden Programmzettel gedruckt, die unter die Leute zu bringen waren. Mit drei anderen Jungen erledigte ich die Aufgabe. Der Aufseher war ein junger Mann und hatte erst ab siebzehn Uhr Zeit für diese Arbeit. Er stand auf der Straße, mit Stößen von Programmen, etwa zwölf bis fünfzehnhundert Stück, in der Tasche und gab uns immer nur eine gewisse Menge, um die Kontrolle zu behalten. Zwei von uns bedienten eine Straßenseite, und wir rannten dann ein Haus um das andere die Treppen hoch und legten vor jede Wohnungstür einen Zettel. Das war ein ganz schönes Lauftraining. Wir mußten schnell fertig werden wegen der einbrechenden Dunkelheit und dem üblichen abendlichen Abschließen der Häuser. Diese Arbeit wurde in leichten Schuhen und im Lauftempo erledigt. Dafür gab es fünfzig Pfennige und eine Eintrittskarte für die Kindervorstellung am Sonntagnachmittag, erster Rang natürlich. Hatte ich keine Lust oder etwas anderes vor, verkaufte ich meine Karte, obwohl diese Vorstellungen immer ein besonderes Vergnügen waren und ein großes Spektakel obendrein. Es war ja die Zeit der großen Komiker Pat und Patachon, Dick und Doof, Charlie Chaplin, Harald Loyd und Buster Keaton, außerdem die Zeit der Erfolge von Harry Piel. Da dröhnte immer der Spruch durch das Kino: "Harry Piel sitzt am Nil und wäscht die Pfeife mit Persil." Die

Pfeife war Harrys Markenzeichen. Ein anderes Filmidol war der Wunderhund Rin-Tin-Tin, treu und unbesiegbar. Wir bangten um sie alle und zitterten mit bei den Abenteuern und Gefahren, die sie zu bestehen hatten. Auch die ersten Zeichentrickfilme mit Micky-Maus bekamen wir zu sehen. Ganz gleich, was gespielt wurde, Teilnahmslosigkeit gab es nicht, Ruhe ganz selten; denn alles wurde laut kommentiert. Das Kino-Geschäft bot damals eine gute Existenzgrundlage. Ich weiß noch, wenn die rührseligen Henny-Porten-Filme gespielt wurden, war der Andrang so groß, daß ich mich in die lange Reihe der Wartenden stellen mußte, um meinen Eltern eine Karte im Vorverkauf zu sichern.
Damals begann noch eine andere wichtige Episode für mich, die mir viele schöne Erlebnisse brachte. Das war im Haus meines gleichaltrigen Schulfreundes, bei dem ich oft war. In der Parterre-Wohnung, in der seine Eltern einen Laden mit Schirmen, Schirmreparaturen, Hüten, Schlipsen und Spazierstöcken betrieben, hatte er ein eigenes kleines Zimmer. Dort ließ es sich ungestört spielen. Im zweiten Stock lebte eine Familie mit zwei Töchtern. Es waren zwei hübsche Mädchen, eine so alt wie ich, die andere ein Jahr älter. Ihre Eltern waren aktive Mitglieder in allen Organisationen der SPD. Beide Mädchen gehörten zur Kinderorganisation dieser Partei, den Kinderfreunden bzw. den Roten Falken. Eines Tages nahmen mich die beiden Mädchen mit. Die Zusammenkünfte fanden in Leutzsch statt, der westlichen Vorstadt von Leipzig, die an Böhlitz-Ehrenberg grenzt. Bei gutem Wetter trafen wir uns auf dem Friedrich-Ludwig-Jahn-Sportplatz und sonst in einem Klassenzimmer der Leutzscher Volksschule. Ich fand sofort Kontakt zu den etwa gleichaltrigen Mitgliedern der Gruppe. Auf der Tagesordnung unserer Zusammenkünfte standen Ballspiel, Volkstänze, Singen, Erzählen, Vorträge und Diskussionen über politische Themen und Tagesprobleme. Mit besonderer Begeisterung waren wir bei der Sache, wenn wir Reichstagssitzung spielten. Es wurde jedem die Vertretung einer Partei zugeteilt. Waren mehr anwesend als es Parteien gab - und davon gab es damals genug - wurden die großen doppelt und dreifach besetzt. Darunter befanden sich auch schon, leider, die destruktiv arbeitenden wie KPD und NSDAP, denen es in den Debatten vor allem um Lautstärke und Schlagworte ging. Ihr gemeinsames Ziel war nicht das Wohlergehen der

Bevölkerung, obwohl sie das immer im Munde führten, die einen als Kampf für das deutsche Volk, die anderen als Kampf für die Arbeiterklasse, sondern die Zerschlagung der Weimarer Republik, nach der jede von beiden ihre Diktatur errichten wollte. Sie bekämpften sich zwar, doch ihr gemeinsamer Hauptgegner war die SPD als größte staatstragende Partei. Bei der Rollenverteilung in unserem Spiel waren die Klamauk-Parteien besonders begehrt. Es war ein kurzweiliges Vergnügen mit ernstem Hintergrund. Man sollte versuchen, die zugeteilte Partei und ihr politisches Programm zu begreifen, um sie theoretisch zu vertreten. Der verantwortliche Leiter unserer Kindergruppe war ein junger Genosse von etwa zwanzig Jahren. Heiter und gesellig war er, konnte gut singen und Klampfe spielen. Unterstützt wurde er von einer jungen Frau. Singen und Klampfespielen waren wichtig; denn wir verstanden uns als Wandergruppe und sprachen von "auf Fahrt gehen". Natürlich beteiligten wir uns an allen politischen Demonstrationen, an Wahlkundgebungen und anderen Veranstaltungen. Wir waren etwa gleichviel Jungen und Mädchen.

Gingen wir auf Fahrt, nahmen wir unser Zelt mit, ein großes Rundzelt mit einem Pfosten in der Mitte für etwa achtzehn bis zwanzig Personen. Es gehörten auch Töpfe zum Kochen dazu, die wir über ein offenes Feuer hingen. Damit konnten wir schnell eine Mahlzeit bereiten. Die längeren Ausflüge führten uns meistens ins Erzgebirge. Wochenendfahrten oder solche über Ostern und Pfingsten gingen in die Dübener Heide oder in das Doberschützer Moor. Hier war es besonders romantisch, vor allem wenn abends Käutzchen und Eulen riefen. Ein eindrucksvolles Erlebnis war, wenn wir nach den Tageswanderungen vor dem Zelt saßen und Landknechtslieder sangen. Alles war dort noch so unerschlossen und unberührt, voller Geheimnisse und Stimmungen, Geschichten und sagenähnlichen Überlieferungen. Tourismus gab es noch nicht. Oft besuchten wir ein abgelegenes Dorf inmitten der Heide. Dort befand sich ein kleiner Ziegelbau, unten zwei Räume und oben ein Boden mit Giebeldach. Das war unser Ziel und unsere Unterkunft. Das Haus stand leer, weil sich darin der Nachwächter erhängt hätte, wie erzählt wurde. Unten konnten wir kochen und uns aufhalten, unter dem Dach wurde auf Stroh geschlafen. Den Schlüssel holte man sich bei einem Einwohner, um dann gratis dort zu leben. Wir taten es oft und manchmal auch für längere Zeit. Nicht weit vom Dorfrand entfernt, floß ein Bach und trieb eine Wassermühle an. Kurz hinter der Mühle wurde er gestaut. Die Stauwand bestand aus einzelnen aus der Halterung herausnehmbaren waagerechten Brettern. Dadurch ließ sich der Wasserablauf variieren. Immerzu floß etwas Wasser über die Holzwand, und das ergab eine wunderbare Gelegenheit, uns unter dem herabfallenden Naß zu erfrischen und zu waschen. Ganz in der Nähe am Waldrand war eine große Sandgrube, in der wir uns tummeln, sonnen und ausruhen konnten. - Alles war einfach schön, wenn wir auch von der Bahnstation vier Stunden mit Gepäck bis ins Dorf durch Wald und Heide laufen mußten. Die Wanderungen durch diese damals ungestörte Landschaft und zu den Sehenswürdigkeiten der Umgebung waren noch länger.

Mit zwei Jungen der Gruppe hatte ich mich besonders angefreundet. Beide waren aus Leutzsch. Wir unternahmen manches auf eigene Faust gemeinsam, besonders in den Ferien. Bald waren wir der aktive Kern der Gruppe. Der eine, etwas älter und Realschüler, war ein intellektueller Pluspunkt für die kleine Gemeinschaft, ich dagegen ein sportlicher. Nach der Schulentlassung 1930 endete unsere Zugehörigkeit zu dieser Organisation. Wir sahen uns nur noch gelegentlich und nach 1933 verloren wir uns ganz aus dem Auge.

Zwei eigenartige Besuche hatte ich später von dem Realschüler. Es muß Mitte der siebziger Jahre gewesen sein, als er überraschend bei mir im Atelier am Markt in Leipzig zu Besuch kam. Er habe schon länger versucht, mich ausfindig zu machen, sagte er, blieb nicht lange und versprach, wiederzukommen, was er auch tat. Wiederum hielt er sich nicht lange auf. Mir fiel seine innere Unruhe auf, und das stimmte mich nachdenklich. Ich freute mich natürlich über seinen Besuch. Was er mir in der kurzen Zeit erzählte, war schon bemerkenswert. Unter beiden Diktaturen hatte er gelitten, wie er mir erzählte. Im Krieg wurde er in das Strafbattallion 999 nach Afrika geschickt. Dort war er mit einem später wichtigen Mitglied vom Politbüro der SED zusammengekommen. Nach 1945 wieder SPD-Mitglied, dann von den Kommunisten mit vereinnahmt, wurde er später Leiter eines größeren Industriebetriebes in der Nähe von Leipzig. Als zur Zeit der Slansky-Prozesse auch in der DDR Verräter gefunden werden mußten, eignete er sich als früherer SPD-Mann in wichtiger Position gut dafür. Er wurde verurteilt, glimpflicher als andere, er verlor seinen Posten und wurde aus der Partei ausgeschlossen. - Hätte ich damals gewußt, daß ich ihn nicht wiedersehen werde, wäre ich nachdrücklicher gewesen, mehr von ihm zu erfahren. Ich glaubte, am Anfang einer neuen fruchtbaren Beziehung zu stehen und hatte die Absicht, ihn für eine Ausstellung zu porträtieren. Um diese Zeit war vielleicht, so glaubte ich, eine kleine Provokation möglich. Ich hatte mich darauf gefreut und war sehr betrübt, als ich wenig später durch eine Karte seiner Frau erfuhr, daß er an einem Herzinfarkt gestorben sei. Ich kann mich des Gedankens nicht erwehren - durch sein Verhalten hervorgerufen -, daß vielleicht hinter dieser Kontaktaufnahme ein Auftrag der Staatssicherheit stand. Ich halte es für möglich, daß sie ihn nach dem politischen Verfahren, das ihm angehängt worden war, nicht wieder aus ihren Fängen gelassen hat. Von sich aus wäre er dazu nicht fähig gewesen, aber die Stasi hatte sicher nie ganz das Interesse an ihm veroren. Sein Besuch fiel in jene Zeit, da die Schnüffler in gewissen Abständen auch bei mir aufkreuzten.

Ein großes Erlebnis hatte ich noch mit den Roten Falken. 1929 in den Sommerferien wurde von der Gesamtorganisation Deutschlands eine Kinder- und Jugendrepublik der Roten Falken organisiert. Das war ein großes Zeltlager, bestehend aus Rundzelten, wie unsere Gruppe eins hatte. Es war ein ansehnliches Lager, gegliedert nach den deutschen Ländern mit großzügiger Infrastruktur. Der Standort dieser Kinderrepublik mit Parlament und den entsprechenden Untergliederungen war eine weite Fläche über den mit Weinreben bestandenen Hängen bei Radebeul und Kötzschenbroda. Ein nachhaltiges Erlebnis war das: vier Wochen in freier Natur und schöner Landschaft bei Spiel, Sport, politischer Arbeit und vielen Wanderungen.

Eines Morgens, es war noch sehr früh, ging ich am Rand des Lagers entlang. Rechts von mir begrenzte eine aus Natursteinen gesetzte Mauer den Weinberg nach oben und meine Sicht nach unten. Langsam wurde die Mauer niedriger und gab den Blick frei. Vor mir lag das Elbtal und nicht weit südlich Dresden. So überraschend sich das mir darbot, so überwältigend war für mich das

Bild. Die Sonne stand noch nicht hoch, und über dem Tal und der Stadt mit ihren Türmen lag ein feiner Morgennebel, der die Sonne durchließ und von ihr rosig angehaucht wurde, so daß alles in zarten Tönen weich erkennbar war. Über dem Nebel zeichneten sich die Wahrzeichen der Stadt klar gegen den wolkenlosen Morgenhimmel ab, und in der Ferne waren die Höhen der Sächsischen Schweiz zu erahnen. Es war ein großartiges Bild, das ganz überraschend plötzlich vor mir stand.

Nach diesem Zeltlager-Erlebnis und den letzten großen Ferien in der Volksschulzeit begann der Ernst des Lebens. Was sollte aus mir werden? Von Malen war keine Rede. Das war als Beruf so weit weg, nicht einmal des Erwähnens wert. Ich hatte schon gewisse Vorstellungen von dem, was ich gern machen wollte, sie waren eigentlich nicht utopisch, ließen sich jedoch nicht realisieren. Ich wollte im Sommerhalbjahr als Lehrling auf den Bau gehen und im Winterhalbjahr die Staatsbauschule in Dresden besuchen. Dazu hatte ich Lust, und meine Vorstellungen in bezug auf diesen Beruf waren durch einen jungen Genossen aus der Jugendbewegung, der diese Ausbildung absolviert hatte, angeregt und genährt worden..

Aber: Es war die Zeit der großen Wirtschaftskrise, und auf dem Bau tat sich gar nichts. Vielleicht war das meinen Eltern sogar recht. Sie meinten - wie das oft so ist - dafür sorgen zu müssen, daß es die Kinder leichter und besser haben, also keine schwere körperliche Arbeit und immer schön im Warmen sitzen. Das ist gewissermaßen verständlich, aber naiv und nicht gut. Meine Eltern berücksichtigten wenigstens eins meiner Talente und begaben sich auf die Suche nach einer Chemigraphenlehrstelle. Woher sie Kenntnisse über diesen Beruf hatten und Hinweise auf eine entsprechende Firma, weiß ich nicht. Eines Tages zog meine Mutter mit mir los. Wir fuhren mit der Straßenbahn nach dem Osten Leipzigs in das graphische Zentrum der Stadt. Es war damals nicht nur ein lokales Zentrum des graphischen Gewerbes, sondern ein internationaler Mittelpunkt der schwarzen Kunst. Entsprechend renommiert und angesehen waren seine Berufe und diejenigen, die sie ausübten. Wir gingen in ein großes, mehrstöckiges Eckgebäude aus Backsteinen, das an einer sehr belebten und von der Straßenbahn durchfahrenen Straße, der Hospitalstraße, stand. Der

Raum im oberen Stockwerk, in dem wir warteten, war sehr hell. Eine Seite bestand aus Fenstern, die andere Seite war eine Trennwand aus Glas. Durch sie konnte man einen großen Raum überblicken. In ihm gingen Leute, andere standen, aber die meisten saßen an pultähnlichen Tischen. Man bat uns, auf einem älteren Sofa Platz zu nehmen. Es war offensichtlich ein Betriebskontor, in dem wir uns befanden. Nach einer Weile kam ein Herr mit ansehnlicher Zigarre im Mund und befragte meine Mutter. Entgegen ihrer sonstigen Art zeigte sie sich sehr devot und stand bei jeder an sie gerichteten Rede auf, ich natürlich instinktiv mit. Auf mehr Einzelheiten entsinne ich mich nicht. Es hatte offensichtlich fürs erste geklappt, denn Lehrstellen waren knapp, und zur Zufriedenheit meiner Mutter war ich jetzt ein Anwärter auf eine Lehrstelle in dieser Firma, aber mehr auch nicht. Jetzt kam es auf mich an. Das unterwürfige Betragen, mir und meinem Fortkommen zuliebe, war meiner Mutter sicher nicht leicht gefallen.
Um in die Ehre und den Genuß zu kommen, Mitglied der schwarzen Kunst zu sein, mußte ich zwei Aufnahmeprüfungen bestehen, eine schriftliche und eine zeichnerische. In der Zeichenprüfung waren zwei Gegenstände wiederzugeben, ein Korb und ein Stuhl. Da konnte man nicht herumschummeln und blenden. Es kam auf die funktionsgerechte, sachliche Darstellung an.
Dann begann die lange Zeit des Wartens und Bangens. Uns war bekannt, daß die durchgefallenen Kandidaten benachrichtigt und ausgeladen wurden. Voll Angst ging ich mittags von der Schule nach Hause, befürchtend eine solche Nachricht vorzufinden, bevor der festgelegte Nachmittag kam, an dem wir uns wieder einfinden sollten. Die dann Versammelten waren für würdig befunden worden, die schwarze Kunst zu erlernen.
Ein halbes Jahr Schulzeit lag noch vor mir. Nachdem die Prüfungssorgen vorüber waren und die Lehrstelle gesichert, stand einer sorglosen Schlußphase der Kinderjahre bis zur Jugendweihe nichts mehr im Wege. Nur auf das Persönliche bezogen, stimmte es schon, aber das politische Klima in Deutschland wurde rauher. War bis dahin die SPD die stabilste Kraft in der Gemeinde mit souveräner Mehrheit vor der KPD, andere Parteien spielten hier keine Rolle, begann sich das zu ändern. Durch die Weltwirtschaftskrise, die sich immer mehr bemerkbar machte, profitierten die

radikalen Parteien, neben den Kommunisten vor allem die Nationalsozialisten. Beiden ging es nicht um politische Sacharbeit, weder in der Kommune, noch in anderen gewählten Gremien. Ihnen ging es um Polit-Theater mit populistischen Forderungen, die, wie sie selbst wußten, nicht erfüllbar waren. Dieses politische Spiel führte zum von ihnen gewünschten Verhängnis für Deutschland. In dieser Zeit erfolgte auch die Spaltung des Deutschen Arbeiterturn- und Sportbundes. Diese große vielseitige Sportorganisation war den Kommunisten ein Dorn im Auge, wie alles, was sie nicht beherrschen konnten. Mit der Parole: "Für die Einheit der Arbeiterklasse" spaltete sich ein Grüppchen ab und nannte sich "Rotsport". So machten sie es überall. Es ging nicht um Aufbauen, sondern um Demontage dessen, was ihnen im Wege stand, um zur absoluten Macht und Alleinvertretung zu gelangen. Damals war das für mich noch nicht so durchschaubar. Aber dieses selbsterlebte Politszenarium wurde von mir nicht vergessen, und ich war nach dem Krieg mißtrauisch und hellhörig gegenüber den neuen Parolen.

Ostern 1930 endete meine achtjährige Volksschulzeit. Konfirmation war für mich kein Abschluß dieser Periode. Ich war in den Lebenskundeunterricht gegangen und somit einer der wenigen Kandidaten für die Jugendweihe. Es lohnte nicht, örtliche Jugendweihefeiern abzuhalten. Für die Stadt und den Landkreis Leipzig gab es zwei zentrale Veranstaltungen im Palmengarten im Westen der Stadt. Dort war eine würdige Atmosphäre für diese und ähnliche Feste, besonders von der Arbeiterbewegung. Deshalb wurde diese schöne Anlage nach 1933 abgerissen, mit ihr der populäre Sportplatz mit Radrennbahn, nicht weit davon. Ich ging, sendungsbewußt wie ich damals war, im blauen Manchesteranzug mit kurzen Hosen, weißem Panamahemd, ebensolchen Kniestrümpfen und Haferlschuhen. Groß war ich um diese Zeit noch nicht, das merkte ich deutlich, als ich meine Lehre begann und beim Treppensteigen immer auf den Arbeitskittel trat.

Die Weltwirtschaftskrise hatte sich verschlimmert, und mein erster Arbeitstag als Lehrling, der 1. April 1930, war für meinen Vater der erste Tag seiner Arbeitslosigkeit. Ich war erst dreizehn Jahre, und es wurde ganz schön hart für mich. Von Böhlitz-Ehrenberg im Westen ins östlich gelegene Verlags- und Druckereiviertel

Leipzigs war ein langer Weg. Meine Lehrfirma Kirstein & Co. befand sich im fünften Stock unter dem Dach eines großen aus roten Ziegeln erbauten Hauses mit U-förmigem Grundriß. Der Haupteingang befand sich an der wichtigsten, zum Messegelände führenden Straße. Die breite Front säumte den Gerichtsweg, und von der Eilenburger Straße ging es in den Hof. Im Erdgeschoß saß der E.A.Seemann Kunstverlag. Er war Mitinhaber der Graphischen Kunstanstalt im fünften Stock. Zwischen beiden arbeitete die Großdruckerei Hedrich. Anfangs fuhr ich mit der Straßenbahn zur Arbeit und zurück. Die Strecke von Böhltz bis zur Stadtgrenze lief ich, um den Außenbahntarif zu sparen. Mit der Linie 17 ging es bis zum Lindenauer Markt. Dort stieg ich in die 15 und fuhr bis zu der Station hinter dem Johannisplatz. Damals fuhr die 15 noch am schönen alten Theater vorbei und durch den Brühl, das internationale Pelzzentrum, zum Augustusplatz. Das war das interessanteste Stück der ganzen Strecke. Während die an ihren Gesellschaftsanzügen erkennbaren Nachtlokalbesucher um diese Zeit nach Hause gingen und die Morgenzeitungen verkauft wurden, stürzten sich die jüdischen, ebenfalls an ihrer Kleidung auszumachenden, und die anderen Pelzmakler auf dem Brühl in ihre ersten gestenreichen geschäftlichen Verhandlungen.
Ich war schon sehr früh unterwegs. Um sieben Uhr begann die Arbeit. Als Stift im ersten Lehrjahr mußte ich spätestens halb sieben Uhr, möglichst noch früher, im Betrieb sein. Im Winter hieß es sofort im großen Kanonenofen Feuer anzünden, die Arbeitspulte der Gehilfen abstauben und in Ordnung bringen, Kochtöpfe für den Frühstückskaffee fertig machen und Zeit haben für diverse Sonderwünsche vor dem Arbeitsbeginn. Nach Feierabend war es ähnlich, da hieß es, Farbsteine und Walzen der Drucker säubern. Der eine war ein leidenschaftlicher Primer. Da es üblich war, den Stein im Laufe des Tages bei Farbwechsel mit Spucke zu entfetten, wurde hier die abendliche Säuberung besonders unangenehm. Die Druckplatten und Abstreichbleche für die Pinsel der Gehilfen mußten ebenfalls mit Terpentin von Farbe gesäubert werden. Sie wurden dann in einer Kiste mit Sägespänen getrocknet. Was man von dieser Arbeit für Hände bekam, läßt sich leicht vorstellen, zumal ihre Haut vom Umgang mit Salz-, Salpetersäure und Eisenchlorid schon strapaziert und angegriffen war. Diese, neben der

eigentlichen fachlichen Ausbildung einhergehenden Pflichten waren unerfreulich und belastend. Auch die penetranten und oft beleidigenden Schikanen dem kleinen Lehrling gegenüber machten das Leben schwer. Zum Einkaufengehen für das Mittagessen der Gehilfen und Meister wechselte ich mich mit meinem Kollegen aus demselben Lehrjahr wöchentlich ab. Er war kein besonders kollegialer Mitstreiter. Bedeutend größer und etwa zwei Zentner schwer, wohnte er gleich in der Nachbarschaft der Firma. In der Lichtdruckabteilung begann die Frage nach den kulinarischen Wünschen eines jeden Gehilfen. Es waren mit den anderen Abteilungen insgesamt etwa vierzig Leute, die wir versorgen mußten. Zum Glück wollte nicht jeden Tag jeder etwas. Die Wünsche waren oft sehr ausgefallen und die Laune schlecht, wenn die bestellte Gurke nicht die richtige Größe und Form hatte. Das Abrechnen war immer ein Problem, und am Ende war man froh, wenn das Geld stimmte.

Dann waren noch Geschäftswege zu gehen, Andrucke wegzuschaffen, Vorlagen zu holen und Material zu besorgen. Die großen und kleinen Verlage, in die man mußte, lagen in der Nähe und die großen Druckereien auch. Das war nicht uninteressant. Unmittelbar nebenan lagen das imposante Buchhändlerhaus und die Buchhändlerbörse sowie die Buchdruckerlehranstalt. Die Gutenbergschule war ein neues, in sachlicher Architektur erbautes Institut, gedacht für die Ausbildung eines qualifizierten Nachwuchses für die örtliche polygraphische Industrie, eine gute Kapitalanlage für die Zukunft des damals internationalen graphischen Standortes Leipzig, dachte man. Es war ein modernes Gebäude mit allen wichtigen und nötigen Werkstätten. Die Schule war von den Besitzern der Leipziger graphischen Betriebe initiiert und finanziert worden.

Vier Jahre besuchte ich diese Schule vormittags zweimal in der Woche. Dann gab es noch Abendkurse, ihre Belegung war freiwillig. Nach Feierabend weiterzumachen, fiel oft schwer. Ich kam dann erst sehr spät nach Hause. Das Fach Deutsch wurde von einem Doktor unterrichtet, einem Nationalsozialisten. Er war ein guter und toleranter Lehrer. Ich habe bis 1933 mehrfach gemerkt, daß es Anhänger dieser Bewegung gab, die wirklich glaubten, es mit einer sozialistischen, aber deutschnationalen Arbeiterpartei zu

tun zu haben. Eine Gruppe in dieser Partei, vertreten von den Brüdern Strasser, stand für diese Linie, wurde aber bald abserviert. Wir waren etwa zwanzig Schüler in der Klasse, die meisten kamen wie ich aus dem Arbeitermilieu und waren links orientiert. Ich wurde ihr Sprecher und Häuptling. Einige stammten aus kleinbürgerlichen Kreisen und hatten ziemlich verschwommene Ansichten. Zwei oder drei standen den nationalsozialistischen Ideen nahe. G. Th. - gewissermaßen mein Kontrahent - hielt eine Rede in dieser Richtung. Ich dagegen sprach über materialistische Geschichtsauffassung in einem Pflichtvortrag. Der Doktor beurteilte das wohlwollend, mahnte mich aber, nicht zu verabsolutieren, handele es sich doch nur um eine Art der Geschichtsbetrachtung unter anderen. Ich will damit sagen, die unterschiedlichen politischen und philosophischen Auffassungen müssen das Zusammensein nicht trüben. Im Gegenteil, wir, die beiden Hauptakteure der Klasse, achteten uns, fanden Interesse aneinander. Es entstand eine Freundschaft auf Lebenszeit. Trotz aller Schwierigkeiten und Katastrophen, die wir noch durchleben mußten.
Unser Haupt- und Fachlehrer war ein richtiger Sozialdemokrat und nicht immer unvoreingenommen. Dann war da noch der Zeichenlehrer, ein Perspektivespezialist. Er war für mich von Bedeutung. War es doch das erste Mal, daß ich mit meinen naiven malerischen Freizeitbemühungen einem Fachmann mit eigener künstlerischer Produktion gegenüberstand. Ich kam gut an. Im Zeichensaal hatte er an der Längswand, der Fensterfront gegenüber, eine Reihe von Wechselrahmen hängen, in die Arbeiten seiner Schüler kamen, die er dieser Auszeichnung für würdig befand, ganz gleich, ob sie in der Schule, oder zu Hause entstanden waren. Ich gehörte von Anfang an zu jenen, deren Arbeiten dort fast immer einen Platz hatten, solange ich bei ihm Schüler war. An ein Aquarell erinnere ich mich: die letzte Dorfstraße im älteren Teil von Böhlitz-Ehrenberg mit Figuren darin. Er sagte zu mir, als er es in den Rahmen legte: "Sie wissen gar nicht, wie gut das ist." - Ich habe zu meinen Arbeiten, wenn sie fertig sind, oft kein richtiges Verhältnis. Daran ist auch das verdammte Minderwertigkeitsgefühl schuld, welches mich leider bis heute nicht verlassen hat. Erst später begriff ich, daß ich in jener Arbeit wohl Form, Farbe, Mensch und Milieu in individueller Art zu einem Ganzen gebracht

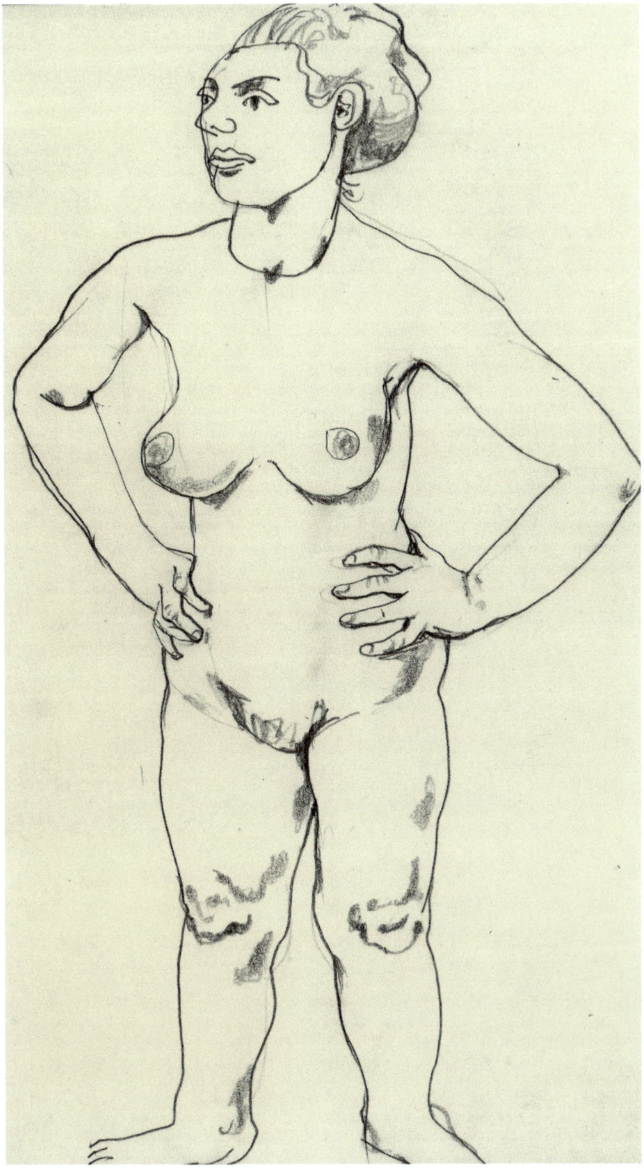

hatte. Mir war instinktiv eine komplexe Aussage über das Motiv gelungen. Ähnliches glückte mir viel später beispielsweise mit einem mittelgroßen Winterbild vom Dorfplatz Untergreißlau. Das Bild war auf einer der ersten DDR-Kunstausstellungen in Dresden und landete angekauft im damals neuerbauten Gästehaus der DDR in Leipzig.

Mit jenem Zeichenlehrer - wir nannten ihn Perspektiven-Müller - verbindet sich noch eine andere Erinnerung. Die letzten Stunden vor den Ferien nutzte er zu unserer Freude immer, um uns über seine Gefangenschaft in Rußland während des Ersten Weltkrieges und seiner Flucht von dort zu erzählen. Er war in den fernen Osten an die chinesische Grenze gekommen. Dort erlebte er die russische Revolution und wurde von der neuen Provinzregierung mit der Herstellung neuen Geldes beauftragt. Erstaunlicherweise tauchte in der fernen Gegend eine Handpresse aus einer Leipziger Druckpressenfabrik auf. Jene Verwaltung war ihm für seine Arbeit sehr dankbar und lud ihn nach dem Zweiten Weltkrieg mehrfach zu einem Besuch ein. Er bekam nie eine Erlaubnis der russischen Regierung aus Moskau dazu. Ob er vor 1933 parteilich organisiert war, weiß ich nicht, aber links stand er, wie fast alle Lehrer dieser Schule. 1945 von den Amerikanern, die Leipzig zunächst besetzt hatten, als Direktor der Gutenbergschule berufen, wurde er nach dem Einzug der Russen wie alle anderen Lehrer entlassen.

In dieser Zeit, Mitte 1931/32 ist es gewesen, als ich an der Leipziger Volkshochschule zwei Semester Aktzeichnen belegte. Ich fuhr abends immer mit dem Rad in die Stieglitzstraße nach Schleußig, wo diese Kurse stattfanden. Der Lehrer war Alfred Frank, Kommunist und als Künstler in Leipzig bekannt. Als ich dort begann, hatte er als Modell eine derbe, kräftige Arbeiterfrau mittleren Alters. Ich weiß noch, wie schockiert ich war, als ich ihr zum ersten Mal gegenübersaß. Diese Möglichkeit Akt zu zeichnen, habe ich intensiv genutzt. Soviel ich weiß, hatte Frank nach 1933 durch einen Gönner die Möglichkeit bekommen, sich aus Leipzig zurückzuziehen. Sein Tatendrang ließ ihm allerdings keine Ruhe. Bei einer politischen Aktion wurde er in der Stadt verhaftet und noch 1945 hingerichtet.

Mit mir zusammen war ein anderer Lehrling eingestellt worden, wie ich schon erwähnte. Neben ihm, der viel breiter und größer war, mußte ich mich anstrengen, um als unausgewachsener Knirps vom Lande bestehen zu können. Der Großstadtjunge war auch cleverer und nicht so ahnungslos treuherzig wie ich, nicht so fortschrittsgläubig und harmoniesüchtig. Arbeitsmäßig war es immer ein Konkurrenzkampf. Die Leistungskraft hängt auch von dem Wohlbefinden und der Übereinstimmung zu der Umgebung ab, in der man den ganzen Tag arbeiten muß. Das verleiht Selbstvertrauen, das einem bestehen hilft. Es gab schmerzliche Situationen für mich, vor allem, wenn ein Lehrjahr zu Ende war. Einige Male bekam ich mit den Jahreszeugnissen der Schule eine Prämie und mußte das immer büßen. In dieser Zeit waren sich alle meine Lehrkollegen einig. Sie schnitten und verleumdeten mich. Natürlich war ich fleißig, strebsam und benahm mich gut, aber ich war kein Streber, der versuchte, sich auf Kosten anderer mit unlauteren Mitteln bei Lehrern und Vorgesetzten Vorteile zu verschaffen. Solche Integrationsprobleme waren mir neu, und ich wurde schlecht mit ihnen fertig.

In den ersten beiden Jahren meiner Lehrzeit hatte der E.A.Seemann Kunstverlag noch Besitzanteile an der Firma. Das machte sich an der Art der Aufträge bemerkbar, aber auch im Betriebsklima. Wir reproduzierten viel Seemann-Kunstblätter, alte Meister, aber auch moderne Kunst. Das schulte ungemein, besonders wenn die kostbaren Originale zur Verfügung standen. Auch Andrucke von Werken, die in entfernten, berühmten Museen hingen, wurden noch meistens vor Ort an den Orginalen abgestimmt. Der Verlagschef war Jude. Bei ihm ging es gediegen, kultiviert und nicht hektisch zu. Selbst als Lehrling wurde man zuvorkommend und höflich behandelt, wenn man dort einen Auftrag auszurichten hatte. Das änderte sich, als wir einen neuen Besitzer bekamen. Sinsel & Co., personifiziert in Herrn Greif. Er brachte seine kleinere Firma aus Markkleeberg mit der Belegschaft zu uns und stellte sich als das heraus, was wir damals einen "weißen Juden" nannten.

Die Weltwirtschaftskrise war allgegenwärtig. Das Arbeitstempo wurde forciert und oft blieb die Qualität auf der Strecke. Für uns Lehrlinge stand die gute Ausbildung nicht mehr so im

Vordergrund, sondern unsere produktive und nützliche Einbindung in den Arbeitsprozeß. Die Auftragslage schwankte und gab immer Anlaß zu Spekulationen, wenn sie unbefriedigend war. Dann drohte am Freitag bei der Verteilung der Lohnbeutel für manche Kollegen auch der Empfang des blauen Briefes. Natürlich gab es ein Leistungsgefälle unter den Gehilfen, und es ließ sich erahnen, wen es treffen würde. Wir Lehrlinge waren davon ausgenommen und sahen uns außer Konkurrenz den unschönen Kampf um den Arbeitsplatz mit an. Irgendwie wurden wir doch mit hineingezogen, da die Betroffenen gerade bei uns ihre Ängste und Anklagen gegen Ungerechtigkeit und Böswilligkeiten abluden und Rechtfertigungen erwarteten. Zu ihren Kollegen konnten sie damit nicht gehen. Der Kern der Belegschaft wurde von den Entlassungen nicht betroffen. Diese Kollegen lebten als angesehene Stehkragenproleten gut weiter.

Wir Lehrlinge verdienten pro Woche vom ersten bis vierten Lehrjahr fünf bis zwanzig Mark. Junge Gehilfen erhielten etwa fünfunddreißig bis vierzig Mark. Es gab eine gewisse Klassifizierung. Die untersten und schmutzigsten waren die Strichätzer, dann kamen die schwarz-weiß oder Autotypiekräfte. Die Spitze bildeten die Farbätzer. Ein qualifizierter Farbätzer erhielt etwa achtzig Mark die Woche. Damit konnte man in den damaligen Zeiten leben, und das taten sie. Ich machte es auch. Wenn man sich für fünfzehn Mark ein paar derbe Manchesterknickerbocker kaufen konnte oder für das doppelte einen schicken Anzug aus gutem Stoff bekam, war man schon wer und mochte keck in die Welt schauen.

Den Höhepunkt jener Jahre bildete die Gesellenprüfung. Die praktischen Aufgaben kannten wir, hatten wir doch die Ängste der älteren Lehrlinge jedes Jahr miterlebt. Es waren einige obligatorische fachliche Kunststücke anzufertigen. Dazu gehörte die Ätzung einer auf perspektivischem, rundum weich verlaufendem Fliesenboden stehenden Maschine. Besonders diese Aufgabe verband sich mit vielen Sorgen. Die theoretische Prüfung fand eines Nachmittags im Haus des Handwerks statt. Als wir herumsaßen und auf unseren Aufruf warteten, hatte ich besonderes Glück. Ich war in der Lehrzeit unzulänglich mit dem Strichätzen ausgebildet worden. Neben mir saß einer, der sich im Selbstgespräch noch

einmal mit dieser Spezifik befaßte. Ich hörte aufmerksam zu, und genau darüber wurde ich dann befragt.
Nach bestandener Prüfung hatten wir natürlich eine Feier organisiert. Wir trafen uns in den "Drei Lilien" im Salzgäßchen und waren dort mit der Mädchenklasse eines Gymnasiums verabredet. Es gelang mir, jene für mich zu interessieren, die mir am besten gefiel. Leider war es nur eine kurze Liaison. Überhaupt hatten wir angefangen, nach den Abendkursen in der Schule mitunter den Weg in die Innenstadt einzuschlagen und nicht erst nach Hause zu fahren. Unser Ziel war ein kleines Weinlokal in der Nähe des Opernhauses. Es hieß "Anastopolus" nach seinem griechischen Wirt. In der Mitte der Gaststätte war ein schmaler Gang, links und rechts davon, dicht hintereinander befanden sich Holzbänke und Tische. Darüber waren Gestelle, in denen Weinfässer lagerten. Es war billig und gefiel uns dort. Das Publikum war unkonventionell, und die Flasche Rotwein kostete nur eine Mark. Als junger Bursche konnte man da auch einmal mit der Mütze sammeln gehen. Mein neuer Freund aus der Gutenbergschule und ich waren meistens die Initiatoren. Mitunter gingen wir auch allein dahin. Diese Abende festigten unsere Freundschaft. Wir politisierten, philosophierten, spintisierten, sprachen - wie konnte es anders sein - über Mädchen, aber auch über unsere Vorhaben und Pläne für die Zukunft, die noch sehr vage waren.
Wir kamen aus unterschiedlichen Erfahrungs- und Erlebnisbereichen. Das machte sich besonders auf dem Gebiet der Literatur bemerkbar. Während das, was ich kannte, sozialkritisch und bedeutend internationaler war, im wesentlichen der Arbeiterbewegung nahe, war das seine mehr auf das Deutsch-Nationale begrenzt, was für mich wiederum vollkommen neu war und auch Eindruck hinterließ. Es hatte durch die jüngste Entwicklung eher an Bedeutung gewonnen. Rilke stand außerhalb dieses Kreises und war eine besondere Entdeckung. In Zukunft schätzten wir ihn beide. Mein neuer Freund war ein Jahr älter als ich und hatte, um die Lehrstelle zu erhalten, in dieser Firma erst ein Jahr Hilfsarbeit machen müssen. Mit seiner Mutter war er aus dem Schlesischen gekommen. Sie betrieb im Osten Leipzigs einen kleinen Butter-, Käse- und Milchladen. Sein Vater war Holzbildhauer und ist früh gestorben.

Es war die Zeit des Todeskampfes der Weimarer Republlik. SA und Rot Front schlugen sie zusammen. Die Uneinigkeit der Demokraten erleichterten ihnen das. Außer der Polizei gab es keine organisierte Kraft, um diesen Schlägerkolonnen entgegenzutreten. Die Polizei aber wurde provoziert, besonders von den Kommunisten, damit man sie anschließend beschimpfen konnte. Daß vor allem Sozialdemokraten in verantwortlichen Stellen der Polizei saßen, traf sich gut; denn sie waren die Hauptgegner und wurden in den kommunistischen Presseorganen als Sozialfaschisten, Bluthunde, Arbeitermörder diffamiert. Das Reichsbanner mit seinen drei Pfeilen als Abzeichen war ein Versuch, aber kein ernstzunehmender, diesen Schlägertypen von Rot Front und SA Paroli zu bieten. Eine demokratische Partei, deren Programm es ist, die Welt gewaltlos zum Besseren zu führen, hat in ihren Reihen keinen Schlägermob.

In Böhlitz-Ehrenberg traten NSDAP und SA ebenfalls verstärkt in Erscheinung, aber sie hatten noch keinen entscheidenden Einbruch in den von SPD und KPD dominierten Ort erreichen können. Die soziale Situation der Menschen hatte sich verschlechtert, das brachte beiden radikalen Gruppen Aufwind. Ich war inzwischen Mitglied der SAJ, der Jugendorganisation der SPD. Wir waren etwa zwanzig Mitglieder, Mädels und Burschen. Zu unseren Zusammenkünften trafen wir uns in einem Kellerraum der Böhlitzer Volksschule. Wir nannten das Heimabende. Diskutiert wurde, gelesen oder im Freien Ball gespielt. Es gab Volkstanzabende, oder wir besuchten andere Gruppen in Nachbarorten. Da wir tagsüber arbeiteten, war das alles nur abends möglich. Besonders gern gingen wir nach Lützschena. Der Weg durch den Auenwald war immer wieder schön. Im Sommer badeten wir auf dem Rückweg nackt in den Lehmlachen. Zu Festtagen rüsteten wir zu größeren Fahrten. Einmal verbrachten wir auch eine Woche in dem kleinen Haus in Ateritz in der Dübener Heide, wo ich früher oft mit den Kindergruppen gewesen war. Ich erinnere mich gut daran, weil ich dort aquarellierte und von diesen Arbeiten ein Blatt noch besitze.

Die ersten dreißiger Jahre waren eine brisante Zeit. Wir unterstützten die Partei in den Wahlkämpfen, bei Versammlungen und Demonstrationen. Nach besonderen Anlässen trafen wir uns abends mit älteren Genossen im Sportlerheim, um auf eventuelle Überfälle der SA reagieren zu können. Zu Umzügen und Demonstrationen war der Stellplatz immer am Wasserturm. Am 1. Mai marschierten wir von dort durch Leipzig bis zum Arbeitersportverein Stötteritz im Osten der Stadt. Das war ein langer Marsch, doch mit Gesang und zusammen mit Musikkapellen machte es Spaß. An solchen Tagen hingen in den Vororten viele rote und schwarzrotgoldene Fahnen aus den Fenstern.

In die schon hart genug geführten Auseinandersetzungen dieser Jahre kam noch ein brisantes Thema: die Diskussionen um den Bau des Panzerkreuzers A. Das wurde für die SPD zu einem innerparteilichen Problem. Als sie im Parlament zustimmte, spaltete sich eine Sekte unter Führung von Max Seydewitz ab und bildete eine neue Partei, die SAP. Auch in unserer Jugendgruppe wurde darüber heftig gestritten. In meiner jugendlichen Radikalität blieb ich der einzige, der den Mut aber auch den kurzen Verstand hatte, dagegen zu stimmen.

Nach der Machtübernahme Hitlers wurden unsere Organisationen verboten, erst die KPD und dann im Mai 1933 die SPD. Eine Zeit blieben wir noch locker in Kontakt, unternahmen weiterhin manchen gemeinsamen Ausflug mit dem Rad oder mit der Bahn. Meine erste Autofahrt fiel in diese Zeit. Ein Freund aus der Gruppe fuhr uns zu dritt im kleinen offenen Dixi seines Vaters nach Bad Lauchstädt. In den ersten Ferien meiner Lehrzeit 1931 unternahm ich mit zwei Freunden aus Leutzsch, die ich noch von den Roten Falken her kannte, eine große Wanderung durch den Thüringer Wald. Mit Schlafsack, Kochgeschirr und anderen notwendigen Sachen im Rucksack fuhren wir mit der Bahn nach Saalfeld. Von dort wanderten wir eine Woche lang bis Eisenach. Mit Ausweis kostete eine Übernachtung in der Jugendherberge nur wenige Groschen. Komfort war nicht zu erwarten. Damit hatten wir auch nicht gerechnet. Eine Herberge war uns doch zu schlimm. Wir verabschiedeten uns von ihr durch die Dachluken über dem Heuboden. Das Haus schmiegte sich an einen Hang, so war es nicht schwer, vom Dach herunter zukommen. In den gut besuchten größeren Jugendherbergen, wenn es keine Betten mit Strohsäcken gab, sondern nur ein großes Lager für alle, auf dem man dicht an dicht

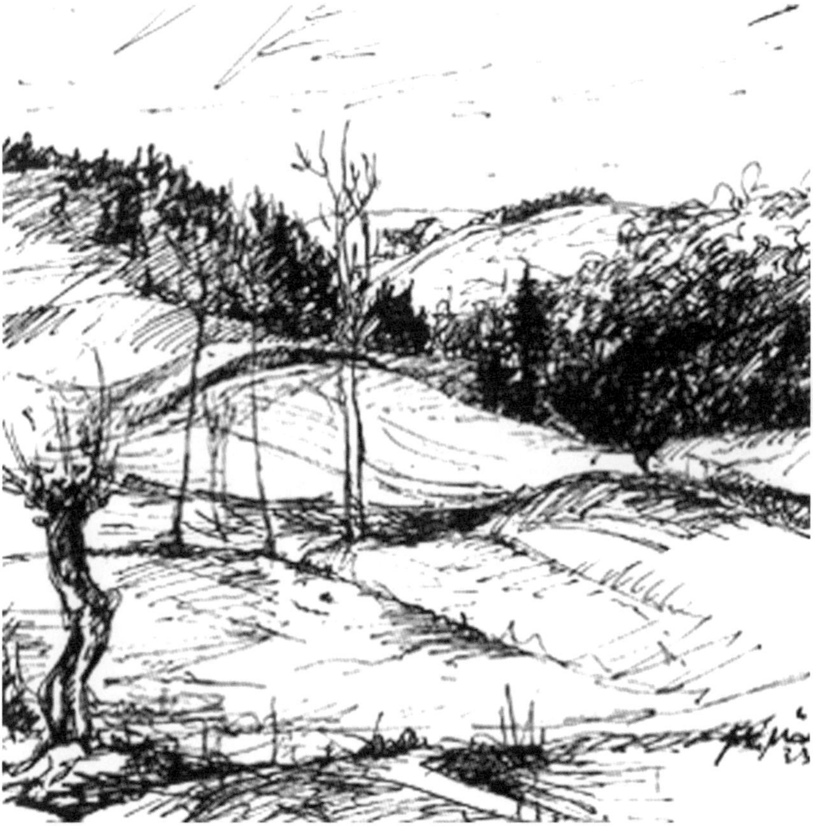

schlief, konnte es schon passieren, daß man belästigt wurde. Wir haben auf dieser Wanderung alles besucht, was im Thüringer Wald schön und bekannt ist. Damals waren die Dörfer reizvoller, ihre Umgebung noch nicht zersiedelt und die Häuser von traditioneller Bauweise, Fachwerk mit Schiefer verkleidet, dominierten das Bild. Eine unserer Hauptspeisen waren Heidelbeeren. Es gab jede Menge davon.

Nicht viel später war ich mit einem zwei Jahre älteren Freund aus der Jugendgruppe eine Woche unterwegs. Mit Fahrrad und Zelt ging es ins Fichtelgebirge. An einem Tag gelangten wir nicht ans Ziel. Als es dunkel wurde, suchten wir einen Platz zum Übernachten. Wir fanden nicht weit von der Straße etwas Passendes mit Wasserstelle, bauten das Zelt auf, entnahmen Wasser und kochten uns Tee. Am nächsten Morgen stellten wir fest, nicht zu unserer Freude, daß es ein kleiner Froschtümpel war. Am Ziel, unweit von Fichtelberg-Neuhaus, bot sich uns auf einer kleinen Halbinsel, die in einen nicht großen See ragte, ein wunderschöner Zeltplatz mitten im Walde dar. Von dort aus durchstromerten wir das Gebirge. Wir waren so sorglos, daß wir zu solchen Gelegenheiten alles stehen und liegen ließen. Am Abend fanden wir es so vor, wie wir es verlassen hatten. Das waren schlechte Zeiten und die Menschen ärmer als heute, trotzdem mußte man nicht soviel Angst vor unangenehmen Überraschungen haben. Die Rückfahrt schafften wir auch nicht wie geplant an einem Tag. Ich schlug vor, eine Tante von mir, die Schwester meiner Mutter, in Frohburg um Nachtquartier zu bitten. Mit diesem spontanen Entschluß überfielen wir eine ahnungslose Frau, die von meiner Existenz, da meine Mutter schon lange tot war, kaum noch etwas wußte, und brachten sie mit meiner Bitte, uns, zwei junge Männer, für eine Nacht aufzunehmen, in arge Verlegenheit. Diese Leichtfertigkeit, mit der ich einen gutmütigen Menschen in eine Zwangslage brachte, hat mich anschließend bedrückt.

Noch etwas kann ich nicht vergessen. Wir waren nach Leutzsch zur Hochzeit einer Cousine geladen. Ich ging mit geliehenem Smoking, Frackhemd und Zylinder. Wenn ich mir später das Foto ansah, staunte ich, wie gut ich darin wirkte. Heesters war nicht viel attraktiver. Ich hätte mich gern öfter so angezogen, leider gab es dazu auch später selten Anlaß und Gelegenheit. Gut gekleidet zu

sein, wurde immer unpopulärer. Hoffentlich ändert sich das wieder. Zur Hochzeitsfeier wurde von mir erwartet, daß ich etwas vortrage. Ein Fotograf meiner Firma war Lieferant für solche Beiträge. Die üblichen Herz/Schmerz-Schnulzen mochte ich nicht, wollte mutig, aufgeklärt, nicht naiv erscheinen. So suchte ich mir bei ihm ein Gedicht mit anzüglicher Pointe heraus: kein Applaus, aber peinliches Schweigen. Ich war ins Fettnäppchen getreten.
Das Skifahren begann populär zu werden. Es reizte mich, und ich schaffte mir auch ein paar Skier an. Das war kein besonders guter Gedanke gewesen. Zu Hause bot der Winter nicht viel Gelegenheit, und außerdem war in meinem Umfeld niemand bereit, dieses Vergnügen mit mir zu teilen. So fuhr ich ab und zu sonntags allein mit dem Wintersportzug der Reichsbahn ins Erzgebirge oder in den Thüringer Wald. Es war billig. Mit fünf Mark war man dabei. Ich war kein Meister auf der Piste. Als ich eines Sonntagabend von Oberhof zum Bahnhof Gelberg hinabfuhr, stand ein Baum im Wege, und ich brachte nur eine Skispitze mit nach Hause.
Es war etwa die Zeit nach dem Januar 1933. Ich war in keiner Organisation mehr, und mein altes Umfeld von Freunden und Freizeitmöglichkeiten existierte durch Nazigesetze nicht mehr. Ich hatte mich ganz auf Fußball eingestellt. Der Arbeitersportbund war natürlich auch verboten. Man kann sagen, wir gingen als Mannschaft geschlossen zum bürgerlichen "Fußballclub Saxonia 07". Die freuten sich natürlich darüber, endlich ein paar gute Fußballer zu bekommen. Dazu war noch eine Formsache nötig. Wir mußten politisch gleichgeschaltet werden, wie das hieß. Abends an einem Wochentag sollten wir uns im Saal des Vereinslokals "Grüne Aue" versammeln. Dann kam ein Braununiformierter, hielt einen kurzen Vortrag, anschließend waren wir "gleichgeschaltet" und durften im bürgerlichen Club Mitglied sein. Die "Grüne Aue" war nun unser Vereins- und Umkleidelokal. Es lag im alten Ortsteil nur hundert Meter von der Luppe-Brücke entfernt. Hinter ihr, direkt am Waldrand, war der Fußballplatz, auf dem wir nun unser Können zeigen durften. Mit dem Wirt verstanden wir uns gut. Er war SPD-Sympathisant. Die Gründer, Chefs und Sponsoren des Fußballclubs waren zwei Junggesellen. Sie besaßen im Ort eine Wäscherei und konnten natürlich froh über die Leistungssteigerung durch uns Arbeitersportler sein. Ich gehörte noch zur

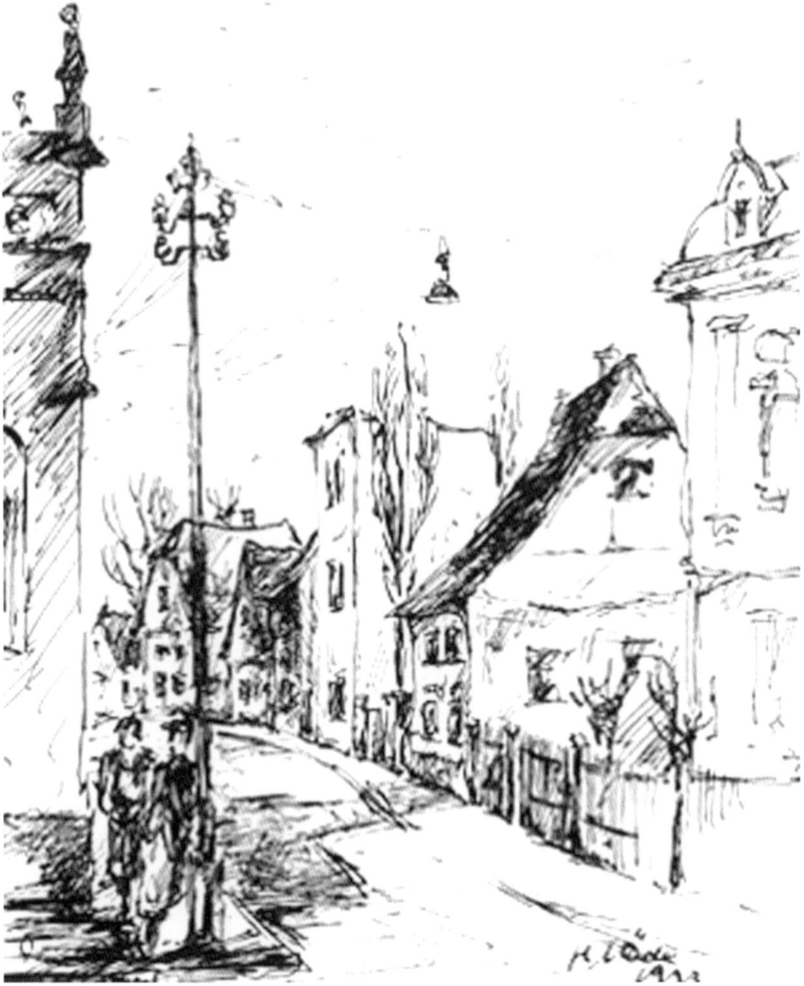

Jugendmannschaft. Wir machten gleich den Staffelsieger und spielten mit drei weiteren Teams um die Leipziger Stadtmeisterschaft. Nach kurzer Übergangszeit kam ich in die erste Herrenmannschaft und wurde auch sofort lobend in der Zeitung erwähnt. Bis zu meiner Einberufung hatte ich einen Stammplatz in dieser Mannschaft. Dadurch war es mit dem vorbildlichen Lebenswandel vorbei. Fußballspielen und anschließendes Zusammensein im Vereinslokal mit Biertrinken gehörten nun einmal zusammen. Mein Umfeld hatte sich geändert. Durch den Sport erneuerten sich die Kontakte zu den Freunden aus der Schulzeit, den ehemaligen Klassenkameraden. Entweder waren sie ebenfalls Fußballer oder gehörten zur guten Feldhandballmannschaft des deutschen Turnerbundes. Und wenn man zu ihnen Beziehungen besaß, hatte man sie auch zu den jungen Turnerinnen. Nach den Anstrengungen der Trainingsabende im Mief der Turnhalle ließen sie sich gern abholen und in die frische Waldesluft entführen.
Im Nachbarhaus gab es einen zwei Jahre älteren Jungen. Während der Schulzeit hatten wir gute Kontakte zueinander. In dem Hof dort vollbrachten wir manchen Unfug. Einmal verletzte mich ein umstürzender Balken am Fuß. Die Wunde sah schlimm aus. Meine Mutter behandelte sie erfolgreich mit Quarkumschlägen.
Er wurde Dekorationsmaler, aber sein wirkliches Interesse galt technischen Spielereien. Schon in der Schulzeit besaß er einen Radioapparat. Halb selbstgebastelt, diente er dem Experimentieren. Anfang der dreißiger Jahre bekam er ein schweres Motorrad der Marke NSU Königswelle. Ich verstand nichts davon, aber es muß etwas Besonderes gewesen sein; denn beim Fachsimpeln wurde dieses Wort von allen mit Hochachtung und respektvoller Stimme ausgesprochen. Ab und zu fuhr ich mit. Es war immer die gleiche Tour, sonnabends und sonntags mit dem Zelt zu den östlich von Leipzig gelegenen Hohburger Bergen und dem Horstsee. So sehr es mir gefiel, war ich doch immer froh, wenn wir gesund zu Hause ankamen. Sturzhelme gab es noch nicht und Geschwindigkeitsbegrenzungen auch nicht.
Das alles war so bis etwa Mitte der dreißiger Jahre. Der Beginn der Diktatur und das Ende der Weimarer Republik hatten ein Datum, aber im Leben braucht alles seine Zeit. Da ändert sich so etwas nicht von heute auf morgen. Im Sommer vorher hatte das

letzte Treffen des KJVD auf dem Leipziger Augustusplatz stattgefunden mit einer Rede Ernst Thälmanns. Dieses Treffen wurde später in der DDR-Zeit als ein außerordentliches, historisches Ereignis hochgespielt. Ich habe an der Hauptpost gesessen und mir das Ganze aus Interesse und als Beobachter unserer Jugendgruppe angesehen. Für mich war es nur Propagandatheater, und ich hatte nicht den Eindruck, einem historischen Geschehen beigewohnt zu haben.

Die Gegenkräfte zur Diktatur waren bis zuletzt stark an Zahl. Zur Wahl am 3. März 1933 war die SPD die noch größte Partei. Anschließend wurde sie verboten, auch die "Leipziger Volkszeitung". Ein Vorläufer des Verhängnisses war die vorangegangene Reichspräsidentenwahl. Durch das Festhalten der KPD an ihrem aussichtslosen Kandidaten Ernst Thälmann in allen Wahlgängen wurde Hindenburg Reichpräsident. Mit ihm machten dann die erstarkten reaktionären Kräfte, was sie wollten. Sicher war es falsch, ohne den Versuch Widerstand zu mobilisieren als SPD-Parteivorstand sofort ins Ausland zu gehen. Ich glaube, "laß sie nur machen, sie werden bald am Ende sein", war nicht nur eine fatale, sondern auch eine grundsätzlich falsche und leichtfertige Einschätzung der Lage mit katastrophalen Folgen. Widerstand, vielleicht ein Generalstreik hätten, auch wenn sie erfolglos geblieben wären, eine nachhaltige, moralische Wirkung gezeigt, und der Schaden wäre mit dem später durch die Nationalsozialisten tatsächlich verursachten kaum vergleichbar gewesen.

Es gab in unserem Ort eine Straßenecke an der Hauptstraße, dem Gemeindeamt gegenüber. Dort standen in den Abendstunden an jedem Wochentag die Aktiven unserer Jahrgänge herum. Es wurden die letzten Sportereignisse kommentiert und die nächsten besprochen. Aber nicht nur unsere. Ein Spielautomatenfabrikant hatte die Idee und das Geld, alle Spieler der Fußball-Ländermannschaft des verbotenen Arbeitersportbundes aufzukaufen und in einer neuen Vereinsmannschaft unter dem Namen seines Produktes "Tura" spielen zu lassen. Dieser Verein bekam die schöne Sportanlage mit Vereinshaus des Arbeitersportes in Leutzsch an der Grenze zu Böhlitz-Ehrenberg. Der Leipziger Westen war rot. Hier hatte er nach 1933 eine Möglichkeit, das in Zuspruch und Sympathiekundgebungen dem neuen Verein gegenüber zu zeigen. Er tat es. Diese Mannschaft war nicht nur Publikumsmagnet, sondern nach einiger Zeit auch eine Spitzentruppe am Leipziger und sächsischen Fußballhimmel. Es war für uns gleich nebenan, und wir konnten immer dabei sein.

Über Politik wurde an der Straßenecke nicht geredet. Es gab ja auch keine mehr, nur neue Gesetze von heute auf morgen, und diese diskutierten wir nur unter dem Gesichtspunkt der persönlichen Betroffenheit. Und uns betraf allerhand. Daneben wurden Erlebnisse ausgetauscht, und wir überlegten, wohin wir am nächsten Sonntag tanzen gehen könnten. Die Säle der Stadt besuchten wir selten. Favorit war der Jugendfestsaal im "Waldmeister" unseres Ortes. Es war ein richtiger, schöner, großer Ballsaal in einer Umgebung, wie sie nicht passender sein konnte. Deshalb gingen wir selten woanders hin. Das war auch nicht nötig, denn zu diesen sonntäglichen Bällen kamen viele Besucher von auswärts, vor allem aus dem Westen Leipzigs. Es ging sehr traditionell und eigentlich auch gut erzogen zu, darauf achtete der Tanzmeister. Mit Stöckchen und großer Schleife am Aufschlag war er für die Ordnung zuständig. In den Pausen kassierte er die Marken für die einzelnen Tänze und kontrollierte die für den ganzen Abend gültigen Tanzbändchen, während die Paare um das Parkett herumflanierten. Viel Geld hatten wir nicht. Neben dem Eintritt- und Tanzgeld für eine oder sogar zwei Personen, leisteten wir uns vielleicht ein Bier, selten eine Flasche Wein zu zweit oder zu viert. Gab es einen besonderen Anlaß zum Trinken, gingen wir über die Straße zum "Kunzenkecker", eine kleine Kneipe, nur wenige Quadratmeter groß. Dort kostete der Schnaps einen Groschen und das Bier achtzehn Pfennige. Überlegenswert war noch ein Gang zum Lunapark am Auensee. Dort war um diese Zeit auch viel los. Aus Anlaß der Internationalen Pelzausstellung in Leipzig war extra für Vergnügungen investiert worden. Am Nachmittag wurde im Auensee gebadet, und am Abend ging es gleich tanzen auf der gegenüberliegenden Seite des Waldes. Es war nicht weit.

Anders als im "Waldmeister" ging es in Gundorf zu, im "Alten Gasthof". Dort war mittwochs Damenball. Wenn uns der Teufel ritt, mieteten wir das Taxi vor dem Gemeindeamt - dort war gewöhnlich auch unser Treffplatz - und zwängten uns hinein, mitunter fünf

bis sieben Mann und dazu noch eine Frau, der diese Enge gefiel und die immer zur Stelle war, wenn es los ging.
Zu den Anstiftern gehörte ein ehemaliger Klassenkumpel aus dem Nachbarhaus. Seine Eltern hatten einen Kohlenhandel und verkauften Sonne-Briketts. Er huckte die Säcke in die Keller der Kunden - bei seiner Größe und Statur kein Problem. Mit Hallo und Tusch wurden wir im Saal empfangen und konnten freundlicher und anhänglicher Aufmerksamkeit gewiß sein. Um die Freigebigkeit des "Kohle-Kumpels" anzustacheln, wurde mehrfach der damals beliebte Schlager gespielt: "Die Sonne geht auf, das Herz geht mir auf / beim Lächeln von dir, du schöne Frau."
Hier ging es oft länger und derber zu, als die Polizei erlaubte. Bevor ich geboren und mein Großvater Friedhofswärter wurde, hatte er in Gundorf das Amt des Dorfgendarmen inne. Ein älterer Mann erzählte mir später, er wäre sehr streng und korrekt gewesen. Uns hat nie ein Polizist gestört. Vielleicht hätte es manchmal not getan.
Eigentlich verlebten wir ein paar gute Jahre bis zur Einberufung. Die Nazis hatten ein Gesetz erlassen, das verbot, junge Facharbeiter nach der Lehrzeit zu entlassen. Für uns war das nicht schlecht. Andererseits hatte ich mit dem Gedanken kokettiert, am Ende meiner Lehre mit zwei älteren Freunden auf die Walze zu gehen, nach Frankreich und Spanien. Sie waren älter und arbeitslos, deshalb konnten sie es und mußten es ohne mich tun. Einige Zeit nach Beginn des Dritten Reiches erhielt auch mein Vater wieder Arbeit in seiner alten Firma. Eisen und Stahl wurden gebraucht.
Ich brachte meine freie Zeit nicht nur auf Fußballplätzen, Bällen und in Kneipen zu, sondern hatte auch Besseres zu tun. Eigenartigerweise hatte ich nach meiner Gesellenprüfung im Frühjahr 1934 aufgehört zu malen und begann zu fotografieren. Ich hatte mir Unterlagen für einen Selbstkursus in Französisch besorgt und versuchte diese Sprache zu lernen. Doch dafür hatte ich keine Ader. Auch Musik interessierte mich kaum. Singen war in der Schule immer meine schlechteste Note gewesen. Trotzdem nahm ich mir vor, eine Opernaufführung zu besuchen. Mir ging es nicht um ein bestimmtes Stück, sondern einfach um das Kennenlernen, um das Erleben einer mir bisher unbekannten Welt. Daß ich in meinem graugrünen Knickebocker-Anzug ohne Schlips und Kragen vom

fünften Rang herunter die "Meistersinger" sah, war Zufall, und das Optische nahm mich mehr gefangen als die Musik, obwohl einiges davon nicht ohne Eindruck blieb.
Die Abende zu Hause verbrachte ich in unserer kleinen Stube. Das war gewissermaßen mein Reich geworden. Hier schlief ich auch. Sie war nicht so möbeliert, daß ich mich darin gemütlich hätte einrichten und beschäftigen können. Mein Vater hatte nach dem Tod meiner Mutter eine Witwe geheiratet. Deshalb besaßen wir die guten Stücke, die damals zu einem ordentlichen Arbeiterhaushalt gehörten, doppelt. Es war alles um die gleiche Zeit entstanden, nach der Jahrhundertwende, und sah sich alles sehr ähnlich. Ich hatte also auch in meinem Zimmer einen hohen Spiegel, auf einer Konsole stehend, ein Sofa, einen Eßtisch und drei steife Stühle dazu sowie einen Kleiderschrank. Im Schubkasten verstaute ich mein gespartes Geld. Hinzu kamen das Bett und ein Bücherschrank. Diese beiden Möbelstücke sahen etwas anders aus; denn meine Eltern hatten sie in einer Werkstatt für mich anfertigen lassen. Es war alles sehr solide.
Wahrscheinlich hatte ich an jenen Abenden, da ich zu Hause blieb, das Bedürfnis, mich zu separieren; denn trotz der Steife dieses Zimmers ohne eine gemütliche Ecke, blieb ich dort und las viel. Ein Bücherschrank war notwendig geworden. Durch meine Mitgliedschaft in der Büchergilde Gutenberg hatte sich unsere Bibliothek sehr vergrößert. Oft las ich Gedichte oder Prosa von Goethe. Warum ausgerechnet das, weiß ich nicht. Es war ein Bedürfnis. Natürlich ging es mir auch um das Gesagte, aber ich glaube mindestens genauso wichtig waren mir damals beim Lesen das Genießen von Wohllaut und Rhythmus der Sprache. Manches las ich immer wieder. Obwohl ich von meinem Vater her auch gesammelte Werke von Schiller besaß, hatte ich damit nicht soviel im Sinn. Ich erinnere mich, je mehr es auf den Krieg zu ging, wurde versucht, uns Schiller unter die Haut zu schieben. Erst später erklärte sich mir, warum ich damit meine Schwierigkeiten hatte.
Das Gefühl zu wenig zu wissen, in der Bildung zu kurz gekommen zu sein und vieles in dieser Hinsicht versäumt zu haben, war irgendwie mehr oder weniger immer da. Mit zwei etwas älteren Freunden aus der Arbeiterjugend begannen wir uns einmal in der

Woche abends mit der griechischen und römischen Geschichte bekannt zu machen. Natürlich hatte ich schon Homer und anderes gelesen. Es waren alles ehrenwerte Versuche, geboren aus dem Wunsch mehr zu wissen. Aber ohne Anleitung, Stetigkeit, Systematik blieb es für mich unbefriedigend.
Trotz meines vielseitigen Engagements zu Hause und im örtlichen Freundeskreis hatte ich die Bindung an meinen weltanschaulichen Kontrahenten in der Chemigraphenklasse nicht aufgegeben. Im Gegenteil, wir wurden immer engere Freunde. Nachdem wir uns unserer gemeinsamen Liebe zur Dübener Heide bewußt geworden waren, gingen wir weniger in die Stadt bummeln und eine Flasche Wein trinken, sondern trafen uns Sonnabendmittag nach der Arbeit und fuhren mit dem Rad in die Heide. Anfangs fanden wir im Stall eines Försterhauses unser Nachtquartier, später im Gasthof von Reinharz, einem kleinen Heidedorf mit Wasserschloß. Von hier aus machten wir unsere Streifzüge. Nicht weit von Ort und Wasserschloß entfernt stand am Waldrand eine alte Schneidemühle mit kleinen, aus roten Ziegeln gebauten Häuschen. Sie paßten sehr gut in die Landschaft. Dorthin zog uns besonders der Rote Mühlteich. Seine Ufer waren mit Schilf und Weidengestrüpp bedeckt. Hier tummelten wir uns oft, bauten Flöße und sonnten uns darauf mitten im Teich. Hatten wir später als Soldaten gemeinsam freie Tage, blieben wir länger dort. Die Wirtin mochte uns. Als es einige Zeit vor dem Krieg bestimmte Lebensmittel nur noch auf Marken gab, ließ sie uns das nicht spüren. Sie hatte nichts dagegen, wenn wir Freundinnen über das Wochenende einluden. Diese wurden mit großem Hallo vom Bahnhof in Bad Schmiedeberg abgeholt.
Unsere gemeinsamen Radtouren machten wir auch von Böhlitz aus in den Leipziger Auenwald. Hier konnte ich meinem Freund manches zeigen, was sein Bild von der Leipziger Umgebung korrigierte und bereicherte. Ein oder zweimal war er kurz bei mir zu Hause. Meine Mutter mochte ihn nicht. Er war ihr nicht geheuer und paßte vom Aussehen und Auftreten her nicht in ihr Weltbild. Ich spürte es, aber es hat mich nicht beeinflußt.
1934 beschlossen wir, in den Ferien eine große Radtour zu unternehmen, und wir fuhren wirklich los, kein Zelt im Gepäck, sondern den Jugendherbergsausweis in der Tasche, den trotz allem

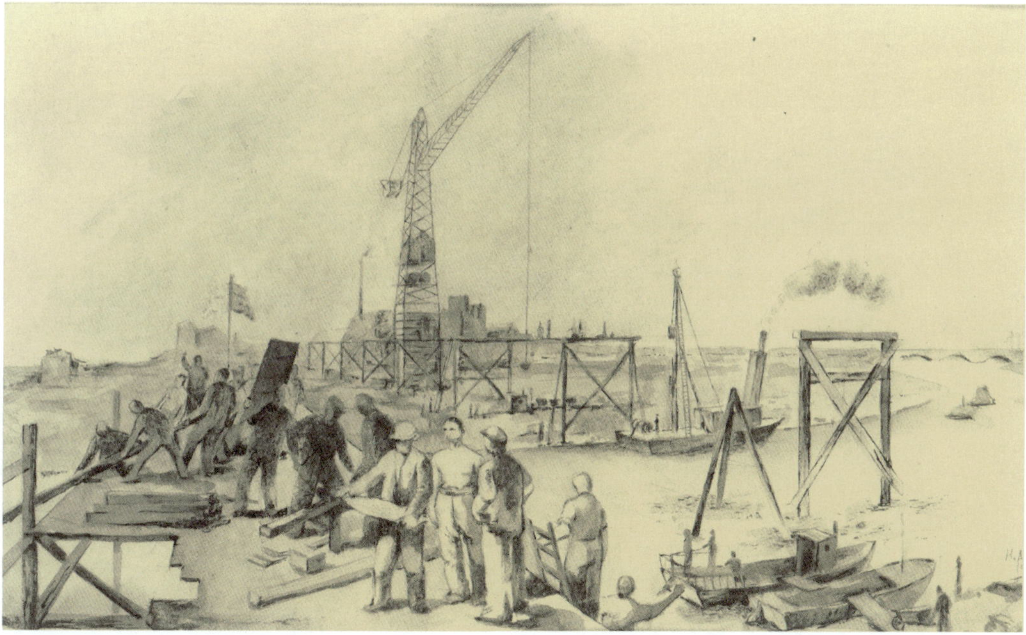

schweren, prallen Rucksack hinten aufgeschnallt. Das ist besonders belastend, wenn man aufsteigen oder wenn man das Rad bergauf schieben muß. Die Fahrt ging über Hof, Nürnberg, Eichstädt. Hier hatten wir ein kleines Erlebnis. Unter Wandervögeln wurde erzählt, in dem schönen, großen Kloster gäbe es eine gute Mahlzeit und vielleicht auch kostenloses Nachtquartier. Wir erhielten tatsächlich etwas: eine Brotsuppe. Verwöhnt waren wir wirklich nicht, doch schon nach dem ersten Löffel beschlossen wir, uns unbemerkt davon zu schleichen. Durch München fuhren wir zum Kochelsee. Um von hier aus an den viel schöneren Walchensee zu gelangen, mußten wir unsere Räder die Kesselbergstraße hochschieben. Wir wurden durch eine schöne Jugendherberge in Urfeld an der Nordspitze des Walchensees belohnt. Sie lag an einem Hang, und es gab einen wunderbaren Blick über das Wasser auf die umliegenden Berge. Von hier ging es nach Mittenwald. Die Berge des Karwendelgebirges, die bemalten Häuser und eine große Schale Sattenmilch mit Zucker und Zimt machten Eindruck auf mich. Bis Garmisch-Partenkirchen war es dann nicht mehr weit. Hier legten wir einige Ruhetage ein und hatten endlich wieder einmal Zeit und Gelegenheit unseren Charme anzubringen. Das Baden im Eibsee und die Sommerabende in der attraktiven Natur waren in Begleitung viel schöner als allein.
Dann ging es zum Kloster Ettal (Geld für den berühmten Kloster-Likör besaßen wir nicht), danach ins Allgäu über Füssen, Sonthofen, Immental zum Bodensee nach Lindau. Hier beschlossen wir, die Nachhausefahrt auf eine andere Art zu versuchen. Wir schickten unsere Räder mit der Eisenbahn zurück und begannen zu trampen, den Rucksack nun auf dem Rücken, auch kein allzu großes Vergnügen. Es ging nicht besonders gut los. Nach längerem Marsch glaubten wir, wenn wir uns trennten, eher mitgenommen zu werden. Gesagt getan. Wir verabredeten, uns in Ulm zu treffen. Dann hatte einer Glück, aber nicht lange. Es gab eine Panne, und ein Haufen Unannehmlichkeiten stellten sich ein. Der andere fuhr grinsend vorbei. Die nächsten Tage sind wir immer zusammen geblieben. An zwei Autos, in die wir steigen durften, erinnere ich mich. Das erste war ein großer, offener Mercedes. Das Verdeck war zurückgeschlagen und auf den hinteren Sitzen eine Menge Gepäck ausgebreitet. Der Verdacht, daß es sich um

eine Zeltausrüstung handele, bestätigte sich im Gespräch. Es war ein schöner, sonniger Tag. Am Steuer saß ein junger Bursche, die eine Hand lässig am Lenkrad und mit der anderen Hand hielt er die Mundharmonika und spielte. Auf dem Beisitz ein gepflegter Mann in den besten Jahren. Als er uns sah und unser Begehren verstand, gab er das Zeichen zum Anhalten. Wir sagten ihm, wohin wir wollten, und er war bereit, uns mitzunehmen. Dann dirigierte er meinen Freund hinten auf das Gepäck, wo er sich quer darüberlegen konnte, mich nahm er auf den Schoß. Er erzählte uns, daß er mit dem jungen Mann eine Zelttour entlang des Rheins hinter sich hätte und nun wieder zurück nach Hamburg führe. Er lud uns herzlich ein, ihn zu besuchen und sagte, daß wir es schön bei ihm hätten. Wir könnten ruhig für längere Zeit kommen und vieles unternehmen. Bootfahren, Segeln würde er mit uns; denn er hätte eine große Villa am Wasser. Das war natürlich verlockend. Aber wir waren nicht mehr so naiv und ahnten, was wohl dahinter steckt. So zeigten wir uns sehr erfreut, haben ihn aber nicht wiedergesehen.

Bei dem nächsten handelte es sich um eine schicke Limousine - heute würde man sagen, ein schönes Mittelklasseauto - mit ausländischer Nummer. Die beiden Insassen sahen aus wie eine Stufe besser als Mittelklasse. Es waren Holländer, Mann und Frau, etwas vor der Mitte des Lebens. Die Frau war jünger und sicher nicht die Gattin. Wir mußten uns auf die hinteren Plätze setzen und erst etwas von ihrer Garderobe zur Seite räumen. Mein Freund versagte den eleganten Sachen gleich seine Achtung und plumpste mitten auf den Hut, eine wunderschöne Melone. Dann wurde es interessant. Die beide sprachen gut deutsch und erzählten uns, daß sie in Bayern Urlaub verlebt hätten, ausgerechnet dort, wo in einer Nacht- und Nebelaktion Hitler sich mit SS-Leuten über den See hatte setzen lassen, um mit Hauptmann Röhm und seiner SA-Führung, die am gegenseitigen Ufer in einem repräsentativen Anwesen feierte, abzurechnen. Es war ein Vorgang mitten in der Nacht, der rund herum kaum bemerkt wurde. Dieses Abrechnen mit der Führung der proletarischen Variante der Partei war konsequent, die Schläger hatten ihre Schuldigkeit getan. Die verlangte Belohnung für ihren Beitrag zur Vernichtung der Weimarer

Republik gab es also nicht. Mit der Etablierung der NSDAP in Regierungsverantwortung waren sie nur eine Belastung.
Nach dieser unserer gemeinsamen Reise plante ich, im nächsten Jahr auf die gleiche Weise mit Rad und per Anhalter die Schweiz kennenzulernen. Zu dieser Zeit war meine Schwester noch in Lausanne. Ich machte mich daran, die Reiseroute vorzubereiten. Auf einer unserer Heidefahrten im Herbst stromerten wir diskutierend und zukunftsplanend durch Heidekraut und dürres Gras, als mein Freund Malerei und Chemigraphie für seinen weiteren Weg als nicht akzeptabel ablehnte. Es bringe nichts, sagte er. Ich möchte später einmal Staatspensionär sein. Er schloß nicht aus, zum Erreichen dieses Zieles eventuell auch in andere als deutsche Dienste zu treten. Aber das war nicht mehr nötig. Die Entwicklung war schon so weit, daß er diesen Weg hier einschlagen konnte. Aus unserer Schweizer Fahrt wurde nichts mehr. Mein Freund meldete sich 1935 zum Arbeitsdienst mit der Perspektive einer Offizierslaufbahn beim Heer und wurde im Frühjahr eingezogen.
Für mich ging vorläufig alles weiter wie bisher. Die verkündete Wehrpflicht erschütterte mich nicht, im Gegenteil, sie versprach eine Unterbrechung der ewig gleichen Hockerei am Arbeitspult. Daß ich bei der Untersuchung für tauglich befunden werden würde, war mir klar, aber daß ich zur bespannten Artillerie nach Naumburg kommen sollte, gefiel mir überhaupt nicht. Im Pferdestall gedrillt werden und mich mit diesen Rössern abgeben, danach stand mein Sinn nicht. Doch bis dahin war noch Zeit. Es wurde weiter chemigrafiert, Fußball gespielt, getanzt und geflirtet. Freitagabend nach der Arbeit ging es auf der Nachhausefahrt mit dem Rad bei der Fleischerei Fischer & Richter in der Nähe der Markthalle auf dem Königsplatz vorbei, um die beliebte große und billige warme Wurst zu verzehren. Dort befand sich auch das Hotel Hauffe, die Absteige Hitlers, wenn er in Leipzig war. Dann mußte man sich durch die Menschen quälen, die dort standen und darauf warteten, daß er auf dem Balkon erschien. Meistens war am folgenden Tag eine Großkundgebung in einer Messehalle. Vormittags schon konnten wir von unserem Arbeitsplatz aus die SS-Formationen sehen, die dorthin marschierten, um alles abzusichern. Es existierten keine internationalen Aspekte mehr, alles bezog sich nur noch auf das Deutsche. Die Wirtschaft hatte sich

stabilisiert. Auch in unserem Betrieb gab es nun keine Entlassungen. Die wenigen wirklich überzeugten Nazis in der Firma wurden selbstsicher, darunter unbegreiflicherweise unser Lehrmeister, ein Mann von Pflichttreue, Arbeitsbereitschaft und sparsamem Lebenszuschnitt. Die sich dem Trend anhängenden Ganoven fingen an zu provozieren. Ein paar Ängstliche unter den Kollegen hatten ihre frühere Überzeugung verdrängt und waren zur Realisierung der propagierten Volksgemeinschaft bereit und als Obmänner der Arbeitsfront u.ä. kleine Mitläufer geworden. Der Betriebsführer lud pflichtgemäß seine Belegschaft zu Festen ein, besonders am ersten Mai, wobei seine beiden Töchter, die im Kontor mitarbeiteten, amoröse Abenteuer suchten. Die armen Opfer, darunter auch mein Lehrkollege, waren bald in finanziellen Schwierigkeiten.

Im großen Arbeitsraum am Abdeckpult war nicht viel zu reden, höchstens mal ein Wort mit dem Nachbarn. Durch die große Glaswand, die das Kontor von uns abgrenzte, war alles wunderbar zu kontrollieren. Nur die Ätzerei war sicher. Wenn der Meister auftauchte oder der Prokurist mit seiner ewigen Zigarre im Mund, sahen alle schnell und intensiv durch die Lupe auf ihre Zink- oder Kupferplatte. Hofmusikanten mit Leierkasten, Zerrwanst und singender Säge kamen oft in die Höfe zum Musizieren. Von der Ätzerei aus konnten wir wunderschön zusehen und zuhören. Bei den Stehkonvents, die durch Arbeiten gedeckt wurden, die nur hier zu verrichten, aber gut in die Länge zu ziehen waren, ging es um Kommentare zu den Ereignissen, um unterschiedliche politische Standpunkte. Im Leben selbst und an den Gewohnheiten änderte sich vorläufig nichts. Blaue Briefe gab es nicht mehr. Ich war meistens in der Farbätzerei eingesetzt, mußte aber ab und zu, wenn Druck war, auch im Schwarz-Weißen mitwirken. Dort war ein neuer Antreiber aus dem hinzugekommenen Kreis von Kollegen eingesetzt worden, der die Arbeit verteilte und nie vergaß zu sagen, wann er die fertige Ätzung haben mußte. Er verstand das Antreiben ausgezeichnet.

Außer den Meistern gaben uns Lehrlingen auch die Gehilfen Unterweisungen. Sie fühlten sich den jungen Facharbeitern gegenüber verpflichtet, ihnen darüber hinaus Lebensart zu vermitteln. Wenn sich ein Anlaß bot - und solche gab es genügend - noch irgenwo hinzugehen, so nahmen sie uns jetzt mit. Auf diese Weise war es möglich, mit honorig aussehenden Leuten in sachkundiger, erfahrener Begleitung Milieus und Lokale aufzusuchen sowie Vergnügungsetablissements, in die wir uns bisher noch nicht gewagt hatten. Und davon gab es in Leipzig, dem Klein-Paris, mehr als genug in allen Variationen und Preisklassen. Wir hatten Kollegen, die gingen sonnabends nach der Arbeit gar nicht nach Hause, sondern auf den Jump, sonntags zum Pferderennen und kamen von irgendwo Montagfrüh wieder zur Arbeit. Der erste Gang führte dann zur Pump-Kasse, um bis zur nächsten Lohnzahlung über die Runden zu kommen.

Durch den Eintritt meines Freundes in den Arbeitsdienst war ich ohne Reisepartner für den Urlaub im Sommer 1935. Die Schweizreise konnte ich vergessen. Ich hätte auch keinen Paß mehr bekommen. Da die Chancen für ein individuelles Unternehmen sehr schlecht standen, entschloß ich mich zu einer Fahrt mit "Kraft durch Freude". Die Auswahl war groß und der Preis klein. An der See war ich noch nicht gewesen. So buchte ich eine vierzehntägige Reise auf die Nordseeinsel Juist. Ich kam mir ein bißchen deplaziert vor, als ich so allein mit meinem Gepäck am Hauptbahnhofvorplatz auf die versammelten Mitreisenden stieß. Zum Glück fand ich gleich Anschluß an ein paar Jünglinge etwa gleichen Alters. Nur einer war etwas älter. Sie waren alle aus einem Connewitzer Sportverein. Und wo sich so fünf /sechs gutgebaute und braungebrannte Burschen am Strand austoben, kommt bald entsprechende weibliche Gesellschaft dazu. Es waren schöne, kurzweilige Tage mit vielen guten Kontakten in freundschaftlicher Art. Eine interessante Schiffsreise nach Helgoland rundete das Ganze ab. Es gab keine politische Animierung. Die dahinterstehende Organisation blieb absolut außen vor.

Am 1.Oktober 1936 mußte ich zum Arbeitsdienst. Bis auf einen aus unserem Ort, mit dem ich aber nicht viel im Sinn hatte, war es wieder eine vollkommen neue Gesellschaft in neuer Umgebung, und es galt sofort Position zu beziehen. Ziel des Sonderzuges mit uns Einkassierten war Weiden in der Oberpfalz. Von dort ging es in Marschordnung zum Lager. Das Lager war ein ganzes Stück außerhalb mitten im Wald, so etwa zwischen Weiden und Flossenbürg. Es gab keine Häuser in der Nähe. Das Lager war ein von

Baracken umstelltes Viereck, ungefähr groß wie ein Fußballfeld. Dahinter war der Exerzierplatz mit Hindernisbahn. Wir Leipziger stellten die Hälfte der Belegschaft, die andre Hälfte kam aus der dortigen Gegend, Pfälzer und Böhmerwäldler. In einem Leipziger Lager waren die jeweils anderen Hälften zusammen. Neben dem Lagereingang befand sich die Führungsbaracke. An der linken Seite standen drei Mannschaftsbaracken, in der mittleren hatte ich meinen Strohsack. Rechts befanden sich Küche und Speisesaal, dann die Waschbaracke, anschließend ein Wirtschaftsgebäude. Zwischen diesem und den beiden Mannschaftsbaracken, die oben das Lager begrenzten, führte der Marschweg zum Exerzierplatz. Die Baracken waren in Stuben unterteilt. Ich glaube, zehn Mann waren in einer Stube. Eine Baracke mit drei Stuben bildete einen Zug.
Die Tageseinteilung war genau festgelegt und hart wie das Klima des Winters im Oberfränkischen Wald. Abends zwanzig Uhr mußte der Ofen sauber geräumt sein, d. h. das Feuer war schon früher zu löschen. Morgens sechs Uhr hieß es: "Raustreten zur Gymnastik!" Dann ging es wenig bekleidet über den Hof in den kalten Waschraum. Gefrühstückt wurde in der ungeheizten Stube. Acht Uhr war Abmarsch zur Baustelle. Meistens ging es in Richtung Osten durch den Wald zu einer freien Hochmoorfläche. Dort mußten wir Entwässerungsgräben ausheben. Keine schöne Arbeit im Winter. Unsere Ausrüstung war auch nicht vom Besten, angefangen bei den, einen traurigen Anblick bietenden Stiefeln und Fußlappen, die wir immer durch Zeitungspapier verstärkten, und dem Drillichanzug, der nicht viel Schutz bot gegen den kalten Wind auf dieser freien Hochfläche. Man mußte bei der Arbeitseinteilung am Morgen immer schön aufpassen, um eine Stelle zu erhalten, wo man nicht so in Schlamm und Wasser stand.
Dasselbe war, wenn wir, was nicht oft vorkam, auf Straßen schmale Gräben für Leitungen und Rohre auszuheben hatten. Da galt es, wach zu sein, um nicht in einen schon tiefen Graben zu kommen, denn dann schmierte man sich an den Seitenwänden die ganzen Klamotten voll Dreck und Lehm. Die Freizeit verstrich in so einem Fall nur damit, alles wieder halbwegs in Ordnung zu bringen. Aber manche Tage war man eben dran. Es erwischte einen, auch wenn man noch so aufpaßte.

Gegen halb zehn Uhr fuhren zwei bis drei Mann mit einem hohen, großen Handwagen aus dem Lager auf die Baustelle. Dieser Handwagen hatte relativ große Räder und darüber eine Ladefläche aus Holz, vorn eine ziemlich lange Deichsel. Auf der Ladefläche stand ein großer Kübel und darin befand sich unsere Frühstückssuppe, ein grauweißliches Wasser, auf dessen Grund einige Graupen, Reiskörner oder Nudeln schwammen. Es schauten mehr Augen hinein als heraus. Dazu gab es einen trockenen Kanten Brot. Warm war die Suppe, wenn sie auf der Baustelle ankam, bei diesem Winterwetter auch nicht mehr. Mittags wurde ins Lager eingerückt, kurz darauf antgetreten, gesäubert zum Marsch über den Hof in den Speisesaal. Wir konnten uns selten über das freuen, was es dort zu essen gab. Gegen vierzehn Uhr hieß es, mit dem Exerzierspaten und in Uniform antreten zum Nachmittagsdienst. Es ging auf den Exerzierplatz zum Drillen: Griffe kloppen mit dem Stellvertreter des Gewehres, dem Spaten, Marschübungen, Körpertraining, ein bißchen Schikane und was so noch dazu gehört, natürlich: "Ein Lied drei, vier...lauter!" ‚um "diesen müden Heinis" etwas Schliff beizubringen. Körperertüchtigung nannte man das Ganze wohlwollend. Je primitiver die kleinen direkten Vorgesetzten waren, sie kamen ja alle aus der dortigen Hinterwäldlergegend, um so unleidiger gebärdeten sie sich. Daran waren bei manchen auch ihre Minderwertigkeitskomplexe uns gegenüber schuld. Mich konnten sie nicht unter Druck setzen.
Ein kleiner netter, gutmütiger Kerl hatte beim Marschieren und Exerzieren plötzlich Schmerzen im Bein. Da er durch Ungeschick und Unbeholfenheit mitunter auffiel bei der "Körperertüchtigung" wurden seine Krankmeldungen und Hinweise auf seine Schmerzen als Drückebergerei abgetan. Bei einer Visite diagnostizierte der Arzt endlich den Bruch eines Wadenbeines.
In unserer Stube war eine ganz gute Atmosphäre. Die Rangordnung war klar und eindeutig. Bis auf einen richtigen bayrischen Bazi, Spengler aus Kirchenreuth, mit dem zusammen ich immer für ein bißchen Stimmung sorgte, ist mir jedoch keiner in Erinnerung geblieben.
Das Essen war nicht nur schlecht, sondern auch knapp. Wir konnten natürlich Pakete empfangen, und manch einer bekam welche. Ich nicht, weil ich Trottel mir das aus Stolz verbeten hatte. Dabei

hatte ich seit einiger Zeit zum ersten Mal so etwas wie eine feste Freundin in Leipzig-Leutzsch, und ihre Eltern besaßen einen Lebensmittelladen. Bei den Wäldlern auf unserer Stube hing immer etwas im Schrank, von dem sie verstohlen aßen. Sie kamen meistens aus kleinen Waldbauernfamilien und gaben nie etwas ab. Ich hatte mindestens bis zum Weihnachtsurlaub keine Hoffnung auf zusätzliche Kost, meldete mich aber trotzdem so oft wie möglich zum Postholen. Das war die einzige Gelegenheit, in die Stadt zu kommen und etwas anderes zu sehen als Baracken und Bäume. Vier Mann wurden jeweils dazu bestimmt, mit dem großen Wagen in dem Postamt von Weiden das für das Lager Eingegangene in Empfang zu nehmen.

Weihnachten durften wir Leipziger bis kurz nach dem Fest für einige Tage nach Hause fahren. Die anderen mußten dableiben. Als wir zurückkamen, konnten sie über Neujahr nach Hause. Wir wußten, in welchem Ort und Lokal unsere Stubenkameraden Silvester feiern wollten und hatten große Lust, dabei zu sein. Aber raus durften wir nicht. Der Eingang zum Lager bestand nur aus einem Zaun und aus einem mit Fichtenstangen zusammengenagelten schmucklosen Tor. Ich überlegte und machte einen Plan, dem ich gute Erfolgschancen gab. Zum Vorlegen zeichnete ich zwei Skizzen für ein ebenfalls aus Fichtenrundholz zu bauendes repräsentatives Tor als wirkungsvolleren Eingang. Damit ging ich am Silvestertag zur anwesenden Lagerführung und legte sie vor. Natürlich hatte ich mir Begründungen, Notwendigkeiten und etwas Schmus ausgedacht. Als ich merkte, daß sie sich für meine Vorschläge erwärmten, bat ich um die Erlaubnis am Nachmittag mit meinen Stubenkameraden unsere Urlauber besuchen zu dürfen. Wir konnten zu unser aller Freude Silvester raus.

Am späten Nachmittag marschierten wir los. Es lag viel Schnee, und bis zum Ziel waren es etwa fünfzehn Kilometer in Richtung Gebirge und bayrische Grenze. Ich weiß nicht, ob unser Besuch wirklich Freude bei unseren einheimischen Kameraden auslöste, als wir in den Tanzsaal eintraten und uns mit Charme und Intensität um ihre Mädchen bemühten. Gleich nach zwölf gingen sie klugerweise von dannen, um unter sich woanders weiter zu feiern. Wir standen da, mitten in der kalten Winternacht, und es blieb uns nur der Rückzug übrig. Nicht weit, auf einer Höhe kamen wir zu

unserer Freude an ein Lokal. Dort zu feiern, wie wir beabsichtigten, war nicht ratsam. Es wurden gerade Tische und Stühle gerückt, und eine Schlachtordnung formierte sich. Gleich krachten die ersten Möbelstücke, und die Bierseidel bekamen Flügel. Wir verspürten keine Lust, dabei zu sein, waren schnell wieder draußen und begannen unseren Nachtmarsch.
Einige Zeit nach Weihnachten setzte strenges Winterwetter ein mit viel Schnee. Wir sollten uns für eine besondere Arbeit bereithalten. Zu unserer Freude gab es zusätzliche Verpflegung und eine Ration Schnaps zum Tee. Gegen Abend wurden wir in Richtung Grenze gefahren an eine Eisenbahnstrecke. Es war sicher der Abschnitt Flossenbürg/Vohenstrauß, wo wir zum Schneeschaufeln eingesetzt wurden. Alles war vollkommen zugeschneit und zugeweht. Mit unseren Geräten vermochten wir nicht viel auszurichten. Es war ein kaltes, aber tolles nächtliches Erlebnis. Plötzlich tauchte aus der Dunkelheit eine Dampflok auf mit einer Fräse oder Schneeschleuder und beförderte den Schnee in hohem und weitem Bogen ins Gelände. Wir waren überflüssig.
Sonst passierte nichts Besonderes mehr in dem zweiten viertel Jahr unserer Arbeitsdienstzeit. Einmal bot sich allerdings eine geeignete Situation, unerlaubterweise in die Vorratsbaracke einzuschlüpfen und Eßbares mitzunehmen. Bei unserem Dauerhunger eine willkommene Gelegenheit, was natürlich nicht ohne Folgen für uns blieb. Man hat uns mindestens das abgejagt, was ein voller Bauch gebracht hatte.
Eines Tages erhielten wir hohen Besuch. Wir brauchten nicht zur Baustelle, sondern mußten besonders fein und ordentlich zurechtgemacht auf dem Lagerplatz antreten. Es war irgendein dem englischen Königshaus nahestehender Gentleman, einer von jenen Menschenfreunden, die nichts Böses glauben mochten von dem, was da allgemein gesagt wird. Sie wollten sich in der Höhle des Löwen selbst ein Bild machen. In unserem Fall war es ein noch nicht alter, verdienstvoller Mann von internationaler Geltung und beginnender Verkalkung; denn diese sind totalitären Staaten zum Hofieren besonders willkommen. Sie erhalten perfekt immer das zu sehen, was sie sehen möchten, damit sie dann sagen können: "Hört mal, so schlimm ist das doch alles gar nicht." Unserem Gast gefielen wir offensichtlich. Diese jungen, gesunden Männer mit

den von der Kälte geröteten Backen im friedlichen Aufbauwerk (siehe Spaten). Besonders attraktiv war unsere heterogene Mannschaft nicht. Der längste von uns, der rechte Flügelmann, hatte die größte Schuh- und die kleinste Mützennummer.
Eine wichtige Entscheidung für mich und meine nächste Zeit vermochte ich noch im Lager auf den Weg zu bringen. Wer wollte, konnte sich für die neu aufgebaute Waffengattung Flugabwehr freiwillig melden. Ich bewarb mich sofort für den Herbst 1937 zum schweren Flakregiment 1/23 in Merseburg. Das war nicht weit von Zuhause, und lieber Drill in neuen Kasernen und in motorisierter Einheit, als in Naumburgs alten Gebäuden und Pferdeställen aus der Kaiserzeit Gäule zu striegeln. Diesen Alptraum war ich los.
Nach der Entlassung aus dem Arbeitsdienst hatte ich ein halbes Jahr Zeit, bis ich wieder einrücken mußte. Ich tauchte in mein früheres Leben ein: dieselbe Firma, die gleiche Arbeit, dieselben Kollegen.. Zum Glück war mein Freund über die ersten Hürden seiner militärischen Laufbahn hinweg. Er war als Fahnenjunker der Infanterie bei den Hundertsiebenern im Leipziger Norden kaserniert. Wir konnten also wieder Gemeinsames unternehmen und uns öfter sehen. Zu einem Stadtbummel oder zur Radtour trafen wir uns immer allein. Ich hatte zwar eine Freundin in dieser Zeit, doch das spielte keine Rolle. Dieses Zuhausesein auf Zeit verleitete zu einer Haltung, nicht alles so ernst und wichtig zu nehmen.
Meine Freundin und ich hatten uns ausgemacht, die Ferien gemeinsam in Altenbrake im Harz zu verleben. Bei mir gab es da keine Schwierigkeiten, aber sie, gerade siebzehn, kam natürlich zu Hause ohne Lügen nicht aus. Von ihren Eltern wurde sie an den Zug gebracht, wo ich am andern Ende schon eingestiegen war. Wir hatten das Glück, zwei Zimmer zu bekommen. Es ging streng zu damals von Seiten der Behörden. - Wir durchwanderten das Bodetal und die angrenzende Landschaft. Weiter kamen wir nicht.
Es war der letzte Urlaub für lange Zeit. Kurz vor meinem Einrükken machten wir noch eine Tageswanderung durch die Dübener Heide. Damit endete meine erste längere Liaison. Auf mich so lange zu warten, war ihr zu unsicher. Mir tat es anfangs etwas weh, aber ich konnte es verstehen. Ich war kein zuverlässiger Kandidat auf diesem Gebiet, schon gar nicht für eine endgültige Bindung.

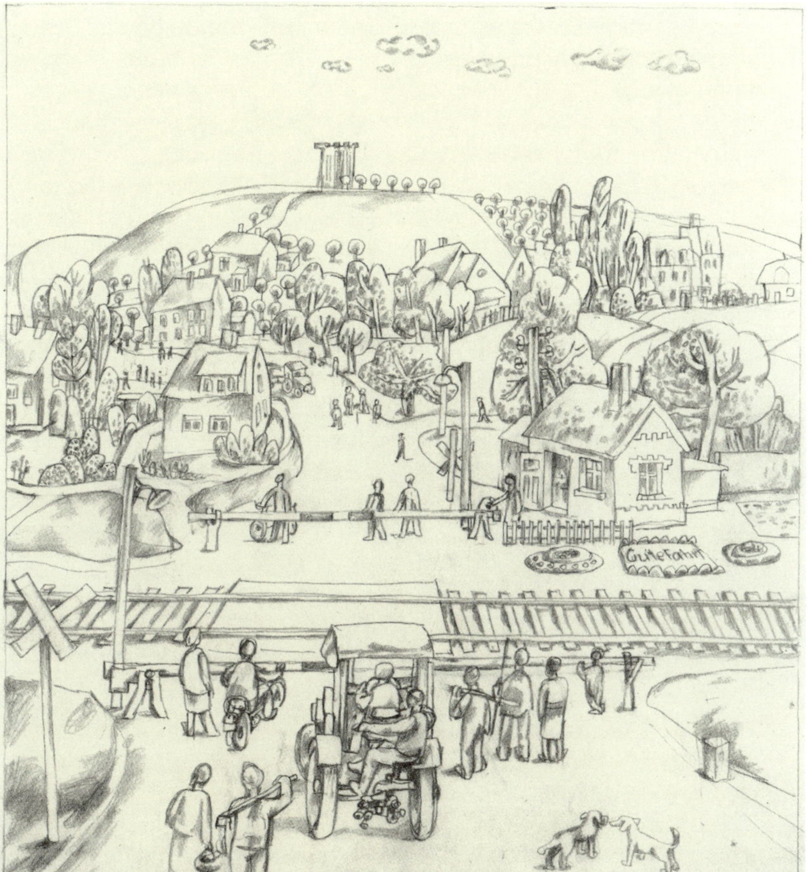

GuteFahrt

Daran konnte auch meine Mutter nichts ändern, die unser Verhältnis gern perfekt gemacht hätte und mit dieser Absicht Karten und Briefe unterschlug, die ich von anderen Mädchen bekam. Was mich mehrmals in heikle Situationen brachte. Meine letzte Aufgabe im Betrieb war die Arbeit an einem Kunstdruckblatt von Pissaros bekanntem Gartenbild mit roten Dächern. Ich weiß nicht mehr genau, ob ich am 1. Oktober oder am 1. November in Merseburg antreten sollte. Ich packte mein kleines Köfferchen und zog an dem betreffenden Tag morgens los. Es machte mir nichts aus, einrücken zu müssen. Sentimentalität und große Abschiedsszenen waren bei uns nicht üblich. Ich stand der Sache ziemlich gleichgültig gegenüber, hatte weder persönliche Befürchtungen noch Angst vor dem, was mir bevorstand. Im Gegenteil, es lag ein gewisser Reiz in der Abwechslung gegenüber dem bisherigen Alltag und in der Spannung, sich in einer neuen Situation bewähren und behaupten zu müssen. Die Spekulationen und guten Ratschläge von den "bestens Informierten" ließ ich hinter mir. Was wurde da nicht alles erwartet und an Verhaltensrezepten von "Erfahrenen" empfohlen! Nun, man würde sehen.
Ich fuhr früh los mit dem "Auenschreck" von Böhlitz-Ehrenberg über Dölzig nach Merseburg durch meine geliebte Aue. Das war alles noch so vertraut. Mein Plan war, mir noch einige gute Stunden in Merseburg zu machen, den Dom zu besuchen und das Schloß. Doch auf dem Bahnhof in Merseburg stand schon ein Empfangskommando und verlud alle ankommenden jungen Männer mit kleinen Koffern auf ein bereitstehendes Auto. Ab ging es zu den Kasernen an der Geusaer Landstraße am südlichen Ende der Stadt. Gleich am ersten Tag, noch in zivil, wurde ich auf dem Wege zur Kleiderkammer von einem primitiv aussehenden Unteroffizier aufgefordert zu rennen, obwohl überhaupt keine Notwendigkeit dazu bestand. Ich lächelte den Witzbold freundlich an, doch als ich merkte, wie er sich verfärbte und wild wurde, nahm ich die Beine in die Hand.
Wir waren sicher erst der zweite Jahrgang, der in diese Kasernen einzog. Sie waren, wie ich es erhofft und worauf ich mit meiner Bewerbung hierher spekuliert hatte, neu, hell und gut ausgestattet, auf jedem Flur saubere Toiletten, Waschanlagen mit Duschen, die Flure mit glatten Steinfußböden, was sich später als sehr

vorteilhaft herausstellte. Ich weiß nicht mehr, ob immer eine Stube oder zwei Stuben - natürlich mit Parkettfußboden - eine Korporalschaft bildeten. Es waren auffallend viel Abiturienten unter meinen neuen Schicksalsgefährten. Ich war, wie ich mit einem gewissen Verdruß feststellen mußte, in eine Intelligenztruppe geraten. Das alles nannte sich Stabsbatterie, und ich konnte mir darunter gar nichts vorstellen. Das war auch noch nicht notwendig; denn jetzt wurde erst einmal - ob intelligent oder nicht - in einer mehrmonatigen Infanterieausbildung hart geschliffen und schikaniert. Kleine "Scherze" als Sondereinlage und Beigabe zum Hartmachen dieser Jammergestalten von Rekruten waren an der Tagesordnung: zwischen Mittagessen und Wiederantreten den dreißig Meter langen Flur wischen, ein Glück, es war Steinfußboden. Alles war so abgestimmt, daß wir tagsüber nicht zum Verschnaufen kamen und das nächste geradeso im Laufschritt schafften. Wehe, wenn nicht! Und dann natürlich: "Ein Lied: Drei, vier... lauter!"

Ich weiß nicht, ob es ein strenger oder ein milder Winter war von 1937 zu 1938. Gefroren habe ich nicht, weder auf dem Exerzierplatz noch in den Stuben. Dieser Teil unserer Rekrutenzeit, die sogenannte Grundausbildung, wurde mit einem vierwöchigen Endspurt auf dem Truppenübungsplatz Ordruff in Thüringen abgeschlossen. Unsere unmittelbaren Vorgesetzten waren vor allem E-Offiziersanwärter. Die meisten waren erst Unteroffiziere. Der eine mir sympathische tat nur streng militärisch, wenn es notwendig war, um anderen Vorgesetzten zu beweisen, daß er es ernst meinte. Sein Vater besaß in Köstritz ein Baugeschäft, und er selbst hatte sein Studium als Architekt schon abgeschlossen. Ab und zu nahm er mich mal aus dem Streß und beschäftigte mich mit irgendwelchen Nebensachen. Er war nur Offiziersanwärter aus Berechnung, weil er vorsichtshalber annahm, das Dritte Reich währt ewig, und da hatte man als E-Offizier mehr Chancen in Gesellschaft und Beruf. Deshalb versuchte er immer wieder, mich zu überzeugen, das Gleiche zu tun. Vergeblich. Später im Krieg, ich war in Oslo stationiert, sah ich ihn wieder, als er sich bei unserer Dienststelle melden mußte. Er war gerade mit einem Kommando per Schiff von Dänemark angekommen und erzählte mir aufgeregt, was er für eine furchtbare Angst bei der Überfahrt wegen aller möglichen Gefahren gehabt hätte. Immer am Schiffsbug habe

er gestanden und gespäht. Das machte ihn mir in dieser verbreiteten Heldenatmosphäre sehr sympathisch. Viele Jahre später in Leipzig traf ich ihn während einer Frühjahrsmesse zufällig in der Hainstraße. Wir erkannten uns sofort, und er beschwor mich, ihn zu besuchen, wenn ich einmal nach München fahren könnte. Er nannte mir seine Arbeitsstelle und machte mich darauf aufmerksam, daß ich durch viele Vorzimmertüren müßte, bevor ich zu ihm gelänge. Als ich endlich nach München fahren durfte, vergaß ich, ihn zu besuchen.
Dann hatten wir es in unserer Korporalschaft mit noch einem Anwärter auf diese Offizierslaufbahn zu tun, besonders ich. Wo er nur konnte, diffamierte er mich, um mir zu schaden, außer den Schikanen, die er persönlich in der Lage war, mir anzutun. Er war ein krummer Hund. Nicht nur in seiner strammen Gesinnung, sondern auch körperlich bekam er seine Knochen nicht ordnungsgemäß in den Griff. Das versuchte er durch betont exakt militärisches und zackiges Auftreten vergessen zu machen. Vorher war er Schauspieler gewesen am Altenburger Theater. Er hatte ein scharf geschnittenes Gesicht und gab sich recht kämpferisch, Voraussetzung damals für einen jugendlichen Helden.
Unsere Stube befand sich auf dem unteren Flur der Kaserne. Bei dem fortwährenden Raus- und Reintreten blieb uns wenigstens das Treppensteigen erspart. Am rechten Ende des Ganges war die Wohnung des Spießes und seiner Familie, eines typischen "Zwölfenders". Auf der anderen Seite gab es die Wohnung für den Batterie-Chef. Er war nur Leutnant und in einem Alter, in dem man diesen Dienstgrad normalerweise schon einige Jahre vergessen haben müßte. Er legte Wert auf Etikette, war Junggeselle, sozial vermutlich nicht hoch angesiedelt. Nun trachtete er danach, gesellschaftsfähig zu werden. Jedenfalls konnte man das aus der Aufmachung der Damen schließen, die ihn besuchten. Dienstlich war er scharf. Eine Unterrichtsstunde bei ihm blieb mir in Erinnerung. Es ging um Mathematisch-Technisches, ein Gebiet auf dem ich mich nie wohl fühlte. Er hatte schon drei oder vier, vielleicht sogar fünf Mann gefragt und keiner hatte eine richtige Antwort geben können. Die Situation war am Explodieren, und was das bedeutete, wußten wir ungefähr. Wir waren für ihn der dümmste und unfähigste Sauhaufen, und wir hatten uns schon mit dem abgefunden,

was er uns androhte. Dann unternahm er einen letzten Versuch der Befragung und rief mich auf. Mir war das Herz in die Hose gerutscht; denn irgendwie hatte ich das geahnt. Von mir hing nun ab, ob wir gehetzt wurden oder nicht. Alles sah gespannt auf mich, und ich war unsicher, sagte dann aber doch etwas. Zu meiner eigenen Überraschung stimmte es, und er war damit zufrieden.
Inzwischen wußten wir, warum es eine Stabsbatterie in einem schweren Flakregiment gab, und was auf uns zukam. Ich gehörte zu denen, welche die Ergebnisse der Schießübungen zeichnerisch darstellen sollten. Mit dem Frühling und dem Ende unserer Infanterieausbildung begann für uns eine bessere Zeit. Die Schießereien der Kanonen waren am Tage. Ihre Ergebnisse sollten sobald als möglich vorliegen. Folglich mußten wir abends oder nachts arbeiten. Für uns gab es keinen normalen Dienstplan mehr. Das war natürlich nicht schlecht. In einem Raum des Stabsgebäudes waren große Zeichentische aufgestellt. Für einen Tisch waren zwei Mann zuständig. Darauf wurden Bogen mit einem gedruckten Halbkreis und einer einhundertachtzig-Grad-Einteilung gespannt. Die Einteilung war für die horizontale Darstellung notwendig, für die seitlichen Abweichungen der Sprengpunkte vom Ziel. Außerdem mußte noch ein vertikaler Schnitt gezeichnet werden, um die Höhendifferenzen anschaulich zu machen. Einer zeichnete, das war zumeist ich, der andere sagte die Werte an und kontrollierte. Mein Partner war ein gelernter Bäcker aus Ammendorf und auch ein guter Fußballer. Wir verstanden uns. Zuerst mußte der Standpunkt des Luftsackes zum Zeitpunkt des Abschusses mit Hilfe der Winkelaufnahmen des Theodoliten diktiert werden. Dann kam das schwierigste. Diese Punkte mit einer Ziehfeder zu verbinden, das ergab die Fluglinie. Da der Luftsack bewußt nicht geradeaus gezogen wurde, war diese Linie sehr kurvenreich. Deshalb gab es eine Kunststoffschiene, die man biegen konnte. Damit sie in der Stellung hielt, in die man sie bringen mußte, wurde sie kompliziert beschwert. Dann war entlang dieser Schiene mit Ziehfeder und Tusche ein einwandfreier Strich zu ziehen. Danach wurden mit den aufgenommenen Winkelwerten die Sprengpunkte eingezeichnet. Sauberes und gewissenhaftes Arbeiten war im eigenen Interesse angesagt; denn die Bogen kamen zu den verschiedenen Batterien, und die Offiziere suchten zuerst schlechte

Schießergebnisse auf Zeichnungsfehler zu schieben, bevor sie Selbstkritik übten, und unser Chef wollte natürlich auch gut aussehen mit unserer Arbeit. Diese Tätigkeit bewirkte bei mir schon in der Kaserne eine gewisse Distanzierung vom Militärischen.
Ganz salopp wurde es, als wir im Sommerhalbjahr zu Schießübungen an die See fuhren, einmal vier Wochen nach Deep und einmal vier Wochen nach Stolpmünde. Hier wurde bei gutem Wetter am Tage soviel geschossen, daß wir nachts schwer arbeiten mußten, am Tag frei hatten und machen konnten, was wir wollten. Das nutzten wir natürlich aus. Die schönen Strände, besonders die im pommerschen Stolpmünde, die billigen Fischerkneipen mit ihrem deftigen Essen und die von Urlaubern damals noch wenig berührte Landschaft, waren für uns natürlich ein Erlebnis. Um dorthin zu gelangen, verließen wir in Uniform das Lager an den Wachen vorbei. Wegen der bis in die See gehenden Absperrungen war es schwierig, auf die angrenzenden Strände zu kommen, wo sich die Badegäste tummelten und sonnten. Uns dorthin zu begeben und Kontakte zu knüpfen, war für uns natürlich begehrenswert. In Stolpmünde war das sehr bequem. Ein Stück weit in der See befand sich eine Sandbank. Bis zu ihr konnte man schwimmen, die weiße Turnhose um den Kopf gebunden, damit sie nicht naß wurde. Dann lief man ein Stück bis zum Strand der Kurgäste. Schick in weiß als Kontrast zu unseren gebräunten Körper zeigten wir uns den Sandburgbewohnerinnen. Es war immer überraschend und eine kleine Invasion, wenn wir, von der Seeseite kommend, den Strand in Besitz nahmen und uns auf die gleiche Art wieder zurückzogen.
Bevor am Sommerende die Rückfahrt in die Kaserne begann, mußten wir von Stolpmünde aus an einem Manöver teilnehmen, das besonders auf dem Gebiet der Insel Usedom stattfand. Ich glaube, es war das Seebad Heringsdorf, wo man sich mit uns einen besonderen Scherz erlaubte. An einem heißen Mittag sollten wir direkt an der Strandpromenade mit Gasmaske und sämtlichen Geschützbatterien in Stellung gehen. Das war schon ganz schön hart. Der Grund für einen solchen Befehl lag sicher nicht nur darin, uns zu schikanieren, sondern es war Absicht, den vielen flanierenden Badegästen vorzuführen, womit zu rechnen ist. Die Zivilisten sollten mit militärischer Präsenz vertraut gemacht werden.

Der Sport wurde in diesem Dienstjahr nicht vernachlässigt. Er war ein fester Bestandteil des Dienstplanes. Alle möglichen Wettkämpfe wurden ausgetragen, Hand- und Fußballspiele zwischen den einzelnen Abteilungen des Regimentes und außerhalb. Durch mein sportliches Engagement ist es mir geglückt, das ganze Rekrutenjahr hinter mich gebracht zu haben, ohne zu einer Wache am Wochenende eingeteilt zu werden. Der Spieß war für Fußball und der Batterie-Chef ein Handball-Fan.

Im Herbst war ein großes Regimentssportfest geplant. Mich hatte man unterdessen nach Leipzig an einen Stab verborgt, aber Merseburg war noch zuständig für mich. Also holte man mich zur Verstärkung der Stabsbatterie einige Tage vor den Wettkämpfen in Leipzig ab durch einen Fahrlehrer und einen Fahrschüler auf einem Krad mit Seitenwagen. Da der Fahrlehrer ein Verhältnis zu einer Frau in Schkeuditz hatte und bei der Gelegenheit diese besuchen wollte, fuhren wir die Hallische Straße bis Schkeuditz. Erst nach seinem Rendevous ging die Fahrt quer durch den Auenwald auf die Landstraße Leipzig-Merseburg. Kurz hinter Schkeuditz führte die Straße auf einem hohen Damm durch Auenwiesen, ehe sie in den Wald kommt. Dort in den Wiesen zwischen Bäumen stand damals noch ein beliebtes Ausflugslokal, der "Waldkater". Die Straße war sehr schlecht, in der Mitte Katzenkopfpflaster. Ich saß im Seitenwagen und der Fahrlehrer auf dem Sozius, als der Fahrschüler plötzlich die Richtung wechselte, den ziemlich steilen Abhang hinunter auf die Wiese fuhr. Dort stand weit und breit nichts als ein Elektromast. Auf den fuhren wir geradewegs zu, und er brachte uns zum Stehen. Passiert war anscheinend nichts; denn die weiche Wiese hatte unsere Fahrt gebremst, was der Fahrschüler vor Schreck nicht getan hatte. Es war ein schweres Stück Arbeit, das Gespann wieder auf die Straße zu bringen. Dann ging es ganz gut, bis wir kurz vor Merseburg in einer Linkskurve gegen einen, am gegenüberliegenden Straßenrand stehenden Pflaumenbaum fuhren. Damit war unsere Fahrt zu Ende, und wir mußten warten, bis eine große Zugmaschine des Regiments das beschädigte Motorrad auflud und uns mitnahm. Ich weiß nicht, was die beiden Akteure erwartet hat, aber dieser Fahrschüler war offensichtlich ein hoffnungsloser Fall. Das war mein letzter Auftritt in Merseburg.

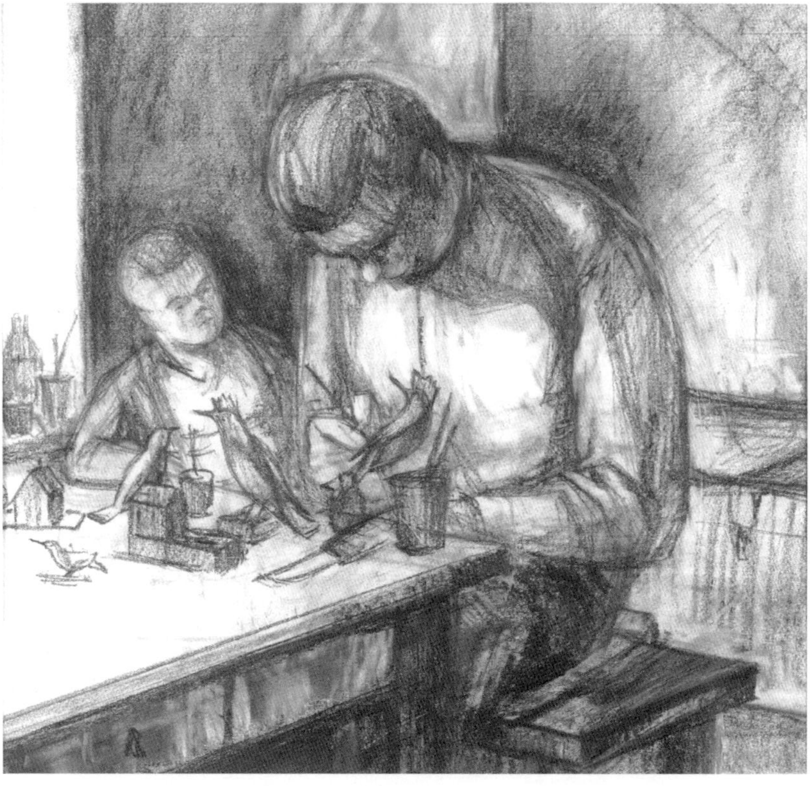

Wenig später war meine Versetzung nach Leipzig in den Stab des Luftverteidigungskommandos Mitteldeutschland als Zeichner perfekt. Das war eine Weichenstellung in meinem Leben, vor allem für die kommenden Jahre, deren Bedeutung ich damals noch nicht ahnen konnte. Am Anfang tat ich mich etwas schwer in der neuen Umgebung, wie oft. Aber bald hatte ich mein Ressort fest im Griff, zur Zufriedenheit meines neuen, anfangs etwas skeptischen Chefs. Die Dienststelle befand sich in einer Villa in der Grassistraße, sehr geräumig und repräsentativ mit Wagenremise, Pferdestall und Kutscherwohnung im Hintergrund, eingezäunt durch einen ornamental verzierten Eisenzaun, sowie es mehrere in dieser Gegend zwischen Karl-Tauchnitz-Straße, Reichsgericht, Akademie der graphischen Künste und Johannapark gab. Ich vermute, die Villa hatte einer jüdischer Familie gehört, die emigrieren mußte. Es war ein Domizil fernab des städtischen Trubels und doch direkt am Zentrum der Stadt. Die zum Stab gehörenden Offiziere schliefen zu Hause und waren bis auf einen Diensthabenden, ich möchte fast sagen, nur zur Geschäftszeit anwesend. Wir, die Mannschaft, hatten unter dem Dach unsere Schlafräume. Es gehörte nicht viel Personal zum Stab. Der Spieß, der Fahrer des Generals, zwei Kraftfahrer, Eingezogene wie ich, ein ebensolcher Schreiber und ich als Zeichner, dazu noch ein/zwei Längerdienende, die verschiedenen Ressorts zugeteilt waren. In der Registratur arbeitete ein Zivilist. Außerdem gab es zwei weibliche Schreibkräfte, die natürlich auch außerhalb wohnten. Vom Soldatsein blieb, außer der Uniform, nicht mehr viel übrig. Ausgang am Abend hatten wir so oft wir wollten, und die zivile Wache interessierte es auch nicht, wann wir zurückkamen. Wir mußten zum Dienst da sein, das genügte. Es gab keine Küche, wir erhielten Geld zur Selbstversorgung. Da ich mich oft von Zuhause mit Essen eindeckte, war das ein willkommenes Taschengeld zur Aufstockung des mageren Soldes. Das Finanzielle war ein Grund, warum wir abends öfter in der Dienststelle blieben. Dann wurde ehrgeizig und bis zur Erschöpfung unter dem Dach Tischtennis gespielt. Im Sommer hatten wir auch die Möglichkeit, mit einem zur Verfügung stehenden Faltboot auf der Elster zu paddeln, immer durch den Wald in Richtung Connewitz. So etwas war damals noch auf Pleiße, Elster und Luppe möglich und vergnüglich. Es sah nach einer annehmbaren restlichen Militärzeit aus, die ich noch bis Oktober 1939 absitzen mußte. Das Offizierscorps in dieser Dienststelle war auch nicht groß. Es gehörten einige schon etwas ältere Reserveoffiziere dazu. Der Chef des Ganzen war ein Generalmajor, ruhig und verträglich, mein unmittelbarer Vorgesetzter, der Ia des Stabes, ein Hauptmann i.G. und Junggeselle. Aus meiner Sicht entwickelte sich zwischen uns ein gutes Verhältnis. Er war kein sturer Militär und ich kein engstirniger Befehlsausführer. Meine Tätigkeit interessierte mich, und das Ganze hatte für mich eine bisher unbekannte Dimension. Ich mußte nicht nur das zur Zeit Vorhandene an Flakartillerie auf Karten des mitteldeutschen Raumes präsent haben, sondern auch das Vorgesehene und Sichentwickelnde. Alles befand sich erst im Aufbau. Vieles war Wunschdenken und Spekulation und ging an der Realität vorbei. Es gab große Luftverteidigungsübungen, Sandkastenspielen vergleichbar, an denen die bekannten Kapazitäten des damaligen Aufbaus der Luftwaffe teilnahmen. Ich, als kleiner Gefreiter dabei, mußte die Annahmen, Ergebnisse und theoretischen Varianten graphisch anschaubar machen. Das war schon eine Herausforderung für mich. Flexibilität, schnelles Erfassen und Mitdenken waren notwendige Fähigkeiten, die ich bei mir entwickeln mußte, wenn ich den Anforderungen meiner Stellung gerecht werden wollte. Ich war auf eine Informationsebene von neuer Qualität gekommen, und das war mir recht. An einem Wochenende, es war noch ein älterer Reserveoffizier anwesend, kam der Befehl aus Berlin, sofort die notwendige Quote an Flak-Artillerie für eine maximale Verteidigung des mitteldeutschen Raumes zu ermitteln und zu melden. Ohne mich hätte das dieser Offizier nie zustande gebracht. Das Ganze war sicher nur ein Windei und konnte materiell nie bewältigt werden. Ich habe davon nichts wieder gehört.

Für den Ernstfall - er war näher als ich dachte - war ein Gefechtsstand außerhalb Leipzigs in der Nähe von Delitzsch eingerichtet worden. Meine drei Kameraden und ich, die wir nur unsere zwei Jahre Dienstpflicht absitzen wollten, nahmen das gleichmütig hin und machten Pläne für die Zeit nach der Entlassung. Ich holte mir ab und zu den "Klimbsch" von meinem ehemaligen Betrieb und schrieb auf Stellenangebote; denn ich wollte von Leipzig weg, obwohl ich ein gutes Zuhause hatte. Ein Angebot gefiel mir, ich ließ

mir freigeben und fuhr nach Saalfeld. Es war ein kleiner Betrieb. Ich glaube, er bestand nur aus dem Chef, und wir kamen überein, daß ich bei ihm anfange. Es war ein schöner Spätsommer- und Markttag. Das genoß ich, bummelte durch Saalfeld, und es tat mir wohl, die Atmosphäre dieser kleinen, alten Stadt zu atmen. Ein geschäftiges Treiben erfüllte den Platz und die Straßen. Vormittäglicher Dunst lag darüber, von der Sonne beglänzt. Und es sah nicht nur festlich aus, es roch auch gut, vor allem nach den Thüringer Rostbratwürsten. Die Bratstände waren zum Teil unter den Arkaden am Markt aufgestellt, und durch die Bögen strebte der blaue Rauch ins Freie in die Sonne und gewann durch sie an Farbigkeit. So ein Alltag kann festlich sein. Größe lag im Kleinen, in der Genügsamkeit als Voraussetzung für Zufriedenheit. Das ist ein Boden für fruchtbare Kreativität.
Zeitweise bezogen wir den für den Ernstfall vorgesehenen Gefechtsstand - übungsweise. Von Krieg sprach niemand. Wir empfanden das kurzweilige Provisorium angenehm und waren dankbar für die Abwechslung. Ich mußte öfter zwischen zwei Dienststellen hin- und herfahren, was wir meistens zu zweit mit dem Krad und Seitenwagen erledigten. Als Fahrer fungierte der andere Leipziger Kamerad. Dann gab es noch einen Kraftfahrer unter uns. Er kam aus Augsburg und mußte mir immer Weißwürste mitbringen, wenn er vom Urlaub zurückkehrte. Der dritte war ein etwas ulkiger gelernter Kaufmann. Er saß in der Schreibstube. Der Leipziger kam wie ich aus dem Arbeitermilieu, war ebenfalls politisch interessiert. Nach dem Krieg ging er zur Polizei, schied aber bald wieder aus. Wir haben in jener Zeit einige Male zusammengesessen. 1989 nach der Wende machte er mir in meinem Atelier am Leipziger Markt einen Abschiedsbesuch.
Die letzten Friedens- und die ersten Kriegswochen verlebten wir unspektakulär auf dem Gefechtsstand. Der befand sich im Schloß eines Gutes in Schenkenberg - eine nicht ganz zutreffende Bezeichnung für das Gebäude. Nach 1945 wurde es im Zuge der "Umgestaltung auf dem Lande" zu einer Vorzeige-LPG im damaligen Bezirk Leipzig. Altersgenossen, Freunde und Bekannte von mir, die zu den verschiedensten Truppengattungen gehörten, lagen in Reserve oder waren im Einsatz gegen Polen gewesen. Bei uns geschah nichts. Am Himmel war noch Ruhe, und ich kann

mich an beschauliche Sonntagvormittage im Gemäuer des Schlosses erinnern, wo ich mit meinem Vorgesetzten, dem Hauptmann i. G., interessante Gespräche führte. Denn anwesend mußten die Offiziere sein, trotz der Ruhe. Wir waren etwas vertraut miteinander geworden. Er stand auf Auto-Sport, hatte sicher in der Jugend eine gute Allgemeinbildung genossen und war auch künstlerischen Themen gegenüber aufgeschlossen. Wie ich mich erinnere, war er in einem italienischen Internat aufgewachsen.

Das Viertel, in dem unser Stab in Leipzig lag, das Musikviertel, war ein Wohngebiet betuchter Familien mit heiratsfähigen Töchtern. Da habe ich verschiedentlich für ihn den Liebesboten spielen müssen, besonders im Winter, wenn er die eine oder andere Schöne - das nehme ich doch an - zum Schlittschuhlaufen in den Johanna-Park einladen wollte. Wir unterhielten uns auch über Aktuelles, und er erzählte mir, daß in der Zeit vor dem Krieg, der Plan erörtert worden wäre, eine Öl-Pipeline von Hamburg nach Dresden zu bauen. Der Plan mußte aufgegeben werden, weil nicht genügend Öl vorhanden war, um die Rohre zu füllen. Ich vergaß das nie wieder, weil es mir gefühlsmäßig für die ganze Situation symptomatisch schien, in der wir uns befanden: große Pläne und nichts dahinter.

Es wurde in diesen Wochen viel getrunken. Dabei gab es ein teuflisches Spiel. Wer als Vorletzter trank, bezahlte die nächste Flasche. Das mußte Betrunkene am laufenden Band produzieren. Wir vier Einberufenen beteiligten uns selten an der Sauferei. Wir gingen lieber fleißig aus in der Hoffnung, ein amouröses Abenteuer zu erleben. In Delitzsch gab es viele Mädchen, die in der großen Schokoladenfabrik arbeiteten. Die flache Landschaft nördlich von Leipzig, das Vorland zur Dübener Heide, ist auch nicht ohne Reize. In Gärtitz entdeckten wir einen Landgasthof, in dem an Wochenenden Tanz war - richtiger Dorfball. Aber ich fand dort noch mehr: ein schönes, großes, blondes Mädchen, die Tochter der Wirtsleute. Sie gefiel mir, war noch sehr jung, lernte Schneiderin, besuchte eine Fachschule und hatte allerhand Pläne für ihre Zukunft. Ich auch. Es wurde ein Grenzverhältnis zwischen Liebe und Freundschaft. In den ersten Kriegsjahren besuchte sie die Kunsthandwerkerschule in Leipzig. Wir trafen uns mitunter in einem Lokal, wenn ich in der Stadt war. Zu Beginn unserer Freundschaft lud

ich sie zu einem Opernbesuch ein. Sie trug ein sehr auffallendes langes, weißes Kleid. Ich glaube, wir waren ein schönes Paar. Man konnte es an den Blicken sehen, die uns an- und nachschauten. Über die Kriegszeit hinweg schrieben wir uns ab und zu Briefe. Auf ihre Initiative trafen wir uns bald nach dem Krieg eines Nachmittags in den "Drei Königen" in der Petersstraße. Sie wollte eine eindeutige und klare Antwort. In meiner Situation - die Verletzungen waren noch nicht nachbehandelt, und ich hatte keine Ahnung, wie es beruflich weitergehen sollte - konnte ich die gewünschte Antwort nicht geben. Nach Jahren haben wir noch mehrmals miteinander telefoniert, gesehen haben wir uns nicht mehr.
Kurz vor Beendigung des Polenfeldzuges zogen wir wieder in unsere Stabs-Villa in Leipzig ein. Die Kriegslage erforderte es nicht, den Winter in Schenkenberg zu verbringen. Mein Freund kam stolz als frisch dekorierter Leutnant aus der Ouvertüre dieses Weltkrieges zurück. Er besuchte mich in der Grassistraße und bat den General um Urlaub für mich, was auch gewährt wurde. Er blieb in Leipzig stationiert, und wir trafen uns oft zu einem gemeinsamen Abend- und Nachtbummel durch Leipzigs Lokalitäten. Wohin wir gingen, bestimmten unsere Barschaften. Leipzig bot eine Fülle von Möglichkeiten, eine Nacht kurzweilig zu verbringen. Neben meinem Freund war ich eine graue Maus, entweder in Zivil, was damals nicht sehr populär war und mit Risiko verbunden, oder in meiner vom Staat geliehenen Kleiderkammeruniform. Er kam als dekorierter Bilderbuch-Leutnant in maßgeschneiderter Uniform daher. Das unterstrich seine schlanke hohe soldatische Gestalt. Wir gingen immer zu zweit, bis er eines Abends im Paulaner die Frau fand, die er heiraten wollte. Von nun an bummelten wir zu viert, mit dem Unterschied, daß meine Begleitung öfter eine andere war.
Es ging alles ganz gut, bis in höheren Kreisen beschlossen wurde, dem Krieg ein neues Kapitel hinzuzufügen. Ich hatte in diesem äußerlich ruhigen Winterhalbjahr ein persönliches Problem. Alle Freunde, ehemalige Klassenkameraden und wen ich noch so kannte vom Sport in unseren Jahrgängen, waren motiviert und in gehobener Stimmung durch ihre jüngsten, noch gut ausgegangenen Erlebnisse beim ersten Feldzug dieses Krieges. Ich stand

jenseits dieser Erlebnissphäre und konnte nur schweigen, wenn sie erzählten. Und sie erzählten immer davon und überall.
Der Nationalsozialismus war nie ein Thema für mich gewesen und für meinen Freund nach leichten Irritierungen vor 1933 auch nicht mehr. Er hatte seinen Beruf gefunden, und das Soldatische war für ihn auch Berufung, so schien es mir jedenfalls. Das respektierte ich. Ihm waren alte soldatische Tugenden wichtig, nur bei oberflächlicher Betrachtung konnte man annehmen, das hätte etwas mit dem Nationalsozialismus zu tun. Er, der Nationalsozialismus, mißbrauchte diese Ideale und Menschen, vor allem die gutgläubigen, schwärmerischen, jungen, die solche Eigenschaften wie Einsatzbereitschaft, Pflichterfüllung, Treue und Gehorsam in idealer Weise leben wollten. Der Faschismus benutzte und mißbrauchte auf dem Gebiet der Kultur alles, was sich demagogisch für seine diffuse Weltanschauung anbot. Schiller war eins der Opfer, mit Goethe konnten die Faschisten wohl nicht so viel anfangen. Das idealistisch Schwärmerische, diese schöne geistige und gefühlerhöhende Möglichkeit der Menschen, ist eine große Sache, aber auch gefährlich, und für skrupellose Machtbesessene verlockend, es zu mißbrauchen. Ich glaube, auch Goethe war das nicht ganz geheuer, und gefühlsmäßig ist er meines Erachtens deshalb immer etwas auf Distanz zu seinem Dichterfreund geblieben. Ich war auch in solch einem gefährdeten Alter und bin immer leicht begeisterungsfähig gewesen für eine Sache, von der ich glaubte, sie sei groß und gut. Im täglichen Leben und besonders in der Geschichte gibt es genügend Fakten, die man wissenschaftlich und demagogisch - ich möchte fast sagen: wissenschaftlich-demagogisch - für jeden Fall passend interpretieren kann. Ein Beispiel dafür, wie der Volkswitz das durchschaute, war die Persiflierung jener Parole: "Kanonen statt Butter" durch den Spruch: "Die Wissenschaft hat festgestellt, daß Marmelade Fett enthält."
Mit Beginn des Krieges hatte der Reichspropagandaapparat die Schwerpunkte verlagert. Beeindruckt von dem Geschehen glaubte man, es ginge nicht mehr um den Faschismus, sondern um Deutschland. Man wurde in die Auseinandersetzung einbezogen, man gehörte durch den Krieg dazu und wollte im allgemeinen kein schlechter Deutscher sein. Noch ging ja alles gut, dem Anschein nach sehr gut sogar. Obwohl es mir auch gut ging, fühlte

ich mich in meiner Situation nicht wohl. Minderwertigkeitsgefühl und das Bedürfnis mich zu rechtfertigen, mobilisierte eine literarische Ader in mir. Ich schrieb eine Geschichte aus der Sicht eines Flak-Unteroffiziers, der in einer schweren Geschützstellung nahe eines großen Industrieobjektes Dienst tat. Das war im Winter 1939/40. Es sollte nur ein Akt der Selbstberuhigung sein. Ich bat eine fleißige und tüchtige Sekretärin in unserer Schreibstube, das Ganze doch einmal abzuschreiben. Sie tat es, und machte den Erguß gegen meinen Willen im Stab publik. Fortan war ich machtlos gegen den Lauf der Dinge, und so kam es, daß meine Geschichte in der Osterausgabe der "Neuen Leipziger Zeitung" erschien. Diese Arbeit habe ich schon wenig später nicht mehr gemocht, und hatte, wenn ich daran dachte, ein ungutes Gefühl. Nicht wegen der Geschichte selbst, da ist nichts Schlimmes drin, sondern wegen der schematisch dargelegten Gedanken, der Banalität sowie der laienhaften Form. Ich hatte etwas gemacht, was ich später fatalerweise von den Kriegskorrespondenten und Kriegsberichterstattern auf ähnlichem Niveau klischeehaft laufend produziert fand.

Im späten Frühjahr 1940 brauchte ich an solche Geschichten nicht mehr zu denken. Es entstand ein neuer Kriegsschauplatz. Dänemark und Norwegen wurden von der Wehrmacht besetzt. Der Chef unserer Dienststelle mit dem Dienstgrad eines Generalmajors wurde Flakkommandeur für Norwegen und, was mich wunderte, auch für Nordfinnland. Er organisierte einen neuen Stab für sein kommendes Tätigkeitsfeld. Den nordischen Ländern hatte schon immer meine Sehnsucht gegolten. Das Gefühl für sie war durch ihre sehr populäre bedeutende Literatur gewachsen, von der ich viel gelesen hatte. Vor allem die Geschichten und Romane von Knut Hamsun waren es, die einen besonderen Eindruck auf mich gemacht hatten. Unvergeßlich für mich waren die kleinen Romane 'Pan " und "Victoria" mit ihrer spröden und verhaltenen Poesie. Von diesem Gefühl durchdrungen, konnte ich mir die Chance nicht entgehen lassen, ein Stück dieser mich interessierenden Welt auch unter den unnormalen Umständen kennenzulernen. Es war klar, daß ich mitgehen wollte. Meinem direkten Vorgesetzten gefiel das nicht. Er stellte mir in Aussicht, mich mit nach Italien zu nehmen; denn er würde bald dorthin abkommandiert werden. Die Sehnsucht nach dem Norden setzte sich durch, und ich verzichtete darauf. Vermutlich war das - im Nachhinein betrachtet - richtig gewesen.

Die Mitglieder des neuen Stabes kamen von den verschiedensten Flak-Dienststellen Mitteldeutschlands. Ich kannte niemanden davon. Unsere erste Station war Hamburg. Von hier aus sollten wir auf dem Luftweg nach Oslo transportiert werden. Da offensichtlich durch irgendwelche Schwierigkeiten Verzögerungen entstanden waren, blieben wir einige Tage in Hamburg liegen. Was uns nur recht sein konnte. Ich hatte mich mit einem etwas älteren Kameraden zusammengetan und in ihm den richtigen Kumpel für den Hamburger Aufenthalt getroffen. Vor der Soldatenzeit war er Oberkellner in einem großen Hotel in Baden-Baden gewesen. Wir gingen jeden Abend zusammen aus, natürlich auf die Reperbahn und in die angrenzenden Straßen. Er kannte die gute Lebensart und noch manches andere, was für den Besuch dieses Milieus von Nutzen war. Es war sicher gut für uns, daß es nach einigen wenigen Tagen programmgemäß weiterging und die Reperbahnepisode ihr Ende fand.

Auf dem Fuhlsbütteler Flugplatz war in diesen ersten Tagen der Invasion ein ganz schön turbulentes Treiben, als wir nachmittags in eine JU 52 stiegen. Eingeladen wurde, was nur hineinging. Wir saßen dicht an dicht, als die Maschine vom Boden abhob, mit Mühe an Höhe gewann und knapp über ein Hallendach flog. Auf dem Flug über Dänemark und besonders über dem Skagerak wurde es mir hundeübel, und in meiner Not mußte mir der Stahlhelm eine Hilfe leisten, für die er geeignet, aber nicht gedacht war. Das Durcheinander auf dem Osloer Flughafen, wo wir landeten, glich dem in Fuhlsbüttel. Unser Stabsquartier bezogen wir in einem Hotel im Stadtzentrum. Es war ein renommiertes Haus mit dem Namen "Savoy", nicht weit vom Schloß und in unmittelbarer Nähe der Staatsgalerie.

Die Dienstzimmer des Stabes lagen in der ersten Etage. Der Speiseraum, in dem wir - die Mannschaftsdienstgrade - aßen, befand sich, getrennt vom Offiziersspeiseraum, ebenfalls im ersten Stock. Die Offiziere schliefen im Hotel. Für uns waren in einem Eckhaus, gleich schräg über die Straße Räume zum Schlafen bereit gestellt worden. Unten befand sich eine Kneipe, und das traf sich gut. Sie hieß "Röde Kro". Wir wußten also gleich, wo wir uns abends nach

des Tages Turbulenzen treffen und aufhalten konnten. Meine Arbeit war die gleiche wie in Leipzig, nur das Einsatzgebiet war ein anderes geworden. Befaßte ich mich ehemals mit Mitteldeutschland, so ging es hier um ganz Norwegen und die nördlichen Gebiete Finnlands. Zu meinem Erstaunen gab es dort auch schon eine deutsche Flak. Die Offiziere waren meistens ruhige ältere Leute aus dem Reservestand. Ich glaube, die beiden Sekretärinnen kamen aus der Familie des Generals. Außer diesem waren mir alle fremd. Der Ia, ein Major i.G., mein direkter Vorgesetzter, war das übelste, was mir begegnen konnte. Wir mochten uns gegenseitig überhaupt nicht. Es war von Anfang an eine instinktive Abneigung. Auch mit dem neuen Spieß wurde ich nicht warm. Er war ein klassischer Typ von einem verheirateten Zwölfender.
Das Verhältnis zu meinem Chef war eine Belastung für mich, aber sonst hatte ich nichts auszustehen. Es schien alles friedlich und ohne große Probleme seinen Gang zu gehen. Inzwischen kannten wir die Stadt recht gut, auch einige Lokalitäten. Doch meistens führten uns die abendlichen Spaziergänge an den Hafen. Das war eine neuartige und immer interessante Umgebung. Da lagen kleine Einheiten unserer Marine und vor allem norwegische Fischerboote. Große Schiffe aus aller Welt konnten Norwegen nicht mehr anlaufen. Am Abend kamen dann immer die Krabbenfischer mit frischem Fang. Die Norweger, für die die Hafenmole ebenfalls ein beliebter Aufenthaltsort war, kauften die frischen, rohen Krabben tütenweise und verzehrten, was genießbar war. Die Schalen wurden ausgespuckt, wo man ging und stand. Es war schon erheblich, was da mitten auf der Mole herumlag. Meinen Appetit lockten diese Viecher nicht. Ich bin kein Fischesser, aber im allgemeinen war ich mit der norwegischen Küche weitgehend einverstanden. Zum Verhängnis wurde mir nur der Aquavit. Einmal hatte ich so viel davon getrunken, daß man mich in unser Quartier tragen mußte. Seitdem konnte ich den Geruch nicht mehr aushalten. Wenn wir zum Mittagessen gingen, mußten wir an der Theke vorbei. In den ersten Tagen nach dieser Völlerei schaffte ich es nicht, dort vorbeizukommen und mußte mehrmals umkehren und auf das Essen verzichten.
Ein glücklicher Umstand für uns war, daß die Norweger ihre bei Kristiansand gefangenen Hummer nicht mehr exportieren

konnten. Wir mußten also kräftig helfen, sie im eigenen Land zu verzehren. Die waren selbst für mich ein Genuß, und es war nicht ärgerlich, wenn sie oft auf den Speisezetteln standen. Auch in den Lokalen haben wir gern - und es war ein delikates Vergnügen - Sandwiches belegt mit Hummerfleisch gegessen.
Das Verhältnis zu den Norwegern und das ihre zu uns war sehr differenziert. Ich kann es nur aus meiner eigenen persönlichen Erfahrung beurteilen. Sicher gab es einen Unterschied in dem Verhalten zu den Besatzungssoldaten von Seiten der Norweger und der Norwegerinnen. In unserem Erst- und Stammlokal, im "Röde Kro" fanden wir die ersten Kontakte zu den Norwegern. Ich kann mich an keine provokativ verletzenden Vorkommnisse erinnern. Viele ignorierten uns einfach. Ich habe es auch erlebt, daß Fahrgäste aufstanden, demonstrativ, wenn man sich in der Bahn neben sie setzte. Das war selten. Dann gab es welche, die sich anbiederten und versuchten, Geschäfte mit uns zu machen. Auf diese Weise hatte ich mir einen ausgezeichneten Stoff erstanden, aus dem ich mir beim norwegischen Schneider unseres Generals einen Mantel machen ließ, natürlich einen zivilen. Solche schmierigen Figuren gab es überall, wie ich es später auch anderswo erleben mußte.
Allzulange dauerte es nicht, bis sich Kontakt zu Frauen anbahnte. Zunächst lernte ich die Frau eines Seemanns kennen, die etwas älter war als ich. Er fuhr natürlich für England und konnte nicht nach Hause kommen. Sie war Servierer in unserem Hotel und bediente im Speisesaal der Offiziere. Einer unserer Reserveoffiziere, ein Major, bemühte sich um sie. Sie zog den jüngeren Bewerber vor. Wir trafen uns nur in Hotelzimmern, die sie besorgte, oder in der Wohnung einer Freundin. Im Hotelzimmer war sie nie ganz ohne Angst vor ihren Landsleuten; denn es war nicht viel Zeit seit der Invasion vergangen.
Dann waren da noch Bekanntschaften zu zwei etwas jüngeren Frauen. Das waren freundschaftliche Verhältnisse, die auf dem Interesse, sich gegenseitig kennenzulernen, beruhten. Wir trafen uns anfangs nicht direkt in der Stadt, zum Bummeln fuhren wir auf den Holmenkollen oder gingen zum Kaffetrinken nach "Bygdö", einem beliebten Lokal auf einer Halbinsel im Oslo-Fjord. Es gab viele junge Norwegerinnen in Oslo. Sie kamen vom Land, weil sie

dort keine Beschäftigung fanden und die Bauernhöfe nicht alle Kinder ernähren konnten. Sie versuchten in Oslo zu bleiben, hier zu arbeiteten und zu leben.

Wenn wir an schönen Tagen unter Mittag Zeit hatten, gingen wir zum Schloß. Vor ihm war ein etwas erhöhter, freier Platz, ein beliebter Treffpunkt junger Leute, besonders von Studenten. Dort verbrachten viele ihre Mittagspause und sonnten sich, wenn das Wetter gnädig war. Angenehm war es, in solch einer entspannten und legeren Atmosphäre zu sitzen. Überhaupt berührte mich ihre Lebensart sehr angenehm. Das etwas Andersartige fühlte ich, genoß es und zerbrach mir darüber nicht weiter den Kopf. Wahrscheinlich waren es das weltoffenere und sicher auch das selbstverständlichere starke Nationalbewußtsein und ein daraus entspringendes Verhalten, ein Stolz ohne Überheblichkeit. Die eine der beiden Frauen kam aus Nörholm, dem Ort, in dem Knut Hamsun sich niedergelassen hatte. Er war zu einem Führer-Besuch aufgebrochen, und das konnten ihm seine Landsleute nicht verzeihen. Daraufhin haben viele seiner Leser - wie sie mir erzählten - ihre Bücher zu ihm zurückgebracht und vor seinem Haus aufgestapelt.

Etwas Schöneres und Eindrucksvolleres sollte ich in diesem Sommer noch erleben. Bisher war in unserer Umgebung alles ohne spektakuläre militärische Aktionen ruhig verlaufen. Eines Nachts gelang den Engländern mit wenigen Bombern ein Überraschungsangriff auf Bergen. Sie versuchten, sich damit bei der Bevölkerung in Erinnerung zu bringen. Dadurch entstand natürlich Hektik in unserem Stab und die Notwendigkeit einer Dienstfahrt des Generals nach Bergen zur Inspektion der dortigen Flakabwehr. Ich bat um die Erlaubnis, mitfahren zu dürfen, und zu meiner Freude wurde es mir gestattet. An der Spitze fuhr der Chefwagen mit General und Adjutant, in respektvollem Abstand ein kleiner, offener Opel mit mir, dem Fahrer und dem notwendigen Gepäck. Es war eine herrliche Fahrt durch eine Natur, die mich begeisterte. Zu dieser Zeit hatte ich mit Malerei nichts im Sinn, sondern war ein eifriger Fotograf. Von dieser Reise quer durch Norwegen von Ost nach West und zurück fertigte ich mir anschließend ein Buch an mit Beschreibung und vielen Aufnahmen von der Landschaft. Es ist heute noch in meinem Besitz.

Für mich war die Zeit beim Stab des Flakkommandos, die ich im Hotel Savoy erlebte, eine schöne Periode, trotz einiger persönlicher Schwierigkeiten mit meinen unmittelbaren Vorgesetzten, dem Major und dem Spieß. Eines Tages hatte man im Truppennachschub einen Südtiroler ausgesucht und zu unserem Stab mitgebracht unter dem Vorwand, mich zu entlasten, obwohl ich gar nicht sonderlich viel zu tun hatte. Es war ein braungebrannter Bilderbuch-Skilehrer, ein ehemaliger Beute-Soldat Mussolinis, den er in den Abessinien-Krieg geschickt hatte. Er mußte das hinnehmen, weil Hitler für des Duces Zustimmung in den Krieg einzutreten, Südtirol an Italien abgetreten hatte. Es war eine der anmaßenden, absolutistischen Entscheidungen über Menschenschicksale, als Hitler dieses schöne Stück Land "verkaufte". Dieser junge Mann wurde mir zugeteilt. Ich verstand mich gut mit ihm und habe im darauffolgenden Winter beim Skifahren viel von ihm gelernt. Der Spieß beanspruchte seine Begleitung beim abendlichen Ausgehen. In so ansehnlicher Gesellschaft erhoffte er sich bei den norwegischen Frauen endlich mehr Chancen.
Die beiden Intriganten gaben das Spiel gegen mich nicht auf. Ihnen war meine unabhängige Stellung und der Rückhalt beim General immer ein Dorn im Auge gewesen. Sie konnten nun ernsthaft meine Abschiebung vorantreiben, aber sie hatten Pech. Der General ließ mich nicht irgendwohin zur Front versetzen, sondern "verkaufte" mich in höhere Regionen der militärischen Bürokratie. Als Lageführer kam ich im Winter 1940 zum Stab des Luftflottenkommandos 5. Dieser Stab hatte seinen Sitz auf dem Holmenkollen, etwa vierhundert Meter über der Stadt in einem international berühmten Sanatorium. Es war im wesentlichen aus Holz erbaut und diente nun vollkommen unseren Zwecken. Hier war eine tolle Umgebung, ein schöner Blick über Stadt und Fjord, aber es war auch eine große Herausforderung und eine neue Situation für mich. Bin ich bisher allein für eine bestimmte begrenzte Aufgabe zuständig gewesen, so wurde ich hier als Unteroffizier für etwa sechs Leute verantwortlich. Es waren fast alles Abiturienten. Als Vorgesetzter war ich ungeübt und selbst in diesem kleinen Kreis tat ich mich mit so einer Aufgabe schwer. Da ich immer selbst mitarbeitete und die Arbeit nicht genügend an meine Untergeben

denelegierte, den Vorgesetzten nicht hervorkehrte, wurde ich am Anfang mehrfach gerügt.

Das Lagezimmer war so etwas wie ein Informationszentrum. Es hatte Tag und Nacht besetzt zu sein, um Meldungen entgegenzunehmen. Was an der Front, auf See und in der Luft geschah, mußte auf Karten verständlich und begreifbar dargestellt, so aufgearbeitet und geordnet werden, damit die Offiziere des Stabes sich jederzeit informieren konnten. Das war ein ziemlich heikler Posten, besonders im Nachtdienst, wenn man entscheiden mußte, ob eine Meldung sofort weitergegeben und die Offiziere geweckt werden mußten, oder ob es bis zum Morgen Zeit hatte. Da konnte man leicht in unangenehme Situationen geraten. War mein Arbeitsgebiet im Hotel Savoyen nur Norwegen und Nordfinnland gewesen, so erstreckte es sich jetzt auf ganz Norwegen, die Nordsee, das nördliche England mit Schottland, den Nord-Atlantik bis zur Bäreninsel, Spitzbergen und Murmansk, das nördliche Finnland vom Bottnischen Meerbusen über Karelien, über das Weiße Meer bis Archangelsk, die Kola-Halbinsel sowie die westlichen Teile der Ost-West-Passage. Vorläufig, bis zum Krieg mit der Sowjetunion, spielte nur die Nordsee mit England, Schottland und dem Nordatlantik eine Rolle. Diese Aufgabe stellte schon gewisse Anforderungen an das Talent zu organisieren, zu ordnen und zu kombinieren. Ich fand alles hochinteressant und lernte manches dabei. Zu Kameraden und Bekannten in der Stadt unten ließ ich die Beziehungen nicht ganz abreißen, aber die Gegend am und um den Holmenkollen war mein Hauptaufenthaltsgebiet während der Freizeit, vor allem im Winter.

Mit der Freizeit konnten wir zufrieden sein; denn in unserem westlichen Einsatzgebiet gab es vorläufig nur Aufklärung und Beobachtung, vor allem aus der Luft. Der östliche Kriegsschauplatz existierte noch nicht. Man trat aus der Tür und war in der schönsten Natur und in einem traditionsreichen herrlichen Skigebiet mit Blick auf Stadt und Fjord. Außerdem war es das nächste und beliebteste Ausflugsziel der Hauptstädter. Oft war hier also etwas los. Ich erlebte einen richtigen Skisportwinter. Da oben schien auch die Sonne am schönsten und längsten, und als sie wieder etwas wärmer wurde, stellte man unter Mittag die Skier schräg zwischen die Tannen und legte sich darauf zum Sonnen. Soldatischen

Dienst gab es auch hier nicht und besondere Vorkommnisse vorläufig kaum. Wir machten unseren Dienst nach Plan, unter Mittag hatten wir mindestens zwei Stunden frei und nach dem Nachtdienst den ganzen Tag. Das Essen war ausgezeichnet mit viel Milch und dem traditionell jeden Morgen auf dem Tisch stehenden großen Würfel Schimmelkäse, den ich so mochte. Mit meinen Leuten, Gefreite und keine dummen dabei, die konnte man hier nicht brauchen, kam ich gut aus.

In den Urlaub nach Hause wurde natürlich geflogen. Man hatte Beziehung zu den gleichgestellten Mitarbeitern beim Quartiermeister, und die hatten immer Platz für einen notwendigen Flug nach Deutschland und zurück. Einmal fuhr ich von Daheim mit dem Zug nach Aalborg, um von dort mit einer Transportmaschine nach Oslo zu fliegen. Drei Tage lang war schlechtes Wetter und kein Starten möglich. Wenn man von Deutschland kam, konnte man sich nur wundern, was es hier zu essen gab: keine Einschränkungen. So gut wie diese drei Tage habe ich selten gelebt. Sie vergingen mit Essen, Trinken und Herumbummeln in der schönen, alten Stadt.

Auf diese Weise habe ich die damals im Einsatz befindlichen Flugzeugtypen der deutschen Luftwaffe kennengelernt, außer den Jagdflugzeugen und der JU 88. Natürlich war mit vielen dieser Flüge auch etwas Angst verbunden; denn die meistens vollgeladenen Maschinen ergaben leicht verwundbare Ziele, vor allem über dem Skagerak und der Nordsee. Es war auch nicht immer angenehm und bequem, wenn sie zum Beispiel Einschußlöcher hatten, das Wetter kalt, schlecht und neblig war und die Wolken tief hingen.

An einen Flug mit besonders viel beängstigenden Situationen kann ich mich noch gut erinnern. Es war ein sehr kalter, dunstiger Wintermorgen, als wir in Kemi am Bottnischen Meerbusen starteten mit einer JU 52, die man mehrfach für Fallschirmjägeraktionen eingesetzt hatte, deren Haut von nicht wenigen Einschüssen durchlöchert war und der Winterkälte freien Eintritt bot. Im Laderaum befand sich, außer leeren Benzinfässern und Gerümpel, nur ich. Der Wintermorgen über dem Meer und Nordschweden mit Sonnenaufgang war herrlich. Ich genoß ihn, zusammengekauert und in alles Mögliche eingehüllt, bei großer Kälte. Doch das Wetter

wurde schlechter, die Luft undurchsichtiger, die Wolken hingen tiefer. Beim Versuch, in die Wolken zu fliegen, vereiste die Maschine. Ein Anflug auf Oslo wurde immer riskanter. Der Flughafen lag am vierhundert Meter hohen Holmenkollen, dicht neben dem Fjord. Bis zu einem Ausweichlandeplatz reichte der Treibstoff nicht. Es war eine Situation, in der sogar dieser erfahrenen und langgedienten Besatzung der Angstschweiß aus den Poren trat. Nach solchen Flügen war man froh, wenn man gesund landete und aussteigen konnte.
In den ersten Kriegsjahren bin ich während meines Urlaubes von zu Hause aus oft verreist, natürlich in zivil. Einmal war ich allein in der Osterzeit mit den Skiern im Riesengebirge in der Gegend von Johannisbad und den Schwarzschlagbauden, ein anderes Mal mit meiner Freundin in der Sächsischen Schweiz. Damals war Herrnsgrätchen noch ein schöner, exklusiver Kurort mit großen Hotels. Die waren gerade gut genug für uns. Meine letzte Privatreise während des Krieges war eine Fahrt nach Insbruck. Das war aufregend, nur die Begleitung war nicht nach meinem Wunsch. Aber das lag in diesem Fall an meiner mangelhaften Entschlußfreudigkeit. Zu dieser Zeit hatte ich eine komplizierte Beziehung zu zwei mir sehr lieben Freundinnen. Die Favoritin kannte ich erst seit dem vorhergehenden Urlaub. Sie hatte mir gleich mitgeteilt, daß sie mich bei ihr zu Hause nur vorstellen könnte, wenn ich wenigstens Leutnant wäre. Ich versicherte ihr, ich würde das nie sein, und diese Wahrheit störte unser Verhältnis überhaupt nicht. Gerade sie war es, die ich am liebsten gefragt hätte, ob sie mitkäme, mich aber nicht traute, und die mir nach meiner Rückkehr versicherte, daß sie gern mitgefahren wäre. Das war natürlich traurig. Wahrscheinlich hätte ich mich mit ihr nicht auf dem Haferlekar über Insbruck schlicht und bescheiden auf einem Heuboden einquartiert.
Vorläufig ging auf dem Holmenkollen alles noch seinen eingespielten erträglichen Gang; ab und zu Stadtbesuch und viel Natur. Meine früheren Kameraden vom Flakkommando hatten eine andere geräumigere Wohnung bezogen für Freizeit und zum Schlafen. Dort bekamen sie immer wieder Besuch, außer von mir auch von jungen Norwegern, oft recht nette und intelligente Burschen.. Es war interessant und manchmal auch schwierig, sich mit ihnen zu

unterhalten. Zuweilen hatte ich das Gefühl, daß sie nicht nur aus Liebenswürdigkeit kamen, sondern auch mit dem Hintergedanken, etwas zu erfahren, wenn die Zungen, vom Alkohol gelöst, flotter gingen. Das war vergebliche Mühe. Hier wußte keiner etwas. Mitunter organisierten sie auch Feten mit Frauen, deutschen und norwegischen. Dazu luden sie mich immer ein, und natürlich kam ich, wenn ich konnte. So etwas wäre auf dem Holmenkollen nicht möglich gewesen. Es sollte sich aber bald ändern.
Anfang Juni 1941 waren Anzeichen einer neuen Situation spürbar. Wenig später kam ich mit zwei meiner Leute in eine mehrtägige Klausur, um Landkarten der Gegend von der Kolahalbinsel bis hinter Murmansk, südlich bis Rovanieni, östlich bis Archangelsk und dem Weißen Meer am Polarkreis zu ordnen und zu sichten. Es wurde ein Gefechtsstab gebildet. Eines Morgens wurden wir Mannschaften, die zum neuen Stab gehörten, mit unserem Arbeitsmaterial und der persönlichen Ausrüstung in eine JU 52 verladen. Es war ein schöner, aber anfangs schlimmer Flug für mich. Wir flogen von Oslo aus nicht über See, sondern ziemlich tief in Tälern bis zur Zwischenlandung in Trontheim. Diese vollgeladene alte Dame JU 52 sackte immer in Luftlöcher, und mir ging es schlecht. Mir ging es so schlecht, daß es mir völlig gleichgültig war, ob wir abstürzten oder nicht. Nach der Zwischenlandung in Trontheim flogen wir weiter über See, immer in Küstennähe und nahe an den Lofoten vorbei. Vor dem Nordkap verließen wir das Meer und flogen südlich an ihm vorbei, wieder in Tälern nach Kirkenes. Der Einsatzort unseres Stabes war etwas südlich des Flugplatzes und einige Kilometer westlich vom Ort in einer Baracke und einem hölzernen Bauernhaus am Ende eines Fjordes. In der Baracke befand sich der Gefechtsstand mit Arbeitsräumen für die Offiziere und meinem Lagezimmer. Im Bauernhaus waren Küche, Speiseraum und Schlafräume für die Offiziere. Wir wenigen Mannschaftsleute hausten unter dem Dach, schliefen und aßen auf übereinandergestellten Feldbetten. Ich war allein für das Lagezimmer zuständig. Es war der größte Raum mit breitem Tisch zum Auslegen von Material und vielen Karten an den Wänden. Hier spielte sich das Wesentliche ab an Besprechungen und Beratungen, auch mit prominenten Besuchern aus den militärischen Führungsetagen des Heeres. Den finnischen Nationalhelden Mar-

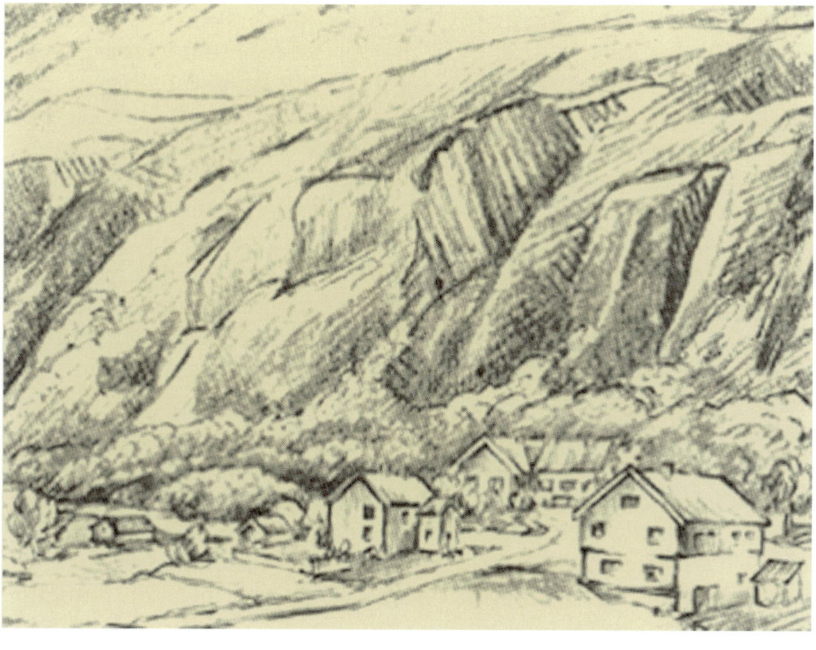

schall Mannerheim lernte ich so kennen. Ich war als einziger Mannschaftsdienstgrad immer dabei. Einige übersahen mich und andere Besucher gaben auch mir, wie den übrigen Anwesenden die Hand zur Begrüßung.
Hier war die Landschaft in ihrer ungewohnten Art ebenfalls schön. Doch viel Möglichkeit, sie weiträumig zu erkunden, gab es nicht, es gab nur Dienst und Schlafen. Kilometerweit war ringsum nichts, das Nächste der Flugplatz. Kirkenes war weiter weg.
Außer zwei Mann und mir gehörten zwei Gefreite als Ordonnanzen für die Offiziere zum Stab. Befehlshaber war derselbe Generaloberst, der im Mai 1945 mit Großadmiral Dönitz die Kapitulationsurkunde unterschrieb. Außerdem bestand der Stab aus einem Oberst i.G. als Chef des Stabes und einem Hauptmann i.G. als Ia. Er war der Sohn eines Senfproduzenten aus Leipzig, klein von Statur, dafür mir zu soldatisch und arrogant im Benehmen. Dazu kam ein Reserveoberleutnant aus der sächsischen Textilgegend. Er war Handschuhfabrikant. Auf einem Flug nach Italien, den er als Tourist und nicht dienstlich mitmachte, kam er ums Leben. Dann war da noch ein relativ junger Metereologe vom Leipziger Universitäts-Institut, ein sympathischer, zivilistischer Wissenschaftler, der seine Wetterprognosen nicht nur nach den Fakten zusammenbaute. Bei ihm kam auch etwas aus dem Bauch hinzu, und er lag damit in dieser schlimmen Wetterecke da oben überraschend oft richtig. Mit anderen kehrte er von einem Erkundungsflug nach Spitzbergen nicht zurück.
Als der Krieg mit der Sowjetunion mittlerweile nicht den Verlauf nahm, den man geplant hatte, wurde der Stab mit der Zeit personell aufgestockt. Besonders Offiziere aus dem Reservestand kamen für einfache dienstliche Leistungen hinzu. Der erste hohe Gast, der sich am Anfang öfter einstellte, war der Befehlshaber der für den Angriff auf Murmansk bereitstehenden Gebirgstruppen, Generaloberst Dietl. Er machte auf mich einen guten, umgänglichen Eindruck. Seine Truppe sollte erst sieben Tage nach Beginn des Feldzuges zum Angriff antreten. Ich höre noch, wie Dietl während eines Besuches sagte: "Meine Soldaten können den Beginn des Angriffes kaum erwarten." - Sie kamen dann nicht weit. Reichlich vierzig Kilometer vor Murmansk war Schluß.

Nach Eröffnung des Angriffes verstärkte sich das Kommen und Gehen der Staffel- und Gruppen-Kapitäne sowie der Kommandeure vom nahe gelegenen Flugplatz. Jagdflieger und Aufklärer waren dort stationiert. Bomber lagen weiter hinter der Front. Es gab viel Arbeit für mich. Gleich an einem der ersten Tage brachte man fünf abgeschossene sowjetische Flieger als Gefangene. Zum Teil waren sie leicht verwundet. Sie wurden medizinisch versorgt, kurz verhört und abtransportiert. Am Anfang war das etwas Neues, und wir waren neugierig, was sie sagten. Später brachte man keine Gefangenen mehr zum Stab. Wenn die Jagdflieger erfolgreich vom Einsatz zurückkamen, flogen sie niedrig den Fjord entlang, an dem unsere Baracke stand und schaukelten mit den Tragflächen.

Eine schwere Aufgabe hatten die Aufklärer. Sie mußten weit in das Hinterland und auf See. Geleitzüge gab es noch nicht, aber Murmansk, der Hafen und die Eisenbahnlinie Murmansk-Leningrad sollten unter ständiger Kontrolle sein. Trotz der großen Entfernung vom Süden Finnlands bis Petsamo, dem nördlichsten Punkt des Landes und einzigen eisfreien Hafen Finnlands, dank dem Golfstrom, gab es vom Heer nur zwei schmale Frontabschnitte, und die waren nicht weit auf russisches Gebiet gelangt. Der eine war oben bei uns vor Murmansk, der andere in der Nähe des Polarkreises. Sonst existierte kein Gelände für Erdeinsätze, es war alles versumpfte Tundra. Beide Verbände blieben ein ganzes Stück vor ihren Zielen stecken, und es kam zum Stellungskrieg. Mit dem sich nähernden Winter wurde es ruhiger. Bei den Gebirgsjägern tat sich nicht mehr viel. Marine war kaum vorhanden, und die Luftwaffe war vom Wetter abhängig, und das wurde immer schlechter. Für uns brachte es neue Reize. Man hatte Zeit, die den Fjord begrenzenden Berge zu besteigen. Die waren nicht hoch, aber felsig und kahl. Nur in geschützten Nischen und Spalten wuchs etwas Gebüschähnliches. Wir konnten aus Langeweile nach Kirkenes laufen und unsere Neugierde befriedigen. Nichts gab es dort, als die niedrigen, um die Bucht versammelten primitiven, kleinen Holzhäuser. Auch im Hafen war nicht viel los; denn es war nicht einfach und leicht für die meistens kleineren Transportschiffe, um das Nordkap und die Halbinsel Banak zu kommen. Schutz hatten sie kaum. Wir merkten es an unserer Verpflegung.

Die bestand vor allem aus Tuben- und Büchsennahrung, getrockneten Kartoffeln und für lange Zeit haltbarem, hartem Komißbrot. Einmal wurde ein Seehund geschossen, der sich in den Fjord verirrt hatte. Der Koch machte ihn mit einer Hasenbratensoße genießbar. Es langte aber bloß für die Offiziere. Mit dem Winter kam außer dem neuen Landschaftserlebnis noch etwas Besonderes hinzu - das Nordlicht. Es war oft am Himmel zu sehen in verschiedenen Farben und Formen. Mal erschien es wie wehende farbige Schleier, war aber auch wunderschön, wenn es am nördlichen Horizont als Krone strahlend stand.

Im Grunde war unser Stab an einem Fjord in Kirkenes in seiner räumlichen und personellen Beschränkung ein Provisorium, gedacht für ein Handstreichunternehmen. Das dem nicht so war, mußte man bald erkennen. Es wurde umgezogen in ein Grundstück etwas nördlich von Kemi am Bottnischen Meerbusen in Finnland. Ein zweistöckiges ehemaliges Wohnhaus war für die Dienstzimmer bestimmt. In danebenstehenden Baracken und ähnlichen Gebäuden war Platz für Offizierskasino, Mannschaftskantine, für Wohn- und Schlafplätze. Das alles stand in einem lockeren Waldgelände direkt am Kemijoki, der nicht sehr weit davon in den Bottnischen Meerbusen mündete. In der Nähe war ein Flugplatz mit Baracken für finnische Lottas, junge, für alles Mögliche, vor allem im militärischen Bereich diensttuende Frauen. Eine war Dolmetscherin beim Generaloberst. Er bewohnte mit seinem Adjutanten und der persönlichen Sekretärin ein eigenes Blockhaus. Man hatte aus Oslo wichtige Ressorts nach Kemi geholt, und der Stab hatte dadurch an Umfang zugenommen. Ich erhielt wieder mehr Arbeit und ein richtiges Lagezimmer. Hatte sich in Kirkenes alles auf den Einsatz in diesem nördlichen Abschnitt bezogen - das andere wurde in Oslo gemacht - so war Kemi jetzt der Punkt, in dem alles zusammenlief.

Jeden Vormittag, zehn Uhr, gab es wieder in meinem Arbeitsraum Lagebesprechungen, und da mußte alles idiotensicher ablesbar und dokumentiert sein, was sich in den letzten vierundzwanzig Stunden nicht nur bei uns, sondern auch auf den übrigen Kriegsschauplätzen abgespielt hatte. Alles ging über meinen Tisch. Berichte aus Zeitungen neutraler Länder - davon gab es nicht mehr viel - und Auszüge abgehörter Funksprüche und Rundfunksendungen, Berichte von V-Männern und erarbeitete Stimmungsübersichten der Bevölkerung aus Briefüberwachungen und anderen Aktivitäten. Als ich im Winter 1941/42 aus dem Urlaub kam, hatte ich zu Hause wohl gehört, daß vor Moskau etwas schief gegangen ist. Was dort wirklich geschehen war, erfuhr ich aus den schwedischen Zeitungen, die ich lesen konnte, als ich wieder meinen Dienst tat.

Je länger der Krieg dauerte, desto ausgedehnter wurden die abendlichen Zusammenkünfte im Offizierskasino, gemäß dem damals aufkommenden Slogan: "Genieße den Krieg, der Frieden wird furchtbar." Mein unmittelbarer Vorgesetzter war ein Ic, ein Major im Generalstab. Ic ist zuständig für Erkenntnisse über den Feind. Er hatte den Lagebericht vor den versammelten Offizieren, einschließlich dem Generaloberst, zu halten. Mit ihm konnte ich gut auskommen. Nicht selten passierte es, daß er spät und mit dickem Kopf aufwachte. Dann mußte ich ihm schnell und einprägsam das Notwendigste erklären. So war er auf ein gutes Verhältnis zu mir angewiesen. Es kam soweit, daß der Befehlshaber eine Zeitlang das Trinken und den Aufenthalt im Offizierskasino nach dem Abendessen verbot. Mir war der Aufenthalt dort auch nicht fremd und unangenehm.

Spät am Abend mußte ich täglich eine zusammenfassende Meldung an das Luftwaffen-Oberkommando durchgeben. Wenn am Tag nicht viel los war, verfaßte ich sie selbst, ging damit in das Offizierskasino, gab sie der Ordonnanz, damit sie sie absegnen ließ bei meinem Chef. Das schoben wir natürlich so weit als möglich hinaus, und in der Zwischenzeit veranstalteten wir unseren eigenen Kasinoabend im kleinen Kreis. Da war es mitunter genauso schlimm, wie bei den Offizieren und nicht ganz ungefährlich für die Ordonnanzen. Aber sie waren clever. Einmal hatte es solange gedauert und war so feucht gewesen, daß ich beim Morgenappell, als ich in Reih und Glied stand, nicht umhin konnte, mich in meine Mütze zu übergeben. Danach brachte ich eine ganze Zeit keinen französischen Kognak mehr über die Lippen. In der Mannschaftskantine gab es nur Slibowicz. Um etwas Abwechslung in dieses Gesöff zu bringen, veredelten wir es mit Marmelade.

Das Essen war nicht mehr so eintönig wie in Kirkenes. Außerdem konnte man ab und zu die vier Kilometer nach Kemi laufen und versuchen, etwas zu kaufen. Viel und Besseres gab es nicht. Angenehm war, man konnte abends in der Stube auf einem kleinen Kanonenofen, geheizt mit Birkenholz, Bratkartoffeln zubereiten. Angesichts dessen, was in der Welt geschah und was andere ertragen mußten, war meine Lage ausgesprochen gut. Was das Außerdienstliche betraf, so sollte sie bald noch besser werden. Auf einem abendlichen Spaziergang traf ich die Dolmetscherin vom Generaloberst. Wir kamen ins Gespräch, und sie nahm mich mit zu sich. Auf Grund ihrer Stellung hatte sie in einer der Lotta-Barakken am Flugplatz ein großes Zimmer für sich allein, gut ausgestattet mit Radio und Plattenspieler, schöner Sitz- und Schlafgelegenheit. Hier konnte man sich wohlfühlen. Das tat ich auch, und zwar immer öfter. Es war bald eine Art eingespieltes und gepflegtes Eheleben. Wenn es der Dienst zuließ, aßen wir gemeinsam Abendbrot. Zur Bereicherung dieser Mahlzeit schickte ich im Sommer nachmittags jemand in die Pilze oder Beeren, die sie für uns zubereitete. Sie stammte aus Südfinnland, war sicher aus gutem Hause, und ihre Eltern mußten dort ein großes landwirtschaftliches Gut besitzen. Deshalb war für Nachschub immer gesorgt. Aus ihrer Art war zu spüren, daß sie nicht aus armen Verhältnissen kam. Zwei Brüder hatte sie, beide standen seit dem Überfall Rußlands auf das südliche Finnland am Ladoga-See an der finnischen Front. Von ihr erfuhr ich, wie grausam und ohne Rücksicht auf alle Konventionen der Krieg dort geführt wurde. Da ich von meinen Besuchen bei ihr oft erst gegen Morgen ins Lager zurückkehrte, mußte ich versuchen, damit die Wache kein Gesprächsthema erhielt, diese möglichst zu meiden. Das Einfachste war, in den Kemijoki zu springen und vom Flugplatz bis zu meiner Barakke stromab zu schwimmen. Dabei wurde ich dann gleich richtig munter.

Im ersten Winter an einem sehr kalten Abend - es waren so um die fünfunddreißig Grad Minus - brannte das Holzhaus ab, in dem sich unsere Diensträume befanden. Es war aus zwei Bretterwänden erbaut und der Zwischenraum mit Sägespänen gefüllt. Die persönlichen Dinge konnte ich weitgehend retten, bis auf meinen Fotoapparat. Um das Unheil zu relativieren, veranstaltete mein Chef noch während es brannte mit uns ein Trinkgelage. Für das abgebrannte Haus wurde eine große, stabile Baracke errichtet, die alle Dienstäume in sich aufnahm. Ich erhielt ein sehr großes Lagezimmer mit reichlich Wandflächen zum Anbringen der Karten, das größte, das ich jemals hatte. Auf der einen Seite war eine Tür zum Arbeits- und Schlafraum des Ic, auf der anderen Seite ging es zum Ia. Diese Abteilung war aufgewertet worden mit einem Oberstleutnant i.G. Er war der Schwiegersohn des berühmten alten Generals Litzmann nach dem die Stadt Posen umbenannt worden war. Diesen Namen hatte er sich angehangen und hieß Lehwis-Litzmann. Nach nicht langer Zeit versetzte man ihn wieder an die Front als Geschwaderkommandeur. Kurz darauf ist er über Rußland abgeschossen worden, und seinen Name hörte man wieder in Verbindung mit dem Komitee Freies Deutschland. Er wurde später sicher mit einbezogen in den Aufbau der NVA, und ich las Artikel von ihm nach dem Krieg in der neuen "Weltbühne". Herr Lehwis-Litzmann machte sich sogar für die DDR nützlich, indem er sich schriftlich an einen ehemaligen Generalingenieur unseres Stabes im süddeutschen Raum wandte, um ihn vor einer beabsichtigten Reaktivierung in die Bundeswehr zu warnen.

Nach dem Eintritt der USA in den Krieg nahmen die Aktivitäten in den Seegebieten unseres Einsatzraumes langsam zu. Aber es dauerte noch eine Zeit, bis es zu den Geleitzugschlachten im nördlichen Atlantik kam. Erst mußten die Amerikaner ihre Liberty-Schiffe bauen, damit man Geleitzüge von etwa fünfzig Frachtern, bewacht von beweglichen kleineren Kriegsschiffen, zusammenstellen und auf die Reise von Nordamerika nach Murmansk schikken konnte, beladen mit Kriegsmaterial, Nahrungsmitteln und Ausrüstungsgütern. Ihre Fahrtroute war so weit nördlich als möglich und hing mit ab von der jahreszeitlich bedingten Eisgrenze. Sie wurden entdeckt oder gesichtet von der Luftaufklärung und den U-Booten, meistens zwischen Island und der Bäreninsel. Sie blieben unter ständiger Beobachtung, bis die Situation - einschließlich des Wetters - günstig war für einen Angriff aus der Luft und von der See. Dann war Hochbetrieb in meinem Laden. Jeder am Angriff Beteiligte meldete, was wie getroffen und was für eine Explosion beobachtet wurde. Spekulationen begannen: beschädigt, schwerbeschädigt, versenkt? Wie groß war das betroffene Schiff: dreitausend Tonnen, fünftausend Tonnen oder noch mehr? Auch Luftaufnahmen wurden zu Rate gezogen. Aus diesen

Erkenntnissen baute man dann die Sondermeldungen für das Radio zusammen. Meine Einschätzungen waren daran nicht unwesentlich beteiligt. Vieles wurde versenkt, aber das meiste erreichte doch Murmansk und wurde von dort mit der Eisenbahn nach dem Süden geschafft. Dadurch war die Eisenbahnlinie, die von Murmansk ins Innere Rußlands führte, noch wichtiger für unsere Bombenflugzeuge. Sie ernsthaft zu unterbrechen gelang nicht. Durch diese Angriffe entstandene Schäden wurden mit rücksichtslosem Einsatz der dort lebenden Zivilbevölkerung und der bei Archangelsk eingerichteten Arbeitslager schnell behoben.
Im Frühsommer 1943 bezogen wir einige Blockhäuser im Norden Finnlands mitten im Wald, abseits der Eismeerstraße an einem Fluß. Es war einfach herrlich dort für mich. Der nordische Sommer hatte sich noch nicht voll entfaltet, als unser Stab seine Arbeit in dieser Gegend aufnahm. Es war wieder ein auf das notwendigste Personal reduzierter Gefechtsstab, der ein ganzes Stück nördlich des Polarkreises, westlich der Eismeerstraße am Lakselv Stellung bezog. Der Fluß war nicht sehr tief. Ich glaube, man konnte nur stellenweise schwimmen. Er hatte harmlose Stromschnellen und war mit kleinen Sandbänken durchsetzt, auf denen man faulenzen, sich sonnen und träumen konnte. Ringsum war Wald mit gemischtem Baumbestand. Hier, nicht allzuweit von der beginnenden Tundra, waren die Bäume nicht mehr so hoch und kräftig wie in unseren Wäldern, aber farbiger in den unterschiedlichsten Gelbgrüns. Während der kurzen, nicht so heißen Sommer und bei der sauberen Luft behalten sie ihre frische und zarte Farbigkeit, bis es im Herbst zu wunderschönen bunten, vor allem goldgelben Explosionen kommt. Bei Sonnenschein glitzerte es überall, aus den Blättern der Bäume, auf den Wellen des Flusses und von den Bäuchen der vielen springenden Forellen, Silbereschen und Lachse. Das war in einer schlimmen Zeit, von deren Schrecken ich noch nicht viel spürte und von deren Nöten ich bisher nichts erleiden mußte. Für mich war es vom Naturerleben her ein paradiesischer Sommer.
Mit seinem Ende kamen bedrohliche Zeichen von anderen Kriegsschauplätzen. Inzwischen hatte man gelernt, Ungereimtes zu erkennen und zwischen den Zeilen der Verlautbarungen zu lesen, war aufmerksam und sensibel gegenüber den offiziellen Formu-

lierungen geworden. Ich begann zu erahnten, was die folgenden Monate und der Winter dann brachten. Damit kamen Veränderungen auf mich zu. Die militärische, materielle und personelle Situation in der Wehrmacht hatte sich so verschlechtert, daß man per Verordnung junge und fronttaugliche Soldaten aus allen etappenähnlichen Positionen zog, um sie den Front-Truppen zuzuführen.. "Aktion Heldenklau" hieß diese Maßnahme. Das betraf natürlich auch mich. Ich hatte immerhin den Vorteil, wählen zu dürfen, wohin ich versetzt werden wollte: zu einem Meßauswertungstrupp der Flak im nördlichen Finnland oder zur nördlichsten, auch für Erdeinsätze bestimmten schweren 8,8 cm Flakbatterie. Ich glaube, es war gut und klug, daß ich mich - obwohl auf den ersten Blick das andere ratsamer erschien, weil es wieder Etappe war - für die zweite Möglichkeit entschied. Eines Tages, kurz vor Wintereinbruch, mußte ich mich mit meinen Habseligkeiten auf einen LKW setzen, der mich auf der Eismeerstraße nach Norden fuhr. Kurz vor Petsamo verließ er diese und bog auf die einzige Straße ein, die zur Front vor Murmansk führte. Wir waren darauf noch nicht weit gefahren, als ein Transparent an der Straße verkündete: "Achtung Feindeinsicht!" Ich gestehe, daß es mir etwas mulmig im Gemüt wurde. Abgeladen wurde ich an der Stabsbaracke der schweren Flakbatterie I/43. Ob die Bezeichnung stimmt, weiß ich nicht mehr genau. Begeistert von meinem Eintreffen war der Batteriechef, ein Hauptmann, nicht. Er hatte mich beim Stab kennengelernt und frug als erstes, was ich verbrochen hätte, denn ohne weiteres würde man doch das beste Pferd im Stall nicht an die Front schicken. Ich konnte ihn beruhigen, und trotzdem wußte er fürs erste mit mir nichts anzufangen. Ich hatte ja weder Truppen- noch Kriegserfahrungen, und am Geschütz war ich in der Rekrutenzeit auch nicht ausgebildet worden. Ich drückte mich eine ganze Zeit nichtstuend in der Stabsbaracke herum. Inzwischen war ich nach der langen Dienstzeit, die ich hinter mir hatte, Wachtmeister geworden. Den Dienstgrad Feldwebel gab es bei der Artillerie nicht. Dann hatte der Artilleriechef eine Lösung seines Problems mit mir gefunden. Er bestimmte mich zum ZbV, einen Mann zur besonderen Verwendung machte er aus mir.
Mein Aufenthaltsort waren nun die Geschützstellungen kurz hinter der mit Generaloberst Dietls Gebirgsjägern besetzten Front. Die

Stellung lag etwas südlich vom Liza-Fjord nicht weit vom Eismeer. Es war ein flacher Kessel mit felsigen Gebilden, die den ganzen nördlichen Teil dieser Tundra-Landschaft locker besetzten. Die vier Geschütze standen im Quadrat, in der Mitte erhöht die Feuerleitzentrale. Dazwischen waren leichte 2cm-Flakgeschütze. Die Mannschaftsquartiere, Bunker oder kleine primitive barackenähnliche Gebilde, waren dicht dabei. Neben uns war die Stellung eines Mörsers oder einer Haubitze, Kaliber 42 oder 48 cm. Ich weiß es nicht mehr so genau. Daß das Geschütz von dort etwas ausrichten würde, hab ich mir schlecht vorstellen können. Es schoß auch selten. Passierte es dennoch, konnte man die Granaten wie Koffer durch die Luft fliegen sehen. Unsere Geschütze waren wesentlich zur Unterstützung und zum Schutz der Gebirgsjäger gedacht. Aus diesem Grund versuchten natürlich die Russen, sie auszuschalten, und mit Angriffen aus der Luft war immer zu rechnen. Radargeräte gab es noch nicht bei uns, und das Gelände gestattete den anfliegenden feindlichen Flugzeugen lange unbemerkt zu bleiben.
Ich war in einer hüttenähnlichen Behausung untergekommen bei zwei oder drei gleichen Dienstgraden. Mein Status war nicht schlecht. Ab und zu bekam ich eine besondere Sache zu erledigen. Direkt war ich für nichts verantwortlich. Man konnte auch meiner neuen Situation manch Gutes abgewinnen, und ich war dazu veranlagt, es so zu sehen, wenn es keine Alternative gab.
Die Landschaft war nicht nur eigenartig und fremd, sondern für mich auch wiederum ein tolles Erlebnis. Die Krönung war das Nordlicht, wenn es nachts bei klirrender Kälte wunderbar farbig am Himmel tanzte. Bald nach mir zog auch der Winter dort ein. Die Sonne hatte sich verabschiedet für lange Zeit, hoher Schnee war Dauerzustand, und mit ihm fertig zu werden, eine immerwährende Herausforderung. Von den Unterkünften zu den Geschützen mußten Gänge geschaufelt und freigehalten werden, deren Wände so hoch wurden, daß sie Menschenmaß übertrafen und man in ihnen die Orientierung verlieren konnte. Skifahren war Dauerbeschäftigung, und bei Fliegeralarm fuhren wir auf diese Weise vom Berg zum Geschütz.
Der Nachschub war bis zu uns und weiter bis zur Front im Winter natürlich ein besonderes Problem. Aber es gab immer etwas zu

essen, wenn es auch nicht besonders vitaminreich war. Alkohol bot sich reichlich an, und getrunken wurde er auch. Dadurch bekamen wir ab und zu Besuch von Gebirgsjägern, die probieren wollten, ob es bei uns besser schmeckt. Zumeist waren sie hochdekoriert, durch den Einsatz auf verschiedenen Kriegsschauplätzen und durch ihre Erlebnisse und Erfahrungen entsprechend desillusioniert. Eines Abends hatten wir wieder Besuch. Der Batteriechef war tags zuvor in Urlaub gefahren, und die Gebirgsjäger provozierten im Bunker bei uns Dienstgraden ein tolles Gelage. Den Oberleutnant und stellvertretenden Chef hatten wir volltrunken in seine Koje geschafft, als plötzlich etwa zehn Schlachtflugzeuge vom Typ IL 2, aus der rückwärtigen Richtung niedrig über den Berg kommend, zum Tiefflug auf uns ansetzten und aus allen Rohren schossen. Wir feuerten trotz alledem auch relativ schnell zurück. Doch im Eifer wurde die Begrenzung der Schußwinkel nach unten nicht eingehalten, und wir hätten uns fast selbst auf dem Befehlsstand zusammengeschossen. Ob wir mit unserer Ballerei an den Flugzeugen Schaden angerichtet hatten, das festzustellen war nun meine Aufgabe. Da die Flugzeuge sich nur kurz in unserem Blickfeld gezeigt hatten, konnten entsprechende Beobachtungen über Treffer nur weiter vorn an der Front gemacht worden sein. Leichte Rauchfahnen allein waren kein Beweis. Ich, wieder nüchtern geworden, schnallte sofort meine Skier an, holte mir eine Erlaubnis bei dem zuständigen Kommandeur der Gebirgstruppen und marschierte nach Osten.
Es war eine klare, klirrende Polarnacht. Hier war kein durchgehender Frontverlauf. Es gab nur Stützpunkte und in Felsen eingerichtete Bunker. Sie standen nicht in einer Linie, sondern räumlich versetzt, wie es gerade geglückt und möglich war, einen von den felsigen Erhebungen zu besetzen. Die Russen hatten sich ebenso eingerichtet. Es ging munter durcheinander, und von außen konnte man nicht sehen, wer wo saß. Ich kannte das von einigen Stoßtruppunternehmungen, zu denen ich mit dem Chef immer vor in einen der Bunker mußte, um Artillerieunterstützung zu leiten. Natürlich war es nicht ungefährlich, allein zu versuchen, diese Stellungen zu erreichen. Ich hatte eigenartigerweise bei solchen Exkursionen nie das Gefühl, es könnte mir etwas zustoßen. Für mich war es furchtbar schön, interessant und spannend. Das sportlich

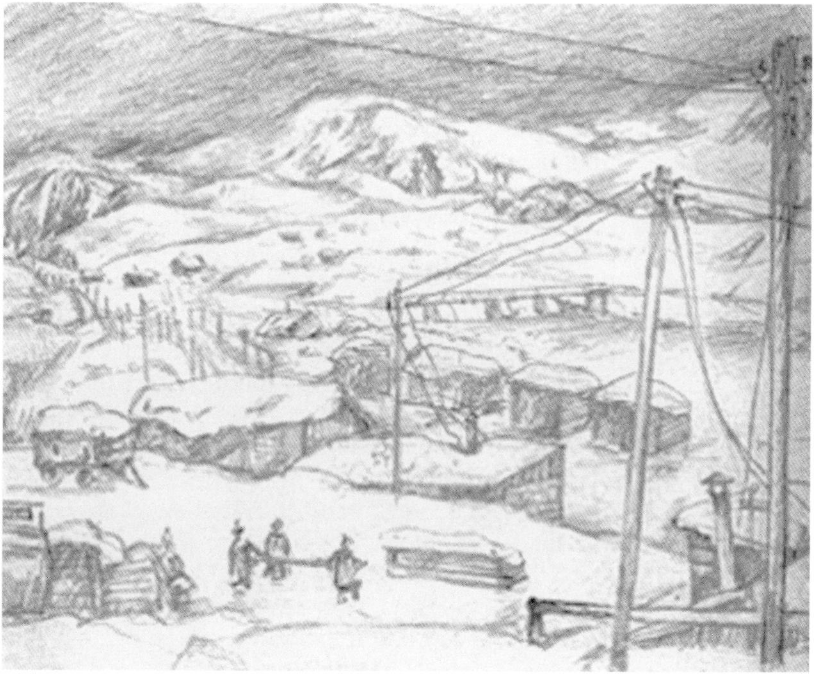

Abenteuerliche mit einem großartigen Naturerlebnis ließ Ängste nicht aufkommen. Als Ergebnis meiner Bemühungen brachte ich von verschiedenen Bunkern Zeugenaussagen mit als Beweise für sechs Abschüsse. Ob das mit rechten Dingen zugegangen ist und den Tatsachen entsprach, möchte ich nicht beschwören. Vielleicht waren meine Fragen mitunter etwas zu suggestiv, oder die Kameraden von den Gebirgsjägern wollten einfach gut zu mir sein. Jedenfalls brachte ich an jenem Tag der Batterie ein erstes bedeutendes Erfolgserlebnis.
Größere kriegerische Aktionen gab es von beiden Seiten nicht. Sie waren auch nicht möglich. Die Schneewände links und rechts der einzigen Versorgungsstraße vom Hinterland zu unseren Stellungen wuchsen bis Mai gut vier Meter hoch. Einen umfassenden Angriff in den Rücken unserer Front versuchten die Russen im Mai 1944 mit einer Landung auf der Fischerhalbinsel. Sie kamen dabei in einen viertägigen Schneesturm. Man sah und hörte nichts mehr von ihnen. Damit war die Sache erledigt.
Es war nicht ganz einfach, aber mitunter gelang es, unseren Speiseplan mit in der Liza-Bucht gefangenen Fisch zu verbessern. Aus solchem Fisch habe ich mir nie etwas gemacht, dem einzigen, dem ich nicht widerstand war ein dort in der Lizabucht gefangener Lachs von stattlicher Größe. Gekocht oder in Butter gebraten, war er mit seinem köstlichen rosa Fleisch und einem Geschmack, als wärs vom Kalb, auch für mich akzeptabel und eine Delikatesse.
Als der Sommer sich langsam einstellte und die Tundra blühte, entstand für mich überraschend eine neue Situation. Anfang Juli 1944 wurde ich, ohne gefragt zu werden und ohne mein Einverständnis einzuholen, zu einem Offiziersanwärterlehrgang nach Kemijärvi, nördlich von Rovaniemi kommandiert. Ähnliches hatte ich immer von mir gewiesen. Das Lehrgangslager war im Wald, wie alles in Nordfinnland und bestand selbstverständlich aus Barakken. Der Kursus begann mit der Wiederholung der militärischen Grundausbildung auf dem Exerzierplatz. Es war klar, was kommen mußte. Am dritten Tag befahl mich der leitende Offizier während des Exerzierens zu sich. Mit Mühe und Not brachte ich vor ihm eine Grundstellung mit Gewehr bei Fuß zustande. Er eröffnete mir, was ich schon immer wußte, ich sei "ein unsoldatischer Haufen", und für mich wäre es wohl sinnlos, an diesem Lehrgang

teilzunehmen. Er ließ mir zwei Möglichkeiten offen, entweder zur Batterie zurückzugehen oder außer Konkurrenz an dem Lehrgang teilzunehmen. Ich entschloß mich, die acht Wochen in Kemijärvi zu bleiben. Sofort zur Batterie zurückzukehren, wäre meinem Ansehen nicht dienlich gewesen. Außer Konkurrenz war ich aller strebsamen Anfechtungen ledig, und körperlich konnten sie mich sowieso nicht kleinkriegen. Die einzelnen Bestandteile der Handfeuerwaffen oder des Maschinengewehres hatte ich noch nie aufsagen können und begriffen, und hier wollte ich das auch nicht lernen.

In den ersten Wochen interessierte mich der Lehrstoff überhaupt nicht. Ich legte Wert auf den Sport, lief viel, bei Lang- und Waldläufen war ich immer Spitze. Für das Lager organisierte ich eine Fußball- und Handballmannschaft. Als in den letzten Lehrgangswochen der Unterrichtsstoff anspruchsvollere Themen auswies und Vorträge gehalten werden mußten, konnte ich mein erworbenes Wissen ganz gut einbringen, ohne damit ehrgeizige Pläne zu verfolgen. In diese Zeit fiel das Attentat auf Hitler. Außer der Grußordnung änderte sich dadurch leider nichts. Meine Situation hatte sich gegen Ende des Lehrgangs grundlegend gewandelt, und ich merkte, daß man sich mit dem Gedanken trug, mich eventuell bestehen zu lassen. Zufälligerweise betrat zuletzt immer ein höherer Vorgesetzter den Raum, wenn ich im Unterricht aufgerufen wurde. Bei einer letzten infanteristischen Tag- und Nachtübung wollte man mich noch einmal auf die Probe stellen und setzte mich als Zugführer ein. Ich ahnte das Desaster, aber mein Unterbewußtsein bewahrte mich mit einer angemessenen Reaktion davor. Am Morgen, als es losgehen sollte, hatte ich am ganzen Leib geschwollene rote Flecken. Es mußte ohne mich ausgerückt werden. Ich ging zum Sanitäter, bekam zehn Kubikzentimeter Kalzium gespritzt, und am Mittag war ich schon wieder putzmunter. Meinem Körper war ich für den Einfall zu diesem Zwischenspiel sehr dankbar, ohne gewillt zu sein, ihm dafür besonders Gutes zu tun. Ihn habe ich immer gefordert und oft über Gebühr. Er hat mich nie im Stich gelassen. Da kann man nur dankbar sein, aber wem?

Am Ende kam ich ohne Blamage zur Batterie zurück. Im Grunde spielte das nun alles keine Rolle. Unser Bleiben vor Murmansk sollte nicht mehr lange dauern. Die Finnen hatten sich die Sache

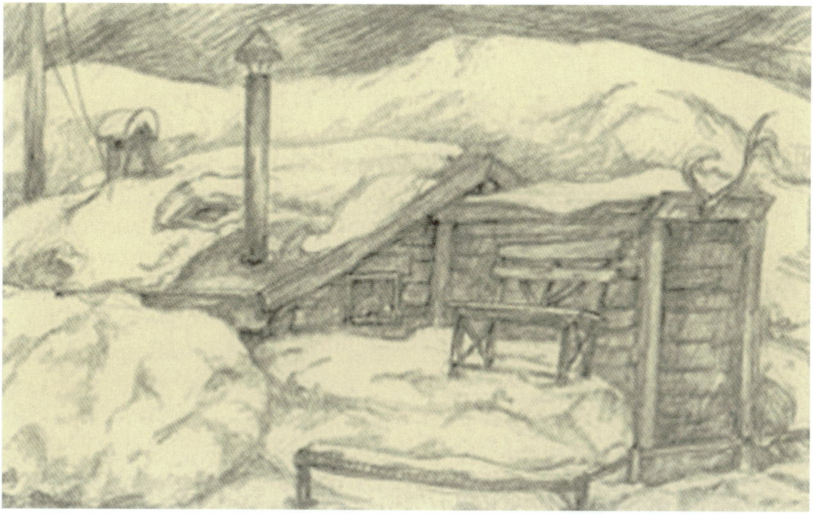

überlegt, brachen, in der Hoffnung mit einem blauen Auge davonzukommen, aus der Verlierergemeinschaft aus und begannen, uns zu bekämpfen. In dieser neuen Situation sollte unsere Batterie den Rückzug der deutschen Truppen decken. Aus diesem Grund kehrten wir nach Mittelfinnland zurück mit Kemi als Ziel. Dort beschossen wir einige industrielle Objekte, ohne große Wirkung. Von da ging es in die Gegend, wo die schwedisch-finnische Grenze den Bottnischen Meerbusen erreicht. Hier hatten die Finnen Truppen gelandet, um den Rückzug deutscher Soldaten auf der Straße nahe der schwedischen Grenze nach Nordnorwegen zu verhindern. Wir lagen einige Tage dort, und ich bekam den Auftrag, mit zwei Nachrichtenleuten und einem Leutnant, der mit Frontbewährung zu uns gekommen war, an den Ort des Kampfgeschehens zu gehen, um Artillerieunterstützung zu leiten. Schon der Weg dorthin war beschwerlich. Wir mußten eine Furt durchwaten, die unter schwerem Granatwerferfeuer lag. Da, wo ich glaubte, es sei die Front, fand ich nur eine vollkommen unübersichtliche Situation vor. Nach Norden war dichter Wald. Wie weit er ging, konnten wir nicht feststellen. In ihm befanden sich deutsche Truppen. Wo sie genau standen, wußte niemand und schon gar nicht war verläßlich auszumachen, in welcher Entfernung sich die finnischen Soldaten aufhielten. Klar wurde mir, daß wir in einer ganz schönen Falle saßen. Südlich vom Wald war eine große freie Wiese, und das Ganze wurde in einem Halbkreis von einem Fluß begrenzt, den wir am Morgen durchquert hatten. Wir versuchten, im Wald Verbindung mit unseren Leuten aufzunehmen. An Artillerieunterstützung war nicht zu denken. Erstens wußten wir nicht, wohin wir schießen sollten, und zweitens bekamen wir keine Funkverbindung zu unserer Batterie. Mir war die ganze Sache nicht geheuer. Von der Situation und Stimmung her gefiel mir unsere Lage nicht. Ich schlug dem Leutnant vor, uns zurückzuziehen, da unser Bleiben sinnlos sei. Er hatte das Sagen an diesem Tag und lehnte meinen Vorschlag ab. Wir zogen uns an den Rand des Waldes auf die Wiese zurück. Kurz darauf ging in dem Wald ein heftiges Granatwerferfeuer nieder, und man legte bald schreiende, stöhnende, nach der Mutter rufende Verletzte in das Gras. Es gab nichts zu ihrer Versorgung und keine ärztliche Hilfe. Nach einer geraumen Zeit der Ratlosigkeit und Spekulation rannten

fliehende Kameraden aus dem Wald und entsetzt schrieen sie, die Finnen kämen mit Messern. Da gab es kein Halten mehr. Alles lief davon, und vieles ging durcheinander. Ich rannte auch, so schnell ich nur konnte, in gegebener Entfernung, immer am Waldrand entlang, dahin, woher wir gekommen waren. Die Finnen hatten inzwischen den ganzen Waldrand besetzt und schossen auf alles, was sich bewegte. Es war für sie, wie auf einer Hasenjagd. Ich rannte bis kurz vor den Fluß, warf mich an einem Heuschober in Deckung. Kurz vorher hatte ich einen kleinen Stich am linken Schulterblatt gespürt, beachtete es aber nicht weiter. Ich wußte, jenseits des Flusses war Sicherheit vor den Scharfschützen und den Maschinengewehrgarben, die über Erde und Gras zischten. Alles was mich belastete, warf ich weg, holte tief Luft, rannte geduckt zum Fluß, warf mich hinein, schwamm hindurch, kletterte am anderen steilen Ufer hoch und war in Sicherheit. Erst einmal fiel ich auf den Boden und versuchte, zu mir zu kommen. Bis zu meiner Batterie war es nicht mehr weit. Hier kannte man die schlimmen Geschehnisse des Tages bereits. Von uns vier, die wir am Morgen losgezogen waren, habe nur ich das Glück gehabt zurückzukehren. Es war sogar sehr viel Glück, das ich an diesem Tag hatte. Das Brennen an meinem Schulterblatt rührte von einem Streifschuß her. Das Geschoß war hinter dem linken Arm in die Jacke gedrungen, hatte das sich bewegende Schulterblatt gestreift und hinter dem rechten Ärmel die Uniformbluse verlassen. Zwei Löcher im Stoff und eine Schramme waren das Ergebnis. Das war wirklich knapp am Tod vorbei gegangen. Es muß ein Engel in meiner Nähe gewesen sein.
Wir zogen entlang der schwedischen Grenze die Straße nach Norden weiter. Ab und zu bauten wir unsere Geräte auf, um abwehrbereit zu sein. Auf einem der letzten Tagesmärsche, schon hoch im Norden, überprüften wir wieder einmal unsere Lage. Ich beobachtete mit einem Meßgerät den Himmel. Als ich in größerer Entfernung zur schwedischen Grenze etwas zur Erde schweben sah. Ich glaubte, mich nicht zu täuschen und nahm an, es sei ein Fallschirm gewesen. Meinen Chef machte ich darauf aufmerksam und bat um die Erlaubnis zu einem Erkundungsgang. Der Fallschirm interessierte mich wenig. Ich hatte Lust und Neugier auf einen Marsch durch die hier noch locker baumbestandene Tundra.

Zu zweit zogen wir los, mit Maschinenpistole und Kompaß bewaffnet, in das unwegsame Gelände. Die Landschaft war uneben. Wald wechselte mit freien Flächen und Niederholzgebieten. Es war ein heller Tag. Wir kamen an Stellen im Wald vorbei, die Spuren zeigten von Aufenthalten der Nomaden mit ihren Rentierherden. Es war abgelaufener kreisartiger Waldboden, wo sie die Tiere zeitweise eingesperrt hatten. In deren Nähe glaubten wir die Plätze zu erkennen, auf denen ihre Zelte gestanden hatten. Mir war, als würden wir aus größerer Distanz immer beobachtet. Einmal sah ich einen Lappen, hinter Gebüsch versteckt, zu uns hinschauen. Je weiter wir zur schwedischen Grenze liefen, um so offener wurde die Landschaft. Es war schon ein komisches Gefühl, hervorgerufen durch die Möglichkeit, einfach weiter zu gehen und bald in einem neutralen Land zu sein. Da setzten im Kopf diverse Spekulationen und Kombinationen ein: Wie neutral ist Schweden wirklich? Sie haben ja der deutschen Wehrmacht allerhand gestattet an Transitmöglichkeiten. Der Krieg kann nicht mehr lange dauern, und verloren ist er auch, wenn kein Wunder geschieht. Bis dahin einfach in dieser Nordwildnis untertauchen? Es war alles zu fragwürdig, um einen solch schwerwiegenden Entschluß in dieser plötzlich entstandenen Situation zu fassen. Außerdem war ich nicht allein. Schon ein Gespräch darüber hätte schlimme Folgen haben können. Selbst wenn der Krieg nicht mehr lange dauerte, mochte noch viel passieren, Gutes kaum. Der Rückweg führte uns am Abend überraschend genau zu unserer Einheit.
Nach einigen weiteren Tagesmärschen kamen wir an das uns befohlene Ziel in Nordnorwegen nahe der Küste an. Auf felsigem Gelände bezogen wir Stellung und ließen uns häuslich nieder, so gut es auf diesem steinigen Boden in unmittelbarer Nähe der See ging. Wir wußten, daß wir hier einige Tage und Nächte verbringen würden. In einem der kleinen Häfen sollte die Batterie verladen werden, um mit dem Schiff zum nördlichen Endpunkt der Eisenbahn zu kommen. Ich weiß nicht mehr genau, ob es Namsos oder Andalsnes war. Jedenfalls gefiel mir das überhaupt nicht. Von meiner früheren Tätigkeit wußte ich noch zu gut, welche Gefahren da lauerten. Es gelang mir hinten herum, einen Auftrag zu bekommen, drei unserer LKW auf dem Landweg an das gleiche

Ziel zu bringen. Das erschien mir erstens viel ungefährlicher, obwohl wir nur mit sehr fragwürdigen Marschpapieren ausgestattet waren, und zweitens war es mir natürlich viel lieber und interessanter, diese nordnorwegische Landschaft zu durchfahren und auch Narvik kennenzulernen, als nur das Meer zu sehen und von weitem die Küste. In diesem abgelegenen nördlichsten Winkel Europas hatte bestimmt niemand gedacht, in die Wirren des Krieges hineingezogen zu werden.
Was mich auf dieser mehrtägigen Fahrt neben der Landschaft am meisten beeindruckte, waren die Leistungen der Bauorganisation Todt. Die hatte diese Straße, eine wichtige Lebensader der Wehrmacht, mit Baumstämmen, die mehrfach aneinandergefügt waren, kilometerweit getunnelt mit Ausweichstellen für die Nachschubkolonnen, die dadurch sicher vor Schneestürmen und anderen Widrigkeiten diese schlimme Wetterzone passieren konnten. Mit Glück und Geschick haben wir die Kontrollen und Auffangstellen umgangen und waren vor dem Schiff am Ziel. Es war schon lange Winter und nicht weit vor Weihnachten. Viel Betrieb war auf dem Fliegerhorst, als wir nachmittags ankamen. Ich ging, um endlich wieder einmal ordentlich zu essen, sofort in die entsprechende Baracke. Die Flieger waren ja immer etwas Besonderes und wurden auch hier bevorzugt beim Essen bedient. So geschah es, daß kurz nachdem ich mich an einen Tisch gesetzt hatte, eine junge Norwegerin kam und mich nach meinen Wünschen fragte. Ich weiß nicht, wie es zuging, im Raum saßen so viele junge Fliegerhelden und mich bedachte sie anschließend mit der Gunst, sie nach Hause zu begleiten. Nach einigen spazierähnlichen Umwegen und etwas Warten nahm sie mich mit auf den Boden des kleinen Häuschens. Es war dort nicht sehr komfortabel und hell. Das war aber auch das einzige, was es in den nächsten Stunden zu beanstanden gab. Etwas Angst und Sorge hatte ich in der folgenden Zeit, und ich fragte mich, ob ich nicht vielleicht zu vertrauensselig und leichfertig gewesen wäre.
Ein paar Tage später traf die Batterie ein, und wir wurden auf die Eisenbahn verladen. Ich weiß nicht mehr genau, ob die Fahrt bis Oslo oder bis Kristiansand ging, wo wir erneut auf ein kleines Frachtschiff kamen. Genau erinnere ich mich noch, daß es die Silvesternacht war von 1944 zu 1945, in der wir über das Skagerak

schipperten und, wie getuschelt wurde, vor der dänischen Küste in ein Minenfeld gerieten. Mit Sorge und voll ängstlicher Gefühle verfolgten wir auf Deck stehend die Manöver des Schiffes.
Mit dem neuen Jahr kamen wir im Norden Dänemarks an. Es hatte sich herumgesprochen, was unser nächstes Ziel sein sollte. Richtung Westen würde es gehen, um in der Ardennenoffensive mitzumachen. Doch es kam ganz anders. In dem Lager, in dem wir vorübergehend untergekommen waren, brach eine ansteckende Krankheit aus, und die Quarantäne, die verhängt wurde, dauerte vier Wochen. Dänemark war in dieser Zeit im Gegensatz zu anderen Gegenden vergleichsweise ein Schlaraffenland. Es konnte uns also nichts Besseres passieren.
Nach diesem für uns glücklichen Umstand war der Einsatz in den Ardennen nicht mehr aktuell. Wir wurden nach Breslau transportiert und am Ostrand dieser Stadt bezogen wir Stellung. Abends waren wir angekommen, und nach kurzer Zeit erhielt ich den Auftrag zu einem Patrouilliengang nach Osten, um zu erkunden, wie weit die Russen noch entfernt seien. Nach einem längeren Marsch sah ich noch nichts von ihnen, kehrte um, und als ich zur Batterie zurückkam, war schon wieder Stellungswechsel angesagt. Wir wurden in die Gegend östlich von Liegnitz, in die des Oderbogens dirigiert. Hier waren fast alle Häuser schon leer. Es war sehr ländlich und mit vielen kleinen Gehöften bebaut. Alles hatten die Bewohner zurücklassen müssen. Sogar Vieh stand mitunter noch im Stall. Wir schlachteten ein Schwein. Dummerweise hatten unsere Fachleute anstelle von Salz mit Soda gewürzt. Nach dem Genuß des schönen Fleisches konnten wir kaum noch sprechen, so zog es uns die Mundmuskeln zusammen.
Nachts mußte ich mit zwei Mann auf Erkundung in Richtung Oder gehen. In einer der Nächte bekamen wir Kontakt mit einem russischen Aufklärungstrupp im Gelände zwischen zwei Dörfern. Wir tanzten im Dunkeln umeinander herum und zogen uns in ein Dorf zurück. Die Russen krochen an dem einen Ende des Dorfes auf die Böden der Häuser und wir am anderen Ende. Ein Schuß ist zwischen uns nicht gefallen. Am Tage versuchte ich einen besseren Platz zur Beobachtung des umliegenden Geländes zu finden. Über einem Stall, der mir auffiel, waren offensichtlich Wohnungen. Zu meiner Überraschung wurden die Räume noch benutzt,

während ringsherum alles verlassen war. Eine Tagelöhnerfamilie, die mit vielen Kinder zurückgeblieben war, wohnte dort. Sie bestürmten mich mit Fragen, und ich kam nicht los, bis die älteste Tochter mich aufforderte, mit ihr zu gehen. Sie führte mich in das verlassene Haus der Bäckerei und dort direkt ins Schlafzimmer. Es war sehr schön. Die Betten eingebaut in Alkoven und einladend zurecht gemacht. Die Situation bedurfte keiner Klärung, sondern nur einer klaren Handlung. Doch bevor ich mich meines gefütterten Tarnanzuges entledigen konnte, war schon etwas vorbei. Zum Glück war man jung und lange nicht gefordert worden.

Leider wurde ich am gleichen Abend mit zwei Funkern zu einem Stützpunkt des Heeres beordert. Er war in den halbverfallenen Gebäuden einer alten Ziegelei in versumpftem Gelände eingerichtet. Als ich dort ankam, fiel mir das Herz in die Hose. Hier kommst Du nicht wieder heraus, war mein erster Gedanke. Was da auf Mänteln oder anderen undefinierbaren Materialien auf der Erde in desolatem Zustand und in entsprechender Stimmung herumsaß oder -lag, das war schlimmer, als ich mir bisher das letzte Aufgebot vorgestellt hatte. Ich war derartig schockiert, daß ich resignierte und fatalistisch dem Kommenden entgegensah. Jedoch, wie soll ich es bezeichnen, der gute Stern oder mein Engel mußten wieder in meiner Nähe gewesen sein. Gegen Morgen bekam ich einen Funkspruch, sofort zur Batterie zurückzukehren. Wir hatten einen zur Frontbewährung verdonnerten Leutnant bekommen. Dienstgradmäßig standen ihm meine Aufgaben zu, worüber ich nicht traurig war. Ich übergab ihm das Nötige, er übernahm den Erkundungsauftrag zur Oder und wurde samt den mitgegebenen zwei Mann nicht wieder gesehen. In solchen Fällen wußte man nie, was geschehen war.

In den nächsten Tagen bezog ich den Dachboden eines erhöht stehenden, verlassenen Hauses, von dem aus man einen weiten Blick auf die Oderniederung besaß. Bis zum 8. Februar geschah nichts Besonderes. An diesem Morgen suchte ich wieder, wie immer durch das Fernrohr die Gegend zusammen mit meinem Partner ab. Es lag morgendlicher Dunst über der Landschaft. In der Ferne bemerkten wir eine Menge dunkler Punkte, die sich bewegten. "Panzer!" stießen wir fast gleichzeitig hervor. Ich gab die Meldung sofort weiter und schickte den Funkwagen zur Batterie zurück. Noch eine Weile blieb ich auf meinem Posten, um die Bewegungen zu beobachten. Dann lief ich quer über die Felder zur Batterie, an verstreut stehenden SS-Posten vorbei, die aufpaßten, daß niemand die Flucht nach hinten ergriff.

Als ich zur Einheit zurückkam, war ich überrascht und sah mit Unverständnis, daß sie sich im Stellungswechsel befand, obwohl in Kürze mit anrückenden Panzern zu rechnen war. Das Ganze glich einem gestörten Ameisenhaufen. Mir taten die zurückbleibenden Menschen leid und vor allem die Frauen, die auf dem Hof des großen Gutes herumirrten. Für sie gab es keine Möglichkeit zur Flucht mehr. Ich erwischte noch eine Henschel-Zugmaschine von uns, die mit einer angehängten 8,8-Kanone aus dem Dorf fuhr. Es gelang mir, auf das Trittbrett an der Fahrerkabine zu springen. Die Straße stieg leicht an, und die Henschel kam mit ihrer Last nicht in Fahrt. Da tauchte nicht weit hinter uns, aus dem Dorf kommend, ein Panzer auf. Wir boten ihm ein großartiges Ziel. Kurz darauf krachte ein Volltreffer. Die Wirkung muß schlimm gewesen sein. Da ich vorn stand, konnte ich nicht sehen, was er angerichtet hatte. Auf dem offenen LKW saß mindesten die Bedienungsmannschaft des Geschützes. Ich sprang in den Straßengraben und kam geduckt zum Ende der Steigung. Dort war eine Straßenkreuzung, und auf der einen Seite lag ein kleines Gehöft. Neben einem der Gebäude, gut gedeckt, war eine 8,8 von uns in Stellung gegangen und hatte drei anrückende Panzer getroffen. Damit war der Vormarsch einstweilen gestoppt. Aufgeregt sprang ein Major vom Heer herum und wollte mich zum Abschnittskommandeur bestimmen. Ich ignorierte ihn und ging zu unserem Geschütz. Etwas seitlich von ihm kniete ich mich nieder, um alles beobachten zu können. Wir visierten weitere Panzer an und bemerkten nicht, daß der zuerst getroffene nicht voll außer Gefecht gesetzt war. Von ihm bekam unsere Geschützstellung einen schweren Treffer. Zum Glück hockte ich da und hatte die Arme vor dem Bauch. Ein Splitter der Granate durchschlug meine Uniform und blieb unterhalb des rechten Ellenbogens im Arm stecken. Hätte ich meine Arme in diesem Moment nicht vor dem Leib gehabt, wäre der Splitter in meinen Bauch gedrungen und ich wenig später sicher elend verschieden. In dem ersten Schmerz und der Bestürzung über das Geschehene glaubte ich vorübergehend, das gar nicht so ernst nehmen zu müssen. Was es noch für Verluste gab, konnte ich in dem Durcheinander nicht wahrnehmen. Dem dringenden Rat eines plötzlich aufgetauchten Arztes folgend, machte ich mich auf den Weg nach Jauer in das Lazarett, immer den verwundeten Arm haltend. Es war ein Marsch von mindestens acht Kilometern in der beginnenden Dunkelheit.

Das Lazarett in Jauer war nur ein Provisorium, eingerichtet im Keller einer Schule. In ihm war Hochbetrieb. Dem Ankommenden erschien alles wie ein heilloses Durcheinander. Es wurde überlagert von dem Schreien und Stöhnen der Verwundeten. Die auf dem Boden herumliegenden amputierten Glieder und die hektische Atmosphäre gaben eine Ahnung vom Ausmaß des Geschehens. Meine Verwundung fand überhaupt keine Beachtung. Ich landete unbehandelt auf einem der Behelfsbetten in den oberen Räumen der Schule. Am nächsten Tag kam endlich ein Sanitäter und verpaßte mir eine Spritze. Die Menge des Tetanusimpfstoffes, die einer bekommen müßte, wurde auf mehrere verteilt und blieb praktisch ohne Wirkung. Als wir nach vier Tagen, ohne einen Arzt gesehen zu haben, in einen Zug verladen wurden, halb Verwundeten- und halb Flüchtlingszug, der nach Thüringen gehen sollte, war es mir elend zumute. Kein Verlangen mehr nach Essen, die Füße so geschwollen, daß kein Schuh paßte. Ich war in einem schlimmen, passiven und fatalistischen Zustand. Es war kein bequemes Reisen. Immer mehr Flüchtlinge, besonders Frauen mit Kindern, drängten in die Waggons. Ich hatte mir vorgenommen, wenn der Zug Leipzig berührt, auszusteigen. Er fuhr wirklich durch Leipziger Randgebiete, aber ich war nicht mehr in der Lage, einen Entschluß zu fassen und tatsächlich wegzugehen Mir war alles gleichgültig geworden. Als der Zug auf dem Weißenfelser Bahnhof hielt, gingen Ärzte durch die Waggons und holten Verwundete heraus. Mich schafften sie sofort ins Krankenhaus. Beim Ausziehen zum Duschen, sah ich meinen rechten Arm an. Er war fast bis zur Schulter geschwollen und hatte eine dunkle graublaue Färbung angenommen. Wenig später lag ich auf dem Operationstisch im alten Weißenfelser Krankenhaus. Mir war nicht wohl. Ich hatte Angst um meinen rechten Arm. Nebenan unterhielten sich die Ärzte, und ich konnte hören, wie sie über die eingetretenen Zustände schimpften. Nach der Operation - zum Glück

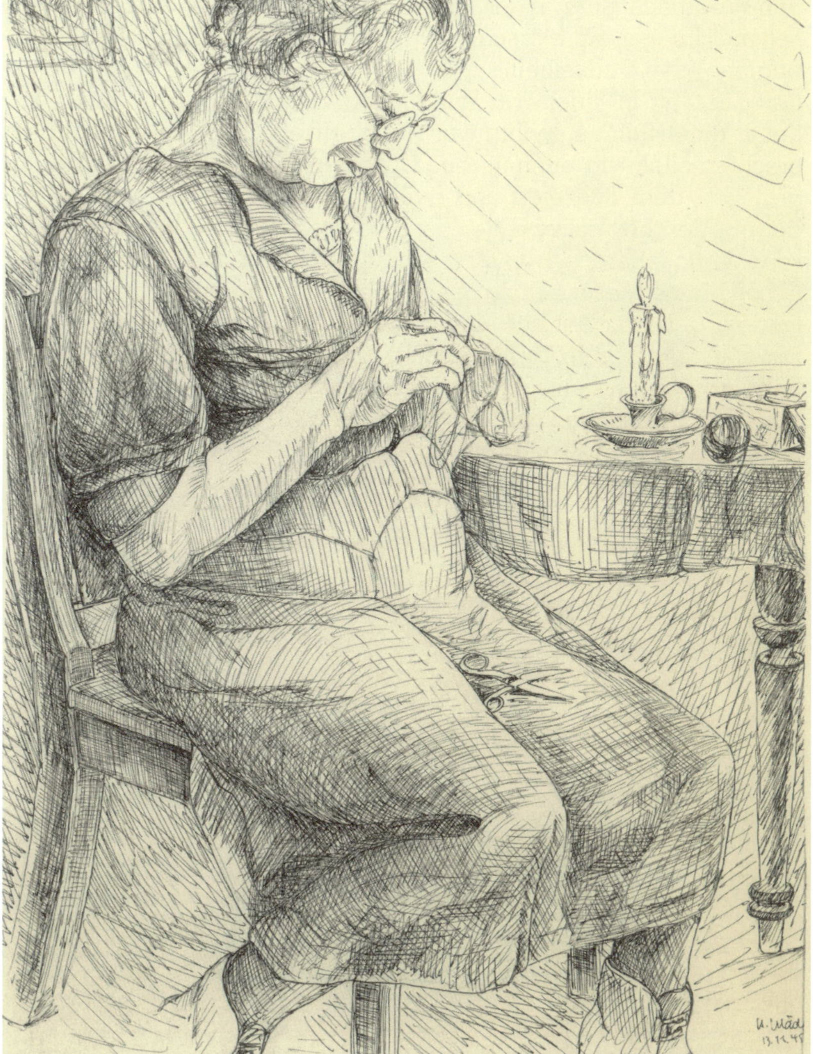

war der Arm noch dran - lud man mich auf einen hohen, zweirädrigen Karren. Auf ihn war ein Krankenbett montiert mit einer Plane über dem Kopfteil. So schob man mich durch die nächtliche Stadt. Mir kamen Erinnerungen an meine Mutter, die hatte man damals nach dem vorhergegangenen Krieg auf gleichartigem Gefährt schwerkrank ins Diakonissenhaus nach Lindenau geschafft, wo sie dann starb.

Das Lazarett, in das ich kam, war in einem großen Saal eingerichtet worden. Schumanns Garten hieß das Ganze, und in freundlicheren Zeiten hatte man dort getanzt. Danach war mir jetzt nicht zumute. Obwohl manche Schwester, braune oder die vom Roten Kreuz, mich dazu unter anderen Umständen angeregt hätte. Man bekam seine Ruhe und konnte es gut aushalten. Das wichtigste war der behandelnde Arzt. Zum Glück war es ein älterer, beleibter Stabsarzt, ein Mann von Ruhe und Bedächtigkeit, kein Aktionist. Er hatte Geduld und setzte auf meine Abwehrkräfte. Andere schnitten an den Gliedern und Händen herum, um Wege für den Eiter zu schaffen. Sie richteten oft mehr Schaden an, ohne den Heilungsprozeß zu beschleunigen. Dieser Arzt ließ meiner Natur die Zeit, die sie brauchte, um sich durchzusetzen. Es dauerte, bis positive Zeichen sichtbar wurden. Dabei ging der Winter zu Ende und mit ihm das Dritte Reich. Der Frühling kam näher und die Armee der Amerikaner ebenfalls. Die Sonne lockte zu Spaziergängen und Aufenthalten an der Saale. Ich widerstand diesen Verlokkungen nicht. Oft genoß ich in Begleitung einer mir sympatischen Krankenschwester diese ersten schönen Stunden des Jahres.

Während eines abendlichen Bummels durch eine wie ausgestorbene Stadt sah ich Gestalten, denen zur Zeit Gestaltlosigkeit sicher lieber gewesen wäre, schöne und repräsentative Schilder abschrauben, deren Solidität und Glanz verrieten, daß sie für eine viel längere Zeit in der Öffentlichkeit präsent sein sollten. Kurz vor dem Einmarsch der Amerikaner kam es zu Plünderungen von Wehrmachtslagern. Zum Glück konnte ich trotz meiner Verwundung daran teilnehmen. Ich mußte nur vorsichtig sein. Es galt, Fleischkonserven und andere Lebensmittel zu erkämpfen. An Bekleidung und anderen Gebrauchsartikeln war ich nicht interessiert. Dabei zu sein und mitzumachen, war nicht ganz ungefährlich, aber selbstverständlich. Die Massen drückten und schoben

ohne Rücksicht aufeinander. Es wurde manches zertreten und mehr gehamstert, als man brauchen konnte. Abnehmer gab es genügend. Da nicht klar war, ob es beim Einrücken der Amerikaner zu Kampfhandlungen kommt oder nicht, mußten wir das Lazarett verlassen und fanden Sicherheit in einem großen, in den Berg gebauten Gewölbe einer Weißenfelser Brauerei. Wie es sich herausstellte, war die Maßnahme unnötig. In das Lazarett zurückgekehrt, konnten wir nicht mehr lange seine Geborgenheit genießen. Es hieß, unsere Verletzungen brauchten nur noch ambulant nachbehandelt zu werden, deshalb würden wir entlassen. Natürlich freuten wir uns.
Einer meiner Bettnachbarn war dem zuvor gekommen und abgehauen. Er war Bauer, hatte in Schlesien ein ziemllich großes Gut und wollte sich zu ihm und seiner Frau, von der er oft erzählte, durchschlagen. Im Lazarett hatte er es nicht mehr ausgehalten. Ihn zerfraßen schon lange Angst und Sorge um Hof und Familie. Er schaffte es rechtzeitig, daheim zu sein, um den Auszug aus der Heimat nicht nur seiner Frau überlassen zu müssen. Sie landeten später in Sachsenburg an der Zschopau, wo er eine Neubauernstelle bekam. Ich besuchte ihn mehrmals.
Wir glaubten wirklich, frei zu kommen. Und als wir am 20. April das Lazarett verlassen mußten, um auf einen amerikanischen LKW zu steigen, hatten wir zum Schutz gegen das Aprilwetter nichts an Bekleidung mitgenommen. Wie wir bald merken sollten, erwies sich das als eine schmerzliche Unterlassung aus naiver Gutgläubigkeit. Am ersten Abend lud man uns nach kurzer Fahrt in einem Schuppen auf dem Naumburger Kasernengelände ab. In der Frühe ging die Fahrt auf dem offenen LKW bei heftigem Schneeschauer weiter bis in die Gegend des Eichsfeldes. Dort ließ man uns im Freien auf einem von Regen und Schnee aufgeweichten Feld stehen. Wir waren zu dritt aus dem Lazarett entlassen worden, waren in etwa gleicher persönlicher Situation und hielten zusammen. Meine Wunde war noch nicht ganz geheilt. Der zweite, ein etwas kleinerer, kräftiger Ostpreuße, hatte Schußbruch im Schienbein, auch noch nicht verheilt, und dem dritten wuchs nach einer Verbrennung im Panzer frische junge Haut auf beiden Händen nach. Er war besonders schlecht dran; denn bei diesem naßkalten Wetter, platzte die Haut immer wieder auf. Wir versuchten

ständig, die Verantwortlichen auf uns aufmerksam zu machen, doch hatten wir damit keinen Erfolg. In der Nacht ging es weiter, bis man uns am Morgen auf freiem Gelände absetzte. Wir merkten, daß die Amerikaner dabei waren, hier ein Gefangenenlager einzurichten. Laufend kamen neue Transporte mit Gefangenen. Man warnte uns, das Gelände zu verlassen, weil sofort geschossen werden würde.
Wir befanden uns nicht weit vom Ufer des Rheins entfernt, in der Nähe von Remagen. Es war notwendig schnell auf diesem freien Gelände einen wohnlichen Platz zu schaffen, auf oder in der Erde. Das letztere war das bessere, um etwas geschützt vor dem Wetter zu sein, vor allem beim Schlafen. Das gelang natürlich nur ungenügend. Man hatte uns bewußt falsch informiert. Wir besaßen nichts, weder Mäntel, noch Decken. Nach geraumer Zeit wurden einige Zelte aufgestellt. Wegen unserer Wunden durften wir einen Platz darin belegen. Der tägliche Essenempfang war keine Verteilung, sondern ein Existenzkampf um die Ration. Es ging ums Überleben. Ich weiß nicht mehr, wieviel Mann sich ein kleines Brot teilen mußten. Unter zehn waren es nicht. Dazu gab es später Milchpulver und Zucker, etwa einen Teelöffel voll. Beim Verzehr der erhaltenen Rationen habe ich mich streng diszipliniert. Mir war sofort klargeworden, daß nur eiserne Selbstzucht, Energie und ein harter Wille helfen konnten, das Lager zu überleben.
In diesen Tagen war ein Gerücht in aller Munde, das manchen vielleicht etwas aus der Lethargie herausholte. Es war in dieser trostlosen Situation viel Wunschdenken bei jenen, die daran glaubten: "Es geht bald los, mit dem Westen gegen Rußland!" Ich weiß nicht, ob dieses stimmungmachende Gerücht wirklich und absolut aus dem Nichts gekommen ist. Wenn Churchill später den Ausspruch getan haben soll: "Wir haben das falsche Schwein geschlachtet", läßt sich durchaus annehmen - der spätere Gang der Dinge beweist es - daß erste Zweifel an der Richtigkeit der vereinbarten Abmachungen für die Nachkriegszeit kamen. Besonders durch die unterschiedliche Auslegung des Ausgehandelten von Jalta.
Nach einiger Zeit wurden täglich Kolonnen arbeitsfähiger Gefangener zusammengestellt für Arbeitseinsätze in den westlichen Siegerländern. Sie wurden oft geschlagen und mißhandelt, wenn sie

beim Verlassen des Lagers an der Wache vorbeimarschierten. Die Verteilung der Verpflegung gelangte in geordnetere Bahnen, aber viel größer wurden die Portionen nicht. Trotz der mir selbst verordneten Eßdisziplin bin ich einmal, als ich im Zelt aufstehen wollte, vor Schwäche bewußtlos umgefallen. Noch kritischer wurde es, als die Gefangenen des letzten Aufgebotes anrückten, diese Jungen und Alten, die bestimmt gewesen waren, die totale Niederlage zu verzögern. Mit ihnen kamen Krankheiten und später auch der Tod ins Lager. Sie hatten weder Ausbildung noch Erfahrung im Überlebenskampf des Krieges und auch nicht im Anpassen und Einstellen auf ungewöhnliche Zustände. Hilf- und hoffnungslos fühlten sie sich der Situation ausgeliefert. Es kam die Zeit, wo man ängstlich auf den Donnerbalken ging. Hier merkte man, ob noch Möglichkeit und Zuversicht bestanden oder nicht, aus diesem Lager herauszukommen.

Langsam wurde es wärmer, und blättrige Kräuter wuchsen im Gras. Sie wurden eine willkommene Bereicherung meiner Speisekarte als frühes Gemüse und Vitaminträger. Anfang Juni hörten wir etwas über bevorstehende Entlassungen. Das wurde wieder in Frage gestellt durch Informationen über den Abzug der Amerikaner aus Leipzig und Mitteldeutschland. In diese, als sowjetische Besatzungszone ausgewiesenen Gebiete dürfe niemand repatriiert werden, hieß es. Wir, mein ostpreußischer Kumpel und ich, gaben Weißenfels als Entlassungsort an und hatten Glück. Der dritte wollte in die Berliner Gegend. Wie es bei ihm ausgegangen ist, weiß ich nicht. Der Ostpreuße beabsichtigte nicht, in seine Heimat zu gehen. Seine Frau war mit den Kindern nicht geflohen, sondern trotz der russischen Besetzung dort geblieben. Für ihn war dieses Kapitel abgeschlossen, und er hatte sich in seiner langen Lazarettzeit mit einer Weißenfelserin liiert.

Ich hatte dort der mir vertraut gewordenen Schwester vom Roten Kreuz meine persönlichen Habseligkeiten zur Aufbewahrung übergeben. Am 18. Juni wurden wir verladen, und dieser Zug voll entlassener Gefangener brachte uns nach Weimar. Ein Halt in Frankfurt am Main bleibt mir unvergeßlich. Es war ein kleiner Bahnhof, eng von hohen Wohnhäusern umstanden. Als Entlassene sich außerhalb der Wagen aufhielten und auf den Bahnsteigen standen, warfen Anwohner Brotstücke aus den Fenstern. Der

Kampf nach diesen Brocken entsprach keinem menschlichen Verhalten mehr. Das anzusehen, machte betroffen, und Scham stieg hoch.

In Weimar wurden wir ausgeladen und in eine von Amerikanern besetzte Kaserne gebracht. Ich wollte endlich raus und weg. Irgendwie schaffte ich es, mir einen kleinen Zettel zu besorgen, der handbeschrieben mir erlaubte, durch das Tor zu gehen. Ich kehrte nicht wieder zurück. Das Kapitel Soldat war abgeschlossen. Es hatte meine besten Jahre gekostet. Zum Philosophieren, zum Nachdenken darüber, war keine Zeit. Ich war allein und mußte sehen, wie ich weiter kam, ohne Ahnung, was mich erwartete. Es lag soviel Unbekanntes vor mir.

Im einzelnen weiß ich nicht mehr, wie ich nach Weißenfels gekommen bin. Zuerst versuchte ich es auf dem Güterbahnhof mit einem Zug. Das klappte nicht. Bei den herumfahrenden Autos sah es aus, als säßen ehemalige Insassen des KZ Buchenwald darin. Sie nahmen keine Notiz von mir. Ich bin viel marschiert, und ab und zu glückte es, ein Stück mitgenommen zu werden. Ich suchte in Weißenfels meinen Leidensgenossen auf. Während der Entlassung waren wir getrennt worden, und er war früher dort angelangt. Er wußte, wo ich die Krankenschwester, der ich meine Sachen anvertraut hatte, finden konnte. Am nächsten Vormittag machten wir uns auf den Weg. Er führte aus Weißenfels heraus und an einem Bach entlang, an dem große Kastanienbäume standen. Es war ein schöner junger Sommertag. Nichts von dem schlimmen Vergangenen war zu spüren und zu sehen. Für mich war es eine heile Welt voll jungem, saftigem Grün. Dieser freie, kurze Spaziergang wurde zu einem beeindruckenen Erlebnis nach dem Erduldeten der vergangenen Jahre. Die ersten Häuser des Dorfes kamen bald in Sicht, und da es Mittagszeit war, ungünstig für einen ersten Besuch, kehrten wir im Dorfgasthof ein. Wir fragten nach einem Mittagessen, und zu unserem Erstaunen bekamen wir es auch: Salzkartoffeln mit Spiegeleiern und grünem Salat. Wir hatten nicht ernstlich daran geglaubt, etwas zu erhalten und wollen nur die Zeit vergehen lassen. Es war wie im Märchen. An Einzelheiten dieses ersten Besuches in Untergreißlau kann ich mich nicht erinnern. Ich glaube, wir haben uns nicht lange aufgehalten, weil ich am Nachmittag noch mit dem Zug nach Hause, nach Böhlitz-Ehrenberg fahren wollte.

Es war keine schöne Heimkehr. Mein abgemagerter Zustand, der verwundete rechte Arm und die verschlissenen, verdreckten Wehrmachtsklamotten auf dem Leib waren alles, was ich mitbrachte. Die Verhältnisse, die ich zu Hause vorfand, waren auch nicht glücklich. Wir hatten alle überlebt, das war viel, sehr viel sogar. Wir hatten noch eine unversehrte Wohnung. Auch das war am Ende dieses Krieges nicht selbstverständlich. Alles andere mußte sich finden, aber wie? Meine Schwester war arbeitslos. In den letzten Kriegsjahren hatte sie in ihrem Betrieb, dem Metallgußwerk, die Aufgabe, die französischen Kriegsgefangenen zu betreuen, die dort arbeiten mußten. Durch ihren Aufenthalt in der Schweiz sprach sie perfekt französisch. Dieser Fakt genügte den Kommunisten, sie zu entlassen. Meine Mutter war schwer zuckerkrank. Bei meinem Vater hatte sich schon vor dem Krieg ein Gehirnleiden, wahrscheinlich ein Tumor, bemerkbar gemacht. In den letzten Jahren hatte es sich verschlimmert. Er war ein Pflegefall, ich ein Invalide. Mein Arm mußte nachbehandelt werden, um an Beweglichkeit zu gewinnen. Alles Geld auf den Sparbüchern war gesperrt, praktisch war es verloren. Da niemand von der Familie arbeiten konnte, bekamen wir nur Lebensmittelkarten der untersten Kategorie. Etwas hatten wir noch, was zu dieser Zeit sehr wertvoll sein konnte: unseren Schrebergarten am Waldrand und ein kleines Stück Feld an der Straße nach Gundorf. Es waren etwa zweihundert/dreihundert Quadratmeter. Meiner Mutter lag eine gute Ernährung und Versorgung der Familie immer sehr am Herzen, und sie hatte dazu beigetragen, wo immer sie konnte. Hinter unserer kleinen Holzlaube im Garten war ein Kaninchenstall eingerichtet. Mitunter hielt sie sogar eine Ziege darin, eine Zumutung für das Tier. Neben anderem Futter war dazu auch Heu notwendig. Eine Sense zum Grashauen war vorhanden, folglich mußte ich eines Morgens gleich mit ihr in den Wald gehen, um dort Gras zu mähen, wo wir eine Erlaubnis dazu besaßen. Es war ein Stück altes, ausgetrocknetes Flußbett der Luppe, rings von Weiden und Gebüsch umgeben. Keine Ahnung hatte ich, wie ich mit der Sense umgehen mußte. Es war ein schöner Sommermorgen, die Sonne wurde immer heißer, in meinem Flußbett die Luft immer

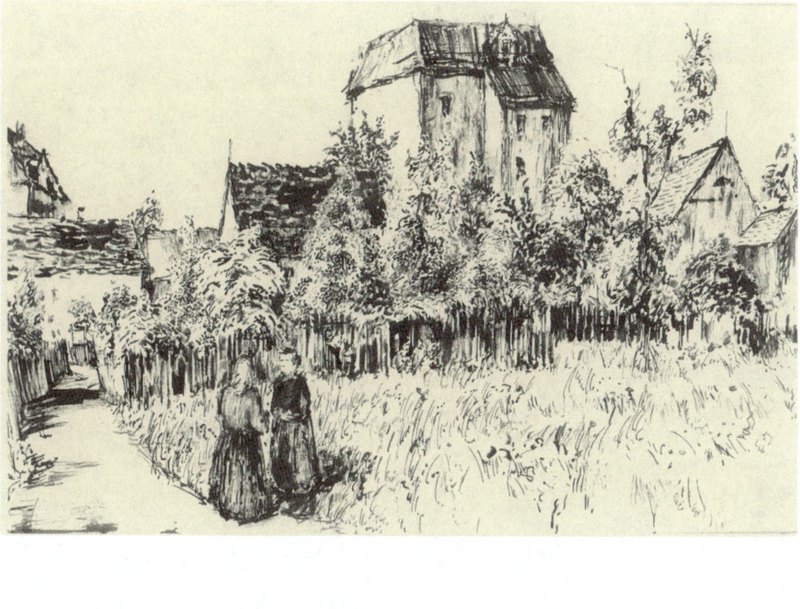

schwüler, die Mücken tanzten in Schwärmen um meinen bloßen, schweißnassen Körper. Es war eine Qual: die Sense nicht scharf, der Tau auf dem Gras getrocknet, das Gras duckte sich und verlachte mich, wenn ich mit Kraftaufwand, statt mit Geschick, die Sense darüberfahren ließ. Die Ausbeute stand in einem lächerlichen Verhältnis zur Anzahl der Mückenstiche und des Energieverbrauches. Die Laube im Garten wurde Scheune und Lager für alle Hamsterwaren. In der Aue und im Wald hatte man zum Teil aus Wiesen Felder gemacht. Dadurch konnte man, gedeckt vom Waldrand, bequem Ähren abschneiden oder ganze Getreidegarben in den Sack stecken. Damit ging es aufs Rad und ab in die Laube. Meine Schwester half fleißig mit. Eines Tages fuhr ich auf der Suche nach Gemüse bis Güntersdorf. An einer Gärtnerei hatten sich allerhand Radfahrer versammelt. Die Aussicht, etwas zu bekommen, schien gut. Man mußte nur warten können. Plötzlich kamen Russen, und jeder von ihnen nahm einem Wartenden das Fahrrad weg. Zum Glück verstanden sie davon nicht viel, sonst hätten sie bestimmt meines genommen.

Eines Morgens, der Herbst war schon da, ging ich mit meinem Onkel in den Wald, wir beide mit Säge und Beil ausgestattet. Wir wollten einen Baum holen. Der Winter nahte, und man mußte vorsorgen. Wir fanden einen passenden, einen, den wir gerade noch fortbringen konnten. Er wurde umgelegt, und wir machten uns auf den Rückweg. Als wir einen Polizisten bemerkten, der uns folgte, erhöhten wir das Tempo. Er auch. Für ihn war es natürlich leicht, uns einzuholen. "Mensch Richard", sagte er zu meinem Onkel, "warum reißt ihr denn aus? Ich wollte euch doch helfen." Er wohnte im Haus meines Onkels und gehörte zu den neuen Ordnungshütern unseres Ortes, alles stramme Kommunisten von früher. Ihre Vorgänger waren auch bei uns wie überall entlassen worden. Schade, daß ich keinen mehr von den oft sehr bösartigen Polizistenwitzen weiß, die auf Grund des Intelligenzquotienten mancher der neuen Uniformträger Mode wurden.

Das Hamstern und andere Methoden zur Schließung unserer Versorgungslücken, waren nicht meine einzige Tätigkeit. Schon seit Jahren kannte ich die Praxis eines renommierten Orthopäden. Zu ihm ging ich wegen meines Armes. Zur Behandlung fuhr ich mit der Straßenbahn ins Stadtzentrum. Außer Trümmern gab es dort nichts zu sehen. Eines Nachmittags mußte die Straßenbahn vor den "Drei Linden" an der Einfahrt zur Lützner Straße halten. Truppen der neuen Besatzungsmacht marschierten ein, von der Stadt über die Lützner Straße zu den Kasernen in Schönau. Mit Pferden vor den Panjewagen und allem möglichen und unmöglichen Krempel, den sie mit sich führten. Das sah nicht aus wie eine siegreiche Armee. Es war kein schöner Anblick. Aber was war in dieser Zeit schon schön? Mir ging es ausgesprochen dreckig. Einkommen hatte ich nicht, und das Sparbuch war gesperrt. Das Verhältnis zu meiner Stiefmutter war auch nicht mehr so gut wie früher. Ihr paßte meine kritische Einstellung gegenüber den sich etablierenden neuen Machthabern nicht. Sie hatte für sich und meinen Vater sofort den Eintritt in die wieder zugelassene SPD vollzogen. Ich zögerte.

Trotz aller Not ringum, hatten wir einigermaßen genug zu essen. Meine größte Sorge, und was mich ständig beschäftigte war die Frage: Was soll aus mir werden, was fange ich an, was will ich eigentlich? Ich wußte nur, was ich nicht wollte: nicht wieder am Chemigraphenpult sitzen und nach Vorlagen arbeiten, die andere angefertigt hatten. Außerdem hätte ich mit meiner versehrten Hand im Arbeitsablauf eines Betriebes kaum mithalten können, sonst wäre es das Einfachste gewesen, dort wieder anzufangen, wo ich 1937 aufhören mußte. Die Firma hätte mich wahrscheinlich trotzdem gern genommen. Meine Sondierungen und Wünsche gingen in die unterschiedlichsten Richtungen. Die neuen Machthaber, russische und deutsche Kommunisten, hatte so gut wie alles entlassen, was in beamteten oder anderen staatsnahen Diensten gewesen war, rigoroser und konsequenter als die Nazis 1933. Deshalb begann die Aktion "Neulehrer". Ich war nicht begeistert von der sich bietenden Aussicht, aber ich dachte: "Versuch es" und schrieb einen Antrag. Als ich das Ergebnis abholte, übergab es mir ein gut aussehender Mann mittleren Alters mit den Worten: "Es tut mir leid, Sie wurden abgelehnt. Ich kann diese Entscheidung nicht verstehen." Traurig war ich darüber nicht. Meinem Eindruck nach war dieser Mann einer von den ahnungslosen Sozialdemokraten, die bald selbst abgelöst wurden. Meine Zeugnisse waren von der Volks- bis zur Berufsschule sehr gut. Auch die Arbeitszeugnisse waren so, und in einer NS-Organisation bin ich nie gewesen. Es mußte doch einen Sinn haben, wenn man ehemalige kleine HJ-Führer dafür auswählte und mich nicht. Natürlich hatte es einen Sinn. Ein mit Führerverehrung erzogener junger Mann ist für Kindererziehung in einer Diktatur bestimmt geeigneter, als einer, dem Demokratie etwas bedeutet! Ungefähr ein Jahr später begegnete mir einer der ersten strammsten und fanatischsten SA-Männer von Böhlitz-Ehrenberg mit einem großen Abzeichen der deutsch-sowjetischen Freundschaft. So etwas gab Anlaß zum Nachdenken, machte mich zunehmend mißtrauisch und skeptisch. Mit der Zeit wurde es zur Gewißheit, daß alles anders kam, als viele erwartet hatten.

Es war schon Oktober 1945, als ich meinem ehemaligen Zeichenlehrer von der Gutenbergschule einen ratsuchenden Besuch abstattete. Die Nazis hatten ihn wie die übrigen "gleichgeschaltet" und im Amt gelassen. Bei den Amerikanern stieg er zum Direktor auf. Er bot mir sofort an, als Fachlehrer bei ihm zu bleiben. Zum Glück hatte ich dazu nicht viel Lust. Wenig später wurde er von den Russen mit allen anderen in die Wüste geschickt. Er war ein guter Zeichenlehrer und Pädagoge. Einen Rat gab er mir noch: "Du warst doch immer gut. Mit deinem Talent versuche es doch an der Akademie." Er spürte, daß mir der Sinn nicht nach Pädagogik stand und machte mir Mut, an der Akademie für graphische Künste und Buchgewerbe, wie sie zunächst noch hieß, ein Studium zu beginnen. Von mir aus hätte ich diesen Schritt nicht gewagt. Ich ging also dorthin und bewarb mich.

Das Wintersemester hatte bereits begonnen, aber es bestand noch die Möglichkeit, aufgenommen zu werden. Zeichnungen sollte ich vorlegen, besonders von Händen und Köpfen. Was ich mitbrachte genügte, und ich konnte anfangen. Die Grundstudienklasse, zu der ich kam, war ein kleiner, bunter Haufen. Lehrer war Prof. D. Seine Spezialität war vor allem das Porträtzeichnen nach Modell. Er sah seine Aufgabe eigentlich nur im Korregieren der Proportionen. Ich kann mich an einen Vortrag erinnern, den der langjährige Direktor der Akademie damals gehalten hat. Es war Prof. Walter Tiemann, ein international bekannter Schriftkünstler. Ihm ging es um die Formulierung liberaler und demokratischer Grundsätze im Verhalten des Staates zur Kunst. Offensichtlich waren das Haltungen und Überlegungen, die aus der Zeit vor 1933

stammten, und die er glaubte, wieder verkünden und zum Maßstab des Handels machen zu können. Doch es kam anders. Die Akademie wurde Ende 1945 geschlossen und alles entlassen, was darin gelehrt und gearbeitet hatte. Nur der Hausmeister blieb.
Was tun bis zur geplanten Wiedereröffnung? - In Böhlitz-Ehrenberg war eine Firma, die besonders Werbesachen im Flachdruck herstellte. Ich bewarb mich um eine zeitweilige Arbeitsstelle als Volontär. Es klappte, was für mich sehr günstig war. Dort konnte ich Kenntnisse sammeln in der Lithographie und hatte eine anerkannte Arbeit.
Mein Freund Th. überlebte den Krieg ebenfalls. Die Kontakte zwischen uns waren währenddessen nicht abgebrochen. Uns war das Glück zuteil geworden, in den Kriegsjahren einige Male gleichzeitig in Leipzig gewesen zu sein. Er hatte 1940 geheiratet. Seine Frau war Dresdnerin und studierte in Leipzig Medizin. Nach den ersten Feldzügen absolvierte er die Kriegsakademie und machte eine ansehnliche Militärkarriere. Am Ende des Krieges war er Major i.G. Bei unserem letzten Zusammentreffen 1944 in Leipzig haben wir über das Nachher eines verlorenen Krieges gesprochen. Er war Ic im Stab der Heeresgruppe Süd und wußte gut Bescheid über die Situation an den verschiedenen Fronten und über die russischen Zustände. Ich war durch meine frühere Dienststelle nicht schlecht informiert. Gegen seine Möglichkeiten, Kenntnisse über die Kriegslage zu erlangen, war das nichts. Wir besprachen die einzelnen Kampfschauplätze. Das Resümee: die Lage an den Fronten war hoffnungslos. Nur ein Wunder konnte helfen. Doch das war nicht zu erwarten. Er hatte am 20. Juli mit einem Bataillon vor Berlin gestanden, um mit einzugreifen, wenn das Attentat auf Hitler gelungen wäre. Umsonst. Mit Mühe und Glück war er anschließend unbehelligt zu seinem Einsatzort zurückgekommen. Sicher war das nur möglich im Einverständnis mit höheren Chargen des Stabes, in dem er Dienst tat.
Damals sagte mein Freund mir, Rußland habe er so gut kennengelernt, daß er dorthin, wo es als Besatzungsmacht herrschen würde, nicht ginge. Nach meiner Entlassung aus der Gefangenschaft und meiner Ankunft in Leipzig, bekam ich über seine Frau Verbindung zu ihm. Sie hatten nach ihrer Hochzeit eine Wohnung in der Nähe der Gohliser Kasernen bekommen, wo sie mit der Tochter

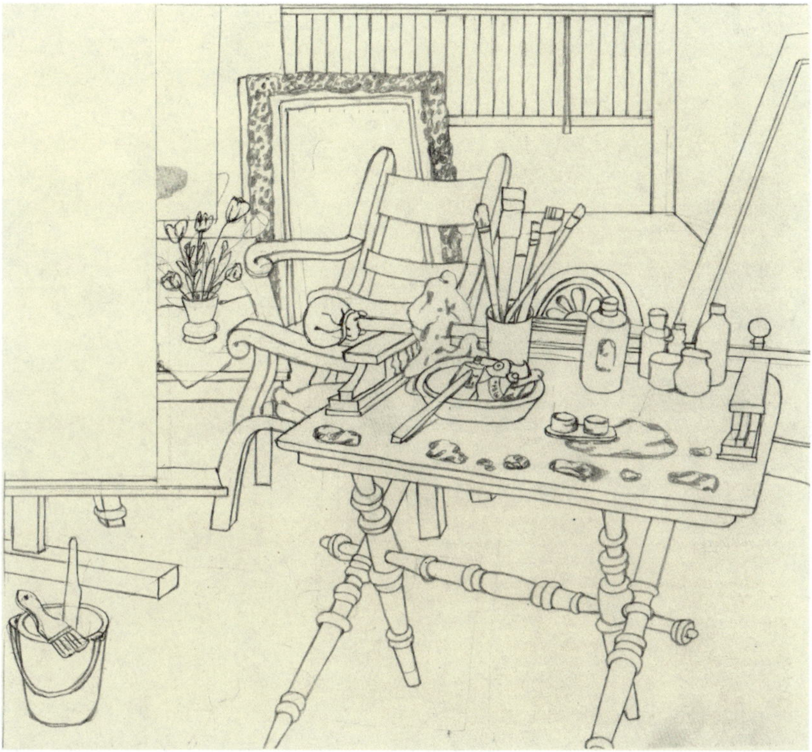

wohnte. Mein Freund war von seinem letzten Einsatzort im Nordwesten Deutschlands sofort in die englische Besatzungszone gegangen, ohne Leipzig zu besuchen. Er wollte seine Frau sobald als möglich nach dem Westen holen lassen. Ich besuchte sie ab und zu, und wenn ich konnte, gab ich auch einmal etwas für den Speiseplan. Er schickte mir allerhand Medizin gegen Geschlechtskrankheiten mit der Empfehlung, sie an die Russen zu verkaufen. Leider war ich zu ungeschickt für solche Geschäfte. Seine Mutter, die im Leipziger Osten mit ihrem Milchladen ausgebombt war, wohnte auch in Gohlis. Er holte sie später ebenfalls nach dem Westen. Von ihr erfuhr ich, daß sich russische und ostdeutsche Militärs bei ihr nach ihrem Sohn erkundigt hätten. Auf seine Bitte, die er mir mitteilen ließ, erkundete ich eine Spedition, die bereit und in der Lage war, seine Wohnungseinrichtung illegal über die Grenze zu schaffen. In dieser Zeit war noch nichts verstaatlicht. In der Ritterstraße wurde ich fündig. Mit dem Angebot fuhr ich an die Zonengrenze Richtung Göttingen. Ich glaube, es war Leinefelde, wo ich ausstieg und sofort geschnappt wurde. Man befragte mich nach dem Wohin und Woher und dem Zweck meiner Reise. Ich antwortete, wie mit meinem Freund vereinbart. Scheinbar waren die Antwort und der Name, den ich nannte, nicht nach ihrem Geschmack. Damals kontrollierten noch die Russen die Grenze. Sie ließen mich trotzdem laufen, und bald war ich am Ziel.
In der Zwischenzeit hatte er Frau und Tochter kommen lassen, und sie wohnten zu dritt sehr beengt in einem bäuerlichen Haus. Ich war nur kurze Zeit dort. Es gab kein bißchen Trübsal, aber viel Kartoffelsalat. Wir hatten Spaß miteinander, bevor der Ernst der Rückreise begann. Ihm wäre es lieb gewesen, wenn ich bald und für immer zurückgekommen wäre. Er arbeitete wieder als Chemigraph in Göttingen. Ich hätte dort ebenfalls anfangen können mit der Perspektive, die Firma bald zu übernehmen. Der Chef war alt, und hatte keinen Nachfolger. Mein Freund besaß andere Perspektiven und gedachte, den Beruf bald wieder aufzugeben. Ich hatte keine Lust, das Angebot anzunehmen. Damals ahnte ich nicht und konnte nicht wissen, daß solche Entscheidungen Weichenstellungen für das ganze Leben sein können.
Mit fünftausend Mark und beladen mit Zigaretten machte ich mich auf den Heimweg. Mein Freund hatte Grenzposten und

Patroulliengänge ausgekundschaftet, und so robbte ich zu gegebener Zeit über die Zonengrenze, erreichte unkontrolliert den Bahnhof und Leipzig. Dort lieferte ich alles in der Spedition ab, und wir vereinbarten einen Zeitpunkt für die Bereitstellung des Möbelwagens in der Nähe der Wohnung. Mir war nicht wohl bei dem Unternehmen. Bis zum abgemachten Termin hatte ich alles verpackt und aufgelistet. Es war eine schöne Einrichtung, und der Vater der Frau, ein sächsischer Staatsbeamter, war beim Ausstatten großzügig gewesen. Der Plan war, diese Einrichtung für den Transport über die Zonengrenze auf legale Aufträge mit unterschiedlichen Bestimmungsorten zu verteilen. Es mußte drüben alles zusammengeholt werden. Das hat dann tadellos geklappt. Aber bis dahin hatte ich viele Ängste auszustehen. Der Möbelwagen mußte beladen einige Tage und Nächte auf der Straße bleiben, weil keine Zugmaschine da war, - und das in dieser Zeit in der Nähe der von Russen besetzten Kasernen.
Die Eröffnung der Hochschule für Grafik und Buchkunst, wie die Akademie jetzt heißen sollte, ließ auf sich warten. Sie erfolgte erst im Frühjahr 1946. Durch mein Hospitieren in der Flachdruckerei war ich ein in Arbeit Stehender und gut für eine etwas bessere Lebensmittelkarte. Der Winter war mit vielfältigen und für mich sehr unterschiedlichen Aktivitäten vorübergegangen. Ich merkte nicht, ob er streng war oder nicht, für mich auch nicht wichtig. Wichtiger war, daß ich an seinem Ende wußte, was ich in der nächsten Zeit sein würde: ein Kunststudent - Malen und Zeichnen als Beruf, eine Sache, die ich vor kurzer Zeit noch als absurd von mir gewiesen hätte. Die Gedanken daran bereiteten mir nicht eitel Freude. Ich sah auf diesem Weg viel Unsicherheiten, und eine strahlende Zukunft ohne Sorgen schien mir nicht gewiß. Auf jeden Fall hatte ich mich entschieden, und mein Verhältnis zu dieser neuen Situation wurde selbstverständlicher. Allerdings war meine Lage nicht so, daß ich mich gleich und ausschließlich auf das Malen stürzen konnte. Gut und notwendig wäre es bei meinem Alter schon gewesen. Andere hatten da bereits ein gut Teil ihres Lebenswerkes geschaffen. Es gab aber soviel notwendige und elementar wichtige Dinge, die einfach in dieser Zeit um des Lebens willen Priorität beanspruchten. Das waren nicht nur Dinge des Unterhalts, es waren geistige Fragen weltanschaulicher Orientierung

und Fragen menschlicher Beziehungen in einer sich hinter populären Parolen entwickelnden anderen Ordnung mit ganz neuen politischen Strukturen und gänzlich anderen Daseinsbedingungen.
Die Zuckerkrankheit meiner Stiefmutter - in diesem Fall ist die Bezeichnung ungerecht - hatte sich Anfang 1946 sehr verschlechtert. Ihre Sorge war mein Vater. Was sollte aus ihm werden, wenn sie nicht mehr für ihn da sein konnte. Seit ich wieder zu Hause war, schlief meine Schwester außerhalb unserer Wohnung in einem gemieteten Zimmer. Das Verhältnis zwischen ihr und der zweiten Frau meines Vaters hatte sich nicht viel gebessert. Am Abend des 5. April 1946 lag ich schon im Bett, als meine Mutter noch einmal in mein Zimmer trat, um nachzuschauen, ob mein Fenster geöffnet sei. Es war ungewöhnlich, aber ich habe mir dabei nichts gedacht. Als ich am Morgen des 6. April aufstand und in den Flur trat, erschrak ich über einen intensiven Gasgeruch. Er war im Korridor, in der Küche und im Schlafzimmer der Eltern. Beide waren bewußtlos. Ich drehte den Gashahn zu, öffnete die Fenster und eilte zum Arzt.
In der Praxis unseres früheren Hausarztes residierte ein mir Unbekannter. Er wollte weg und lehnte eine Hilfeleistung ab. Gegen Mittag käme ein anderer Doktor aus der Stadt, an den ich mich wenden könnte. Er stellte sich tatsächlich ein und verschrieb eine Arzenei. Ob ich sie wirklich bekommen würde, wüßte er nicht. Nach unendlich vielen Anfragen in den Apotheken erhielt ich sie endlich am anderen Ende der Stadt in der Nähe des Johannesplatzes. Als wir dann am späten Nachmittag mit der Medizin am Krankenbett standen, der Arzt und ich, zögerte er, sie zu verabreichen, und gab mir zu bedenken, ob es nicht besser sei, unter den gegebenen Umständen die Patientin weiter schlafen und einschlafen zu lassen. Die Medizin könnte für die Kranke, wenn sie am Leben bliebe, einen schlimmen und hoffnungslosen Zustand verursachen. In der Nacht starb meine Mutter, mein Vater eine Woche später. Ich mußte seine Hand für eine Unterschrift führen, damit wir, um einen Pappsarg kaufen zu können, etwas Geld bekamen. Es waren unter diesen Umständen zwei armselige Beerdigungen auf dem Gundorfer Friedhof, wo schon meine Mutter seit vielen Jahren ruhte.

Meine Schwester zog wieder in unsere Wohnung, und trotzdem wurde eine Umsiedlerfamilie bei uns einquartiert. Sie blieb nicht lange und wanderte klugerweise weiter nach dem Westen, wo es ihr bald besser erging als uns.

Der Besuch auf dem Lande, kurz nach der Gefangenschaft, war nicht der einzige geblieben. Es kam zu einer engeren Bindung zu der dort wohnenden ehemaligen Krankenschwester aus Schumanns Garten. Wenige Zeit nach meiner Rückkehr reizte die gewonnene Freiheit meinen Unternehmungsgeist, und ich beschloß mit ihr eine risikoreiche Reise zu unternehmen, die Ende des Sommers 1945 durch eine Reihe unbekannter Faktoren und Unsicherheiten bestimmt nicht langweilig werden sollte. Wir wollten nach Masserberg und Fehrenbach im Thüringer Wald. Die Bahnstrecken waren noch nicht durchgehend befahrbar. Man mußte zwischendrein immer mal ein ganzes Stück laufen. Besonders vor unserem Ziel gab es einen langen Marsch bei häßlichem Regenwetter. In Masserberg fanden wir Quartier. Mit mitgebrachten Wehrmachtssuppen, Konserven und anderem hatten wir gut vorgesorgt. Es war keine reine Erholungsreise. In Rucksäcken und Taschen befanden sich Gefäße, die wir voller Waldfrüchte mit nach Hause nehmen wollten. Eine zeitgemäße, nützliche Verbindung gab es zwischen den Eltern meiner Reisegefährtin und einer kinderreichen Familie in Fehrenbach. Hier wurden Waldfrüchte gesammelt, die wir abholen sollten, und dafür erhielten sie Getreide für ihr Kleinvieh. Etwa eine Woche dauerte es, bis genügend im Wald gepflückt war. Zwischendurch waren wir zu einem, nicht nur für diese Zeit großartigen Mittagessen eingeladen worden: Thüringer Klöße und gebratene Tauben.

In den Tagen vor unserer Abreise gab es Gerüchte über russische Aktivitäten und bereitgestellte Güterwagen in Katzhütte. Es war ein sonniger, früher Morgen, als wir bepackt loszogen. Wir waren bergauf gegangen und noch nicht weit von den letzten Häusern entfernt auf einer freien Fläche, als aus dem umgebenden Wald Trompetenstöße ertönten. Bald darauf kamen aus allen Richtungen russische Soldaten auf uns zu, und mit dem Heimweg war es vorbei. Wir mußten uns mit älteren Männern, die sie aus den Häusern geholt hatten, auf der Straße in Marschordnung aufstellen. Dann machten sie erst einen kleinen privaten Beutezug

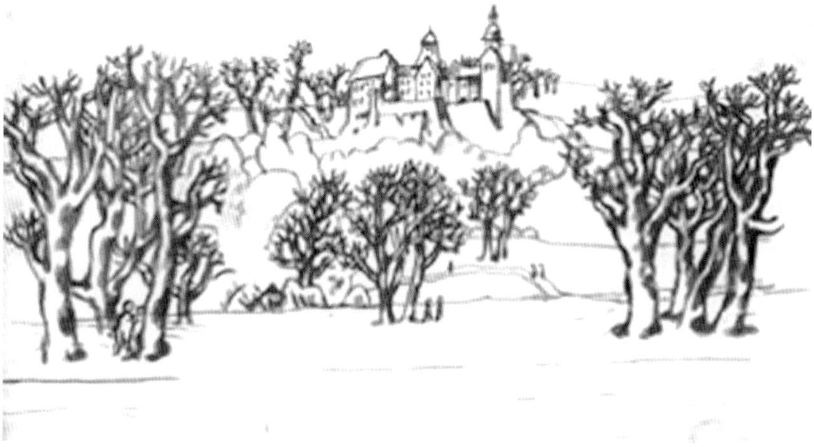

und untersuchten uns nach Dingen, die sie gebrauchen oder verkaufen konnten, bevor sie uns befahlen, nach Fehrenbach ans Spritzenhaus zu marschieren. Ich hatte eine gute Schweizer Armbanduhr, speziell für Flieger, aus dem Krieg mitgebracht. Was tun? Zum Glück stand ich im hinteren Glied, und hatte Zeit, sie in mein Taschentuch zu wickeln. Das legte ich in meine ausgestreckte Hand. Sie ließen sich täuschen. Ich war froh und steckte sie wieder ein. Vor dem Spritzenhaus in Fehrenbach machte man mit uns einige Exerzierspäße. Dann begannen die Verhöre. Meine Begleiterin war die einzige Frau und wurde als erste in das Haus geholt. Die anderen, ungefähr zehn bis zwölf, waren Männer. Ich hatte natürlich kein gutes Gefühl während ihrer Vernehmung. Dann holte man mich. Ein junger, gut deutsch sprechender Soldat führte das Gespräch. Als er mich nach Ausbildung und Beruf fragte und sich dabei zunehmend für mich interessiert zeigte, wurde es mir mulmig. Die anderen Lanzer gingen begehrlich blickend um meinen schönen norwegischen Rucksack herum. Ich war heilfroh, als wir zwei gehen durften. Die Nacht verbrachten wir im "Schwarzen Adler" in Fehrenbach und fuhren am nächsten Tag nach Hause, aber nicht von Katzhütte. Bei späteren Besuchen erfuhr ich, daß keiner der anderen Männer wieder zurückgekommen sei.

Seit Ende meiner Schulzeit war es mein Wunsch, von Zuhause weg irgendwo in der Welt allein zu leben. Immer gab es Bindungen, Verpflichtungen, Gesetze, die es verhinderten. Als es möglich wurde, kam der Krieg. Kein Wunder, daß ich noch im Herbst 1945 den Versuch unternahm, mich in Weißenfels solo niederzulassen. Es war ein aussichtsloses Unternehmen zu unmöglicher Zeit am untauglichen Ort. Wie ich abgereist war, so kehrte ich schnell wieder zurück in die elterliche Wohnung. Von da an fuhr ich oft am Wochenende mit dem Rad nach Untergreißlau und am Sonntagabend wieder zurück. Im Winter war es beschwerlich und oft nicht möglich. Manchmal klappte eine kleine Bestechung oder ein freundliches, am Schalter des Leutzscher Bahnhofes ausgesprochenes Kompliment, um eine Fahrkarte kaufen zu dürfen. Man brauchte nach dem Krieg eine amtliche Genehmigung für Bahnreisen. Und die bekam ich natürlich nicht. Ab dem Frühjahr 1946 wurden meine Fahrten in das Dorf regelmäßiger. Ich fuhr mit dem

Rad die Autobahn entlang. Sehr einsam war es dort und langweilig, die schnurgeraden Zementpisten herunterzustrampeln, besonders bei Gegenwind. Deshalb wählte ich oft die Landstraße.
Ich begann eine Sache, die für mich eine außerordentliche Herausforderung in vielerlei Hinsicht werden sollte: die vollkommene Neuorientierung meines Lebens auf ,eine dörfliche Existenz. Es hätte auch noch anders kommen können. Es kam nicht anders.
Aus den Wochenendbesuchen wurden Wochenendarbeitseinsätze. Ich konnte natürlich nur Hilfsarbeiter sein und mußte auf alles an- und hingewiesen werden. Außer gutem Willen und zunehmender Kraft hatte ich in dieser Gegend nichts anzubieten, die Umgebung jedoch für mich allerhand. Nicht weit war das Saaletal mit seiner anmutigen Landschaft zwischen Weißenfels und Naumburg, dazwischen Schloß Goseck und die Schönburg. Nach Goseck führte einer meiner ersten Erkundungsgänge bereits im Sommer 1945. Das Schloß war ausgeräumt und geplündert worden, wahrscheinlich von den Einwohnern des Dorfes. Akten und Bücher lagen noch auf dem Fußboden herum. Einen etwas lädierten Band mit Gedichten von Schiller nahm ich mir mit. Von der Terrasse des Schlosses ergibt sich ein schöner Blick auf die tief unten fließende Saale und ihr weites Tal. Von hier hatte man aus Zerstörungslust viel Mobiliar und Inventar einfach den Abhang hinuntergeworfen. Nur im Pferdestall war noch Brauchbares: viele alte, große Goldrahmen. Die interessierten mich sofort. Dumm und rechtgläubig, wie ich immer war, frug ich erst den Bürgermeister, anstatt sie einfach wegzuschaffen. Er gab sie nicht her. Vermutlich war er erst durch mich auf sie aufmerksam geworden. Nach und nach habe ich mir die nahe und weitere Umgebung mehr und mehr erschlossen, mit dem Rad und zu Fuß, an der Unstrut bis Freyburg, und an der Saale entlang bis Bad Sulza. Allzu oft war das nicht möglich; denn das mich unmittelbar Umgebende - Grundstück und Feld - ließ nicht viel Muße zu.
Das Wohnhaus im Gebäudeensemble war geräumig und ein typischer Backsteinbau dieser Gegend, vor der Jahrhundertwende gebaut, mit einfachen, aus dem Material heraus entwickelten Schmuckelementen am Straßengiebel. Scheune, Stall und später gebautes Waschhaus mit Kohleboden umschlossen mit der Toreinfahrt den nicht allzu großen Hof. Vorn im Süden wurde das

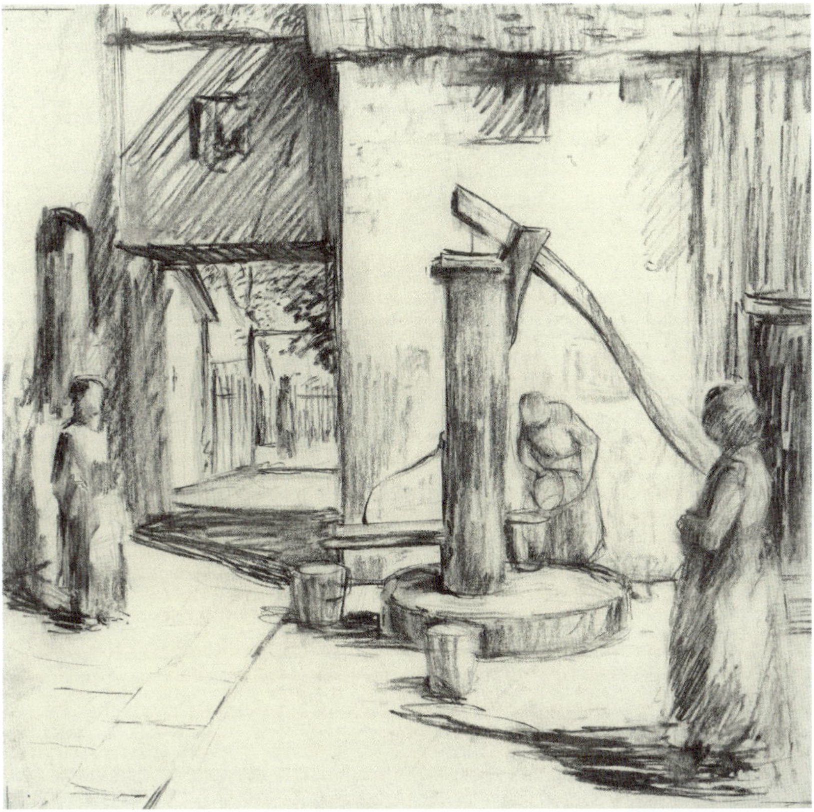

Grundstück von der Straße begrenzt. Im Westen, dem Dorfplatz zu, war ein größerer Garten, der sich hinter den Gebäuden im Norden fortsetzte und das Grundstück an dieser Seite abschloß. Dahinter war ein Wassergraben und ein schmaler Weg. Hier befand sich ebenfalls eine Ausgangstür. Sie führte in einen noch zum Grundstück gehörenden Garten und in freies, feuchtes Wiesengelände. Begrenzt wurde dieses vom Park eines ehemaligen Großgrund- und Brauereibesitzers. Er war nach dem Einmarsch der Amerikaner als Bürgermeister von Weißenfels eingesetzt worden, von den später kommenden Russen abgesetzt, enteignet und zum Arbeiten in ein Bergwerk gebracht, wo er bald starb. Sein im Park gelegenes Haus hatten ehemalige Landarbeiter des Gutes ausgeräumt und geplündert. Das beste an Möbeln holte sich der russische Kommandant.

Was ich damals über die Lebensumstände im Grundstück dachte, weiß ich nicht mehr genau, jedenfalls entsprachen sie nicht meinen bisherigen Vorstellungen und Lebensqualitäten. Irgendwie ergab sich hier eins aus dem anderen und bedingte sich gegenseitig, logisch und praktisch. Sicher war ich am Anfang etwas distinguiert und verhielt mich zu allem vorsichtig distanziert. Aber irgendwie berührte mich das Ganze mit der Zeit durch die natürliche Menschlichkeit, Toleranz und selbstverständliche Ergebenheit in die Umstände.

Ein Plumpsklo war im Stall untergebracht für alle, die im Haus wohnten. Das waren nach dem Krieg nicht wenige. Manche ließen die Tür offen, damit die Sonne auf den Bauch scheinen konnte. Der Misthaufen mit dem Jaucheloch war gleich in der Nähe. Ihn trennte von den Futterluken der Schweineställe etwa ein Meter begehbare Fläche, damit man die Tiere von außen bedienen konnte. Kaninchen und Ziegen waren zusammen in einem Stall hinter dem Waschhaus untergebracht. Über den Schweineställen hinter etwa ein Meter hohen Lattentüren befand sich Platz für Feuerholz und Gerümpel, abgedeckt durch ein schräges Ziegeldach. In Haustürnähe lag der Brunnen, ein etwa sechs Meter tiefer Schacht, die Wände aus Ziegeln. Er hatte immer viel Wasser und stellte einen Pluspunkt für das Grundstück dar; denn Wasserleitungen gab es nicht. Auf dem mit Bohlen abgedeckten Schacht stand eine alte Holzpumpe mit Schwengel. Hier holten auch verschiedene

Nachbarn ihr Wasser. Über zuwenig Leben im Grundstück und Wohnhaus konnte man sich nicht beklagen.

Das Gebäude hatte vom Hof aus zwei Eingänge. Der hintere führte durch einen schmalen Flur zum Backofen für Brot und zu einem seitlichen Wohnraum von etwa sechzehn Quadratmetern. Dieser war in jener Zeit immer mit Flüchtlingsfamilien belegt. Zum Teil brachten sie Pferd und Wagen mit und zogen bald weiter. Sofort wurden die nächsten eingewiesen. Am längsten hauste eine fünfköpfige Familie aus dem Böhmischen darin. Der Mann machte eine Schnitzstube draus und einen Versammlungsraum für andere Umsiedler aus seiner Heimat. Er schnitzte Schwalbennester und ähnliches zum Umtauschen gegen Lebensmittel. Später hatte ich viel Ärger mit der Gemeinde, weil sie dort gern, wegen des separaten Zuganges, Unbeliebte und Asoziale einquartieren wollte.

Der Haupteingang führte im Erdgeschoß zur Küche, von dort zu einem kleinen Zimmer, und vom Flur zu einer Stube. Hier wohnten die Eigentümer. Der Flur war relativ groß, und von ihm ging eine gewundene Treppe zum Obergeschoß. Im Gegensatz zu den umliegenden alten Grundstücken hatten diese Zimmer eine normale Raumhöhe. Im Obergeschoß besaßen die Besitzer noch zwei Schlafzimmer für sich und die Tochter. Der Flur war groß wie im Erdgeschoß. Drei weitere Zimmer, die den unteren entsprachen, wurden von einem älteren Ehepaar bewohnt. Zum Glück waren ihre Kinder groß und ausgezogen. Ihre kleine Küche war gleichzeitig Schusterwerkstatt. Immerzu kamen Leute, um Schuhe zu bringen, oder sie holten welche ab. Es war nicht nur viel Kommen und Gehen, sondern auch ein ständiges Hämmern und Klopfen, ein fortwährendes Schwatzen und Erzählen im Haus. Eine abgeschlossene Wohnung gab es nicht. Alle Zimmertüren führten zum Flur und standen, vor allem die Küchentüren, meistens offen. Die Kinder des Schusters wohnten zwar nicht mehr hier, kamen aber oft mit ihrem Nachwuchs und benahmen sich, als wären sie hier zu Hause. Diesen Leuten stand auch ein Teil vom Stall und von der Scheune zur Verfügung.

Die Größe der Viehhaltung wurde nur vom Eigenbedarf bestimmt. Der Schuster hatte ein Schwein und meine zukünftigen Schwiegereltern zwei, dazu zwei Ziegen, Kaninchen, Gänse und als Mitglied des Geflügelzüchtervereins natürlich Tauben und

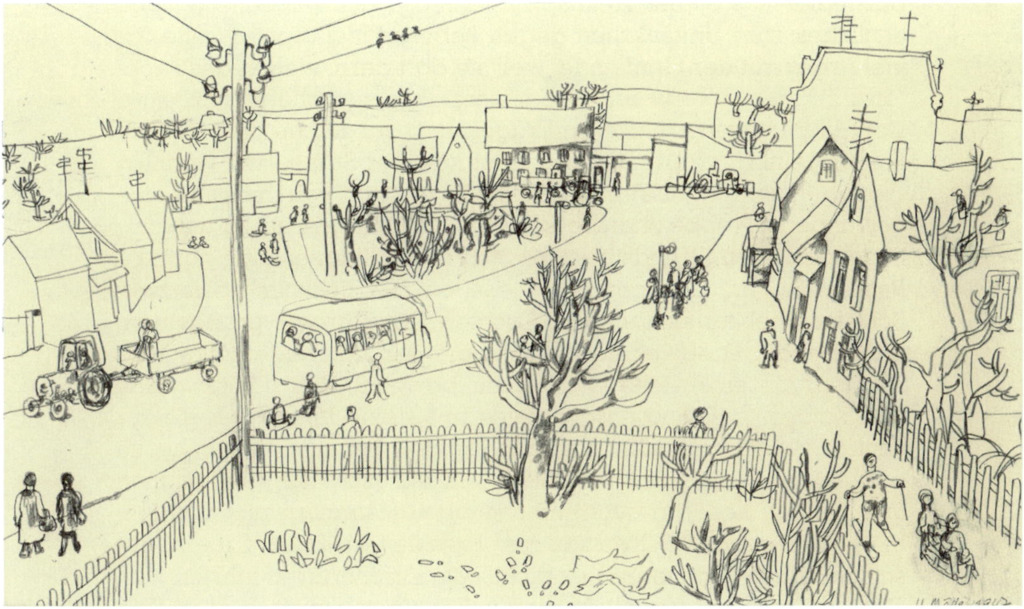

Hühner. Zur Versorgung von Mensch und Tier standen drei Morgen eigenes Feld zur Verfügung und eine gepachtete Wiese für Heu. Das Leben bestand fast ausschließlich aus Arbeit, Essen und Schlafen. Bei so vielen Leuten auf kleinem Raum entstanden Reibereien aus Interessenunterschieden. Das war verständlich, aber erstaunlicherweise unbedeutend. Im Großen und gut eingespielten Ganzen gab es trotz allem wenig Hektik, mehr Gelassenheit und ein selbstverständliches Verbundensein mit den Verhältnissen, in denen man lebte. Es ging um das Notwendige und Praktische, keine Illusionen und Spekulationen. Das Schlimme dieser Zeit, mittelbar oder unmittelbar erlebt durch Verluste naher Angehöriger, hinterließ Spuren, wie auch der verlorene Krieg und die vielen Flüchtlinge. Betroffenheit und Sorge gabs ringsumher. Was zum Leben gebraucht wurde, war jedoch hier vorhanden, sogar noch etwas mehr. Es bedurfte keiner besonderen Unternehmungen oder Erniedrigungen, es zu beschaffen, ohne die die Städter damals nicht auskamen, wenn sie auf das Land zogen, um für sich und die Familie etwas Eßbares zu beschaffen. Bedingung war: viel Arbeit. Durch meine enger werdenden Beziehungen zur Tochter des Hauses wurde ich in dieses Leben immer mehr einbezogen. War ich am Anfang nur ein interessierter Beobachter, der ab und zu Handlangerdienste leistete und den das alles noch nicht unmittelbar berührte, so wurde es langsam ernster für mich. Mehr und mehr übernahm ich die anfallende körperliche Arbeit, half bei der Feldbestellung und Ernte sowie bei der Viehhaltung.

Ende 1947 heirateten wir und wurden in der alten Untergreißlauer Dorfkirche getraut. Es war den Umständen entsprechend - beide Brüder der Braut waren aus dem Krieg nicht zurückgekehrt - eine gedämpfte Feier. Untergreißlau wurde mein zweiter Wohnsitz. Erster Wohnsitz blieb die elterliche Wohnung, bis meine Schwester in der Betriebssiedlung des Metallgußwerkes, wo sie wieder Arbeit im Büro bekommen hatte, eine andere bezog.

Da ich meine Zeit als Student nach eigenem Ermessen und den Notwendigkeiten entsprechend einteilen konnte, war ich oft nicht nur am Wochende im Dorf. Ich wurde in zunehmendem Maße gebraucht. Der Schwiegervater arbeitete im Leuna-Werk als Rohrschlosser. Durch die schwere Arbeit dort und zu Hause machte ihm das Herz zunehmend Schwierigkeiten. Es war wenig

produktive Arbeit, die in dieser Zeit in Leuna geleistet wurde. Mit Zuckerprämien als Anreiz mußten die wichtigsten und modernsten Teile des Werkes auf Befehl der Russen demontiert werden. Demontage war überall und betraf alles, was brauchbar erschien. Viele Fabriken, auch Leuna, wurden nicht nur einmal davon heimgesucht. Mich behinderten der Abbau des zweiten Gleises bei der Bahn und die Demontage ihrer Elektrifizierung. Oft war ich mehrmals in der Woche auf den Zug angewiesen. Die Fahrerei nach Leipzig wurde dadurch zeitaufwendig und unzuverlässig, mitunter zum Verzweifeln. Es kostete außerdem viel Nerven, wenn man auf Anschlüsse angewiesen war, wie ich, und wenig Zeit hatte. Es wartete immer Arbeit - vorerst nur in der Landwirtschaft - auf mich, wenn ich in mein zweites Zuhause kam. Mein Drang, die Umstände zu verändern, spielte noch keine Rolle. Anderes mußte erst gelernt und begriffen werden. Mit der Sense umgehen war eins der wichtigsten Dinge, nicht nur zum Gras hauen. Jeden Sommer standen ein Morgen Weizen und ein Morgen Korn auf dem Feld. Viele Jahre wurde das bei uns noch mit der Sense umgelegt. Bald mußte ich das allein schaffen. An einem Tag einen Morgen Getreide nach den eingespielten Kriterien zu schneiden, daß es gleichmäßig zum Abrappen bereitliegt, damit es die Arbeit der Frauen erleichtert, war für einen Städter wie mich, keine leichte Aufgabe. Gegenüber unserem Grundstück befand sich das Gehöft des größten Bauern der Gemeinde. Es gab mit ihm seit langem eine begrenzte Zusammenarbeit. Er erledigte mit seinen Pferden das Ackern, Säen, Heimfahren der Früchte und das Dreschen. Für Pflege und Ernte waren wir selbst zuständig. Dafür half gelegentlich der Schwiegervater bei ihm aus. Öfter mußten die Frauen dort mitarbeiten, eine Abhängigkeit, die mir sehr zuwider, aber leider nicht lösbar war.
Dieses Feld, das nicht eben verlief, sondern eine Mulde hatte, die dorfwärts sich vertiefte und deren etwa zwanzig Meter breiter Grund von grünen, mit Obstbäumen bestandenen Hängen begrenzt wurde, war eine Idylle. Es war wunderbar, nach der Arbeit auf dem sonnigen Feld durch dieses kleine Tal, die Löcher genannt, ins Dorf zu gehen. Feucht, kühl war es, mit einer üppigen Vegetation, ein kleines Stück herrlicher Natur. Vor dem ersten Schnitt im Juni standen die verschiedensten grasartigen und blu-

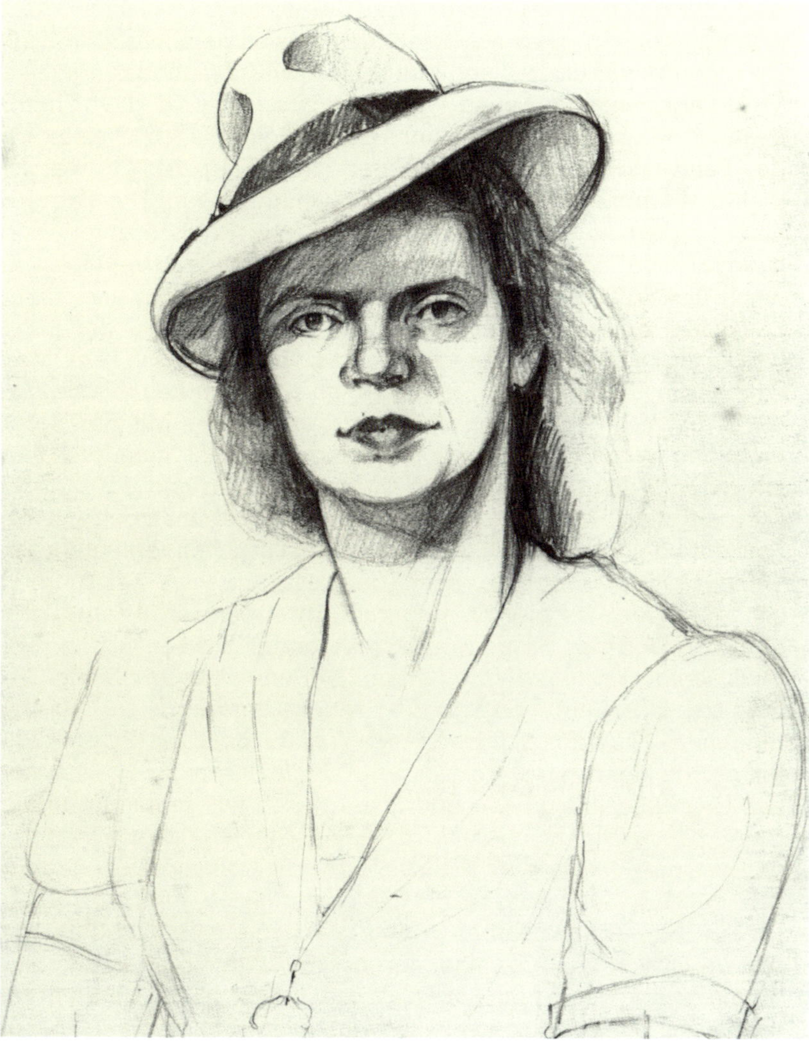

migen Gewächse einen reichlichen Meter hoch. Solche einfachen Dinge, die es in vielfältigen und erstaunlichen Formen gibt, entschädigten mich für manches Ungemach und taten mir gut. Dieser unmittelbare Umgang mit der Natur brachte neue Einsichten. Anstrengend und schön war es, im Juni früh aufzustehen, um Gras zu hauen. Es duftete unvergleichlich. Heu mußte sein für den Winter. Ratsam war es, sich auf den Weg zu begeben, bevor die Sonne über den Horizont kam und mit der Arbeit zu beginnen, wenn die Morgennebel sich mit ihren ersten Strahlen lichteten, das Gras noch richtig taunaß war und sich leichter schneiden ließ. Vom Feld her hörte ich das Jubilieren der Lerchen, die in den morgendlichen Himmel stiegen. Es war eine körperliche Herausforderung, aber es brachte ein befriedigendes Gefühl, wenn man nach einigen Stunden harter Arbeit müde und schweißnaß den Heimweg antrat. Sobald einem am Hofbrunnen das kalte Wasser über den Körper lief, fühlte man sich unheimlich wohl.
Mein Arbeiten war in doppeltem Sinn wichtig. Erstens war es lebensnotwendig, zweitens versuchte ich, durch gewissenhaften und kontinuierlichen vollen Einsatz meiner Person in diesem Umfeld glaubwürdig zu werden. Wenn ich etwas verändern wollte, war das die Voraussetzung dazu. Warum sollten sie meine Vorschläge akzeptieren? Die vorhandenen Möglichkeiten deckten sich weitgehend mit ihren Bedürfnissen, oder besser: ihre Bedürfnisse hatten sich dem Zustand angepaßt. Meine Auffassungen, Ansichten und Ansprüche waren unter ganz anderen Umständen und in anderen Lebensbereichen entstanden. Leichtgläubig waren die Menschen hier nicht, sondern skeptisch, und in ihren Augen war ich ein Grünhorn, dem man nicht so recht trauen konnte: "Vielleicht ist das bei ihm nur ein Strohfeuer, bald vorbei und vergessen." Obwohl ich aus der Stadt kam, hatte ich nie ein überhebliches oder arrogantes Gefühl gegenüber meiner neuen Umgebung. Im Gegenteil, ich besaß Achtung vor dem praktischen und einfachen logischen Verhalten gegenüber der Natur und den Anforderungen des Lebens, hörte interessiert zu, wenn die Älteren über ihre Erfahrungen und Ansichten sprachen. Den Rhytmus im Leben des Ortes konnte man durch dominierende Geräusche und Gerüche erkennen, die immer zur gleichen Jahreszeit auftraten. Man hatte ein Gefühl des Dauernden und Bodenständigen. Dieser

Einklang mit einfachen Lebensformen, deren Bedürfnisse weitgehend aus der unmittelbaren Umwelt befriedigt wurden, imponierte mir als einem unverbesserlichen Romantiker. Vielleicht sah ich auch manches zu schön, weil meine Grundeinstellung mehr bejahend als kritisch ist. Die körperlichen Anstrengungen störten mich nicht. Eher hatte ich das Gefühl, daß sie gut für mich seien. Mir nahm das Ganze viel Zeit weg, was mich mitunter irritierte. Auf zwei Ebenen, beide für mich neu - Studium in Leipzig, Landwirtschaftschaft und Existenzkampf in Untergreißlau - war ich voll gefordert.

Was mich an den Wohnverhältnissen und anderen Zuständen störte, glaubte ich, im Einvernehmen mit den anderen verändern zu können, getreu meiner sozialdemokratischen Grundeinstellung: "Der Mensch ist gut, man muß ihn nur überzeugen." Das war natürlich eine Illusion. Naiv wie ich war, unterschätzte ich den stillen Widerstand, der daraus resultierte, das Gewohnte erhalten zu wollen.

Auf dem Weg der Veränderung, den ich einzuschlagen gedachte, resultierten aus den ersten Vorhaben zwangsläufig weitere. Bei den von mir geplanten Umbauten ergaben sich oft Schwierigkeiten, die nicht vorauszusehen waren oder von Anbeginn von mir unterschätzt wurden. Sobald sie auftraten, riefen sie Kräfte auf den Plan, die das vorher gewußt und schon immer gesagt hatten: "Es geht nicht." Zum Grundsatz war mir deshalb geworden: Anfangen - wenn man dabei ist, gibt es keine andere Möglichkeit mehr, als die Sache durchzustehen. Das steigert das Selbstbewußtsein und entwickelt die Kunst der Improvisation. Diese war in jener Zeit überall notwendig, und nur mit ihr war vieles überhaupt erst möglich und funktionsfähig zu halten. Die große Frage für mich war: Was ist überhaupt machbar. Schon vom Finanziellen her waren die Möglichkeiten begrenzt. Was läßt die Überbelegung des Hauses zu, und was erlaubt man mir überhaupt?

Ich mußte außen beginnen. Das Wohnhaus und die Scheune waren aus Backsteinen. Die Bauherren waren sicher auch nicht reich gewesen und hatten bei den Bindemitteln gespart. So rieselte der Sand aus den Fugen zwischen den Steinen der Fassade.

Gleich nach dem Krieg waren manche wirtschaftlichen lokalen Strukturen noch in Ordnung, bevor sie auf dem "Weg zum

Sozialismus" zerschlagen wurden. Im Ort existierte ein kleiner Bauunternehmer, und er war froh, als er den Auftrag erhielt, das Mauerwerk der beiden Gebäude zu fugen. Er erledigte das solide und preiswert.
Die hygienische Situation mußte unbedingt verbessert werden bei dem engen Nebeneinander von Jung und Alt. Zwischen dem hinteren Teil der Längsseite des Hauses und dem Giebel der Scheune war ein Gang, der nach draußen führte. Der Schwiegervater hatte ihn mit einer alten Holzbude überbaut. Ich riß sie ab, und die beiden Außenwände verband ich mit Hilfe eines alten Maurers durch eine massive Decke in Fußbodenhöhe des Obergeschosses. Nach Süden setzten wir darauf eine Mauer mit großem Fenster, hinten eine mit Lüftungsöffnung. Darüber kam ein Dach, und ich hatte Raum für ein Bad, nach Norden sogar noch eine abgegrenzte Kammer zum Aufbewahren des Geschlachteten. Das alles habe ich nach meiner Inspiration ohne jegliche Bauzeichnung und ohne Genehmigung der Gemeinde und ihrer Baukommission gemacht. Als sie davon erfahren hatten, war alles fertig und nichts mehr zu ändern. In dieser Zeit hatte ich immer Schwierigkeiten mit ihnen und sie mit mir.
Wo ich Möglichkeiten sah, etwas für das Auge zu tun, wurde ich aktiv. Eines Sonnabendmorgens begann ich, das Hoftor zu streichen. Nach reichlich halber Fläche war die Farbe alle. Ich setzte mich auf das Fahrrad und fuhr in Richtung Böhlitz-Ehrenberg zu einem mir bekannten Malermeister. Zum Glück bekam ich das Gewünschte, sauste zurück und strich das Tor bis zum Abend fertig. Es waren gut fünfundsiebzig Kilometer, die ich insgesamt bewältigen mußte. Natürlich ist so etwas verrückt, die Leute schüttelten ihre Köpfe. Aber ich wollte unbedingt mit meinem Willen zur Veränderung überzeugen.
Energisch bemühte ich mich darum, unsere Wohnsituation zu verbessern und von Einquartierungen durch ungerechte und schikanöse Anordnungen zu befreien. Das brachte mich mit dem Bürgermeister in Konflikt. Immer mußte ich diese Kämpfe austragen, obwohl man mich als Neuen und lästigen Ortsfremden ansah. Das war für meine Mission keine gute Voraussetzung. Die Hausbesitzer, meine Schwiegereltern, hatten in dieser Zeit überhaupt kein Verfügungsrecht über ihren Wohnraum. Sie waren auch viel zu

gutmütig, um zu protestieren. Das größte Interesse an Bewegungsfreiheit auf diesem Grundstück hatte ich. Dieses Eingeengt- und Ausgeliefertsein an ungerechte Gemeindevertreter war mir ärgerlich.

Materiell ging es mir in dieser Zeit schlecht. Als Nichtgenosse bekam ich die ersten Jahre kein Stipendium. Ich baute Tabak an, und nach einer kurzen Behandlung tauschte ich ihn im staatlichen Annahmebüro gegen Zigaretten ein. Diese ließen sich gut verkaufen. Für einen Hinterhofhausierer malte ich Sprüche in Kunstschrift mit kleinen bildlichen Randbemerkungen. Dann gab es noch eine Gelegenheit, ab und zu etwas zu verdienen. Der Besitzer des Elektroladens in unserem Haus in Böhlitz-Ehrenberg wollte glücklicherweise seine windigen Nachkriegslampenschirme von mir bemalt haben, um sie besser verkaufen zu können. Ich mußte weitere Möglichkeiten finden. Es gab einen großen Bedarf an Lebensmitteln. Jeder kaufte gern etwas zu den kargen Lebensmittelrationen hinzu. Was an Eßbarem produziert wurde und nicht der staatlichen Ablieferungspflicht unterlag - man nannte es die "freien Spitzen" - war an keine festgesetzten Preise gebunden und konnte verkauft werden. Zu staatlicher Ablieferung waren nur Höfe mit über einem Hektar Land verpflichtet. Uns betraf das nicht. Mit der Zeit sah ich nicht ein, daß man nur halbherzig die Viehhaltung für den eigenen Bedarf betrieb, wo doch viel mehr möglich war, wie ich inzwischen wohl einzuschätzen vermochte. Dazu mußten die Stallverhältnisse verbessert werden. Ich bin heute noch stolz, wenn ich daran denke, wie ich das Problem gelöst habe.

In der ersten Zeit konnte man aus Restbeständen und durch alte Strukturen noch manches organisieren. So gelang es mir, mit Hilfe meines Schwiegervaters eine Hauswasserversorgungsanlage im Keller zu installieren und mit dem Brunnenwasser Bad und Küche zu versorgen. Dazu kam eine Propangasanlage und ein Durchlauferhitzer im Bad. Alles ging so nebenbei, abends und an Wochenenden mußte es geschehen, und was nötig war dazu, organisert werden. Selbst die Fliesen für das Bad holten wir aus einer stillgelegten Papierfabrik in Weißenfels. Zugute kam dem Unternehmen "Bad" der Beruf des Schwiegervaters als Rohrschlosser. Fast hätte das erste Badevergnügen ein schlimmes Ende genommen. Ich hatte die Anordnungen für Entlüftung nicht beachtet und also nicht

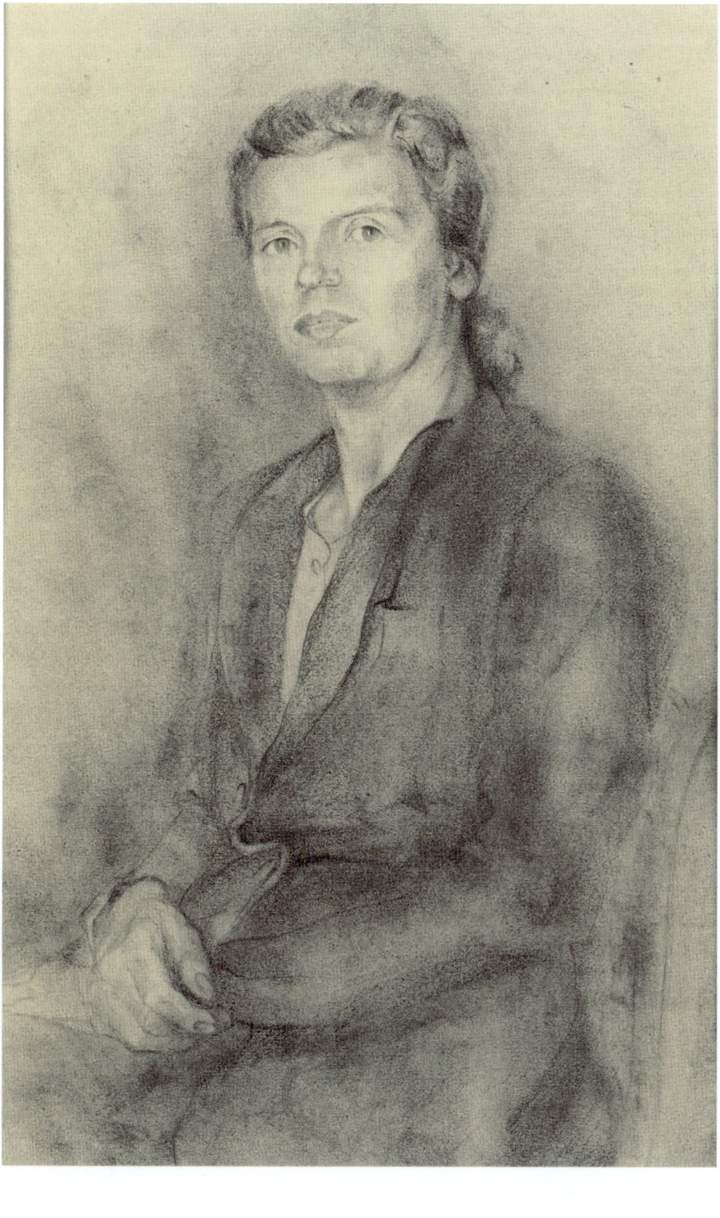

befolgt. Zum Glück bemerkte ich rechtzeitig, wie es meiner Frau beim ersten Bad übel wurde und sie das Bewußtsein zu verlieren begann. Ich trug sie sofort an die frische Luft, und mit Atemübungen kam sie bald wieder zu sich.
Das wichtigste war, die alten inneren Strukturen zu erhalten und die über den Ställen aufgesetzten Verschläge abzureißen. Eine Drecksarbeit war das. Am Rande der Mistgrube wurde eine Mauer hochgezogen. In Höhe des Waschhauses brachten wir über den Ställen eine stabile Decke ein. Darüber baute ich einen Raum, der sich mit dem Obergeschoß des Waschhauses verbinden ließ. Die Versorgung der Tiere war jetzt in einem großen, hellen Raum unabhängig vom Wetter bequem möglich. Außerdem ergab sich dadurch ein direkter Zugang zum Futterkeller sowie zum Heu- und Strohboden in der Scheune. Oben ließ ich vorsorglich große Fenster und ein Oberlicht einbauen. Jetzt war es nicht mehr notwendig, die schweren Getreidesäcke zwei Etagen hoch über eine schmale, steile Stiege zu schleppen. Der neue Raum, in dem das Getreide gelagert werden konnte, war viel leichter erreichbar als das bisherige Lager auf dem Boden des Wohnhauses.
Wir fütterten mehr Schweine und nicht nur für den eigenen Bedarf. Manche wurden nur zu Wurst verarbeitet, die wir auf dem freien Markt verkauften. Das war kein schlechtes Geschäft, und der Bedarf war groß. Später ersparten wir uns das und schlossen Mastverträge mit den staatlichen Aufkäufern ab. Die Regierung brauchte Produkte und zahlte relativ gut. Wir lieferten Ziegenmilch und bekamen Butter vom Milchhof. Tauben und Hühner waren das Hobby vom Schwiegervater. Statt der leichten Italiener wurden jetzt die schweren, gewichtigeren Newhampchires ausgebrütet. Die vielen dabei anfallenden Hähne wurden Kapaune und delikate, bis zu sechs Pfund schwere Sonntagsbraten. Zeitweise hatten wir etwa einhundert Hühner. Auch die Eier brauchte der Staat. Zwischen den Ziegen lebten und wuchsen Kaninchen. Es gab Tauben, Gänse und Enten, aber nur in begrenzter Zahl für den eigenen Bedarf. Das alles machte viel Arbeit, vor allem für die Frauen. Zum Glück war ich durch kein festes Arbeitsverhältnis gebunden, konnte in einem gewissen Maß über meine Zeit verfügen, was bei diesem Wirtschaftsprogramm von Bedeutung war.

Die Zeit nach dem Krieg brachte viel Unruhe in die Dörfer: Enteignung der Großgrundbesitzer als Voraussetzung für die Bodenreform, für Neubauern Häuserbau aus ungebrannten Lehmziegeln, Belastung der Bauern durch die Zwangsabgaben des größten Teils ihrer Ernte. Mit immer neuen An- und Verordnungen kamen Angst und Unsicherheit. Zum Glück betraf uns das meiste nicht, ein großer Vorteil und Motivation zum effektiven Arbeiten und Wirtschaften. Das machten wir wirklich. Unsere Viehhaltung war so gewachsen, daß unsere Futtergrundlage nicht mehr ausreichte. Durch Beziehung zu einem Bäcker in Weißenfels holten wir von dort mit einem großen Handwagen ab und zu drei Zentner Mehl. Das war ein anstrengender Transport durch eine enge, steile Gasse mit schlimmem Pflaster. Besonders im Winter 1954 waren akrobatische Kraftanstrengungen notwendig, um das zu bewältigen. Unerlaubt und riskant war es auch.

Zu einer guten Fütterung gehörten Zuckerrüben. Wir hatten keine und mußten sie uns an späten Herbstabenden von den Feldern organisieren. Rückblickend kann ich schon sagen: Es ist erstaunlich gewesen, was ich damals alles aus eigener Kraft verladen, gezogen und auf dem Rücken getragen habe. Meine Frau stand dem, ihren Kräften entsprechend, nicht nach. Achtzig zentnerschwere Kartoffelsäcke in Eile vom Wagen abtragen und in den Keller schütten, etwa vierzig Getreidesäcke - einhundertzwanzig bis einhundertfünfzig Pfund schwer - auf den Boden hucken müssen. Dafür waren die Schlachtfeste ein verdienter Lohn. Schön und genußvoll war es, an einem Winterabend mit dem Schlitten vom Fleischer einen Wäschekorb voll duftender, frisch geräucherter Würste, Schinken und Speckseiten zu holen.

Der Winter und das Weihnachtsfest waren hier für mich intensiver zu erleben, als ich es von zu Hause aus kannte. Es lag nicht nur am dörflichen Milieu und der spürbaren Gegenwart der Kirche, die wir am Heiligen Abend gemeinsam besuchten, sondern an einer anderen familiären Einstellung zum Fest und der Einhaltung überkommener Gewohnheiten. Erstaunlicherweise legten später auch unsere Kinder wert auf diese festliche Zeremonie.

Meine Einstellung zur Kirche hatte sich geändert. Die Eltern waren in den zwanziger Jahren ausgetreten. Mich hatten sie dabei nicht abgemeldet und überließen mir damit für später eine freie Ent-

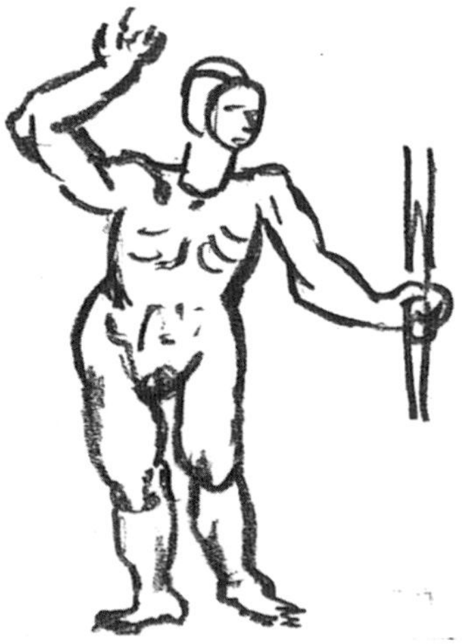

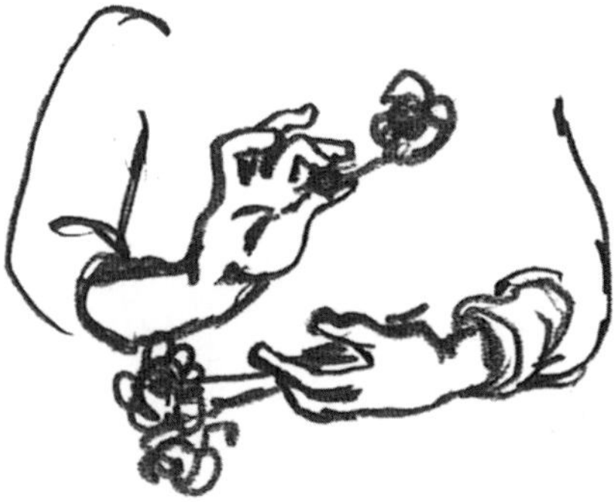

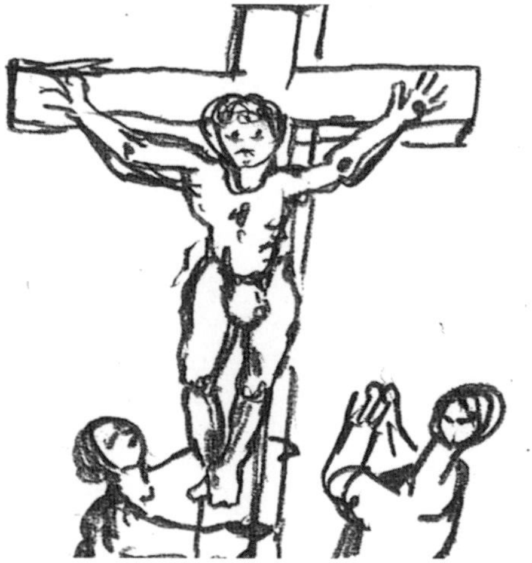

scheidung. Mit der Etablierung der Macht der russischen und deutschen Kommunisten in unseren Breiten sah ich in ihr eine wichtige Institution, die in diesem neuen Staat Geltung behalten mußte, und die es sicher sehr schwer haben würde. Zweitens bekam ich durch die Malerei mehr Kontakt zur christlichen Mythologie und las außer der Bibel auch andere geschichtliche Literatur gerade zu diesem Stoff mit Interesse. Außerdem wurde mir die materialistische Entstehungsgeschichte der Welt zu intellektuell-logisch. Mir fehlte darin eine Dimension.
Das Leben spielte sich ein. Man fand sich weitgehend mit den Veränderungen in der Wirtschaft und in der Öffentlichkeit ab und hoffte auf langsame Verbesserungen. Stattdessen kam auf das Dorf neue Unruhe zu. Es war Mitte der fünfziger Jahre, da begann mit den Gründungen der Landwirtschaftlichen Produktionsgenossenschaften (LPG) die Kampagne der Vergenossenschaftung der bäuerlichen Betriebe. Natürlich geschah auch das unter den Dauerparolen von Frieden, Fortschritt, Humanität und Freiwilligkeit. Von all dem konnte bei der Durchsetzung dieser Kampagne keine Rede sein. Die einen, die Wendigen und Skrupellosen wurden Funktionäre, die anderen rechtlose Landarbeiter. Die Gehöfte in den Dörfern verloren weitgehend ihre Funktion, und ein großer Teil verfiel mit der Zeit. Dafür wurden außerhalb der Dörfer Barackenzentren errichtet für Massenviehhaltung und Maschinenstationen, keine landschaftliche Zierde. Eine rücksichtslose Großfeldwirtschaft setzte ein. Auf besondere lokale Gegebenheiten wurde rigoros verzichtet. Hatte man noch wenige Jahre nach dem Krieg trotz Wilderei russischer Besatzer Hasen auf unseren Feldern mit Netzen zum devisenbringenden Export fangen können, so waren sie einige Jahre nach den LPG-Gründungen fast verschwunden. Feldwege mit ihren durch pflanzliche Vielfalt schönen Rainen, fielen dieser Wirtschaftsart ebenso zum Opfer wie Rebhühner, Lerchen, Hamster und anderes Getier. Maxime der Partei (der SED) und damit des Staates: Ertragssteigerung, rücksichtslos und um jeden Preis.
In den ersten sechziger Jahre war diese Kampagne abgeschlossen. Am Anfang ließ man noch die Gründung der LPG Typ I zu. Hier wurde nur das Feld gemeinsam bewirtschaftet. Lange gestattete man diese Halbheit nicht. Jüngere Bauern unseres Ortsteiles

hatten sich für eine solche Wirtschaftsform entschieden. Der Bauer, mit dem wir zusammen gearbeitet hatten, gehörte wegen der Größe seines Besitzes nicht dazu. Er ging mit geschulterter Hacke morgens für die LPG zur Feldarbeit. Die örtliche LPG Typ I übernahm deshalb unsere Feldbestellung. Durch die Anschaffung von Maschinen wurden für uns verschiedene Feldarbeiten leichter. Die Mitarbeit der Frauen war weiterhin als Gegenleistung gefordert.

1960, kurz vor dem Bau der Mauer, starb der Schwiegervater. Die Verantwortung lag voll auf meinen Schultern. Es war nicht leicht, aber wir schafften es. Kurze Zeit darauf wurde das Haus vom letzten Mieter frei. Diese Gelegenheit nahm ich für einen großen Umbau wahr. Es mußte im Haus praktischer und wohnlicher werden, außerdem so, daß keine Mieter mehr eingewiesen werden konnten. Das Treppenhaus wurde umgebaut und in die Wohnräume einbezogen. Zwischenwände rissen wir zum Teil und eine Esse ganz ab. Bis auf die beiden vorderen Zimmer im Erdgeschoß mit eigenem Eingang war das Übrige eine in sich geschlossene Wohneinheit geworden. Dem war ein langer Prozeß in meinem Kopf vorangegangen, so daß, als die Gelegenheit kam, ich sofort mit dem Umbau beginnen konnte. Natürlich war es nicht einfach, meine Pläne und Wünsche anderen klar zu machen. Sie zu überzeugen war kaum möglich. Das mußten die Tatsachen tun. Auch bei den mir zur Verfügung stehenden Handwerkern - alles Rentner - mußte ich Überzeugungsarbeit leisten und Vorurteile überwinden. In ihren Augen war ich ein Depp und kein Fachmann. Alles mußte in Feierabend- und Wochenendarbeit geleistet werden bei schwieriger und zeitraubender Materialbeschaffung. Als ob das nicht schon genug war, bemühte ich mich noch darum, eine Schwerkraftheizung für das ganze Haus aufzutreiben. Mit dem älteren und kranken Chef eines volkseigenen Betriebes (VEB) gelang es mir in Verhandlung zu kommen. Er brauchte leichte Kost wegen seiner Magenkrankheit, und ich versprach ihm Schlachtgeflügel. So gelangte ich zu dieser gewünschten Ausstattung, natürlich alles altes und gebrauchtes Material. Die Nachbarn schüttelten wieder einmal den Kopf über mich und tippten sich an die Stirn, als sie die Eisenrohre sahen, welche in das Haus eingebaut werden sollten. Auch der Heizkessel war gebraucht. Bald war er leck,

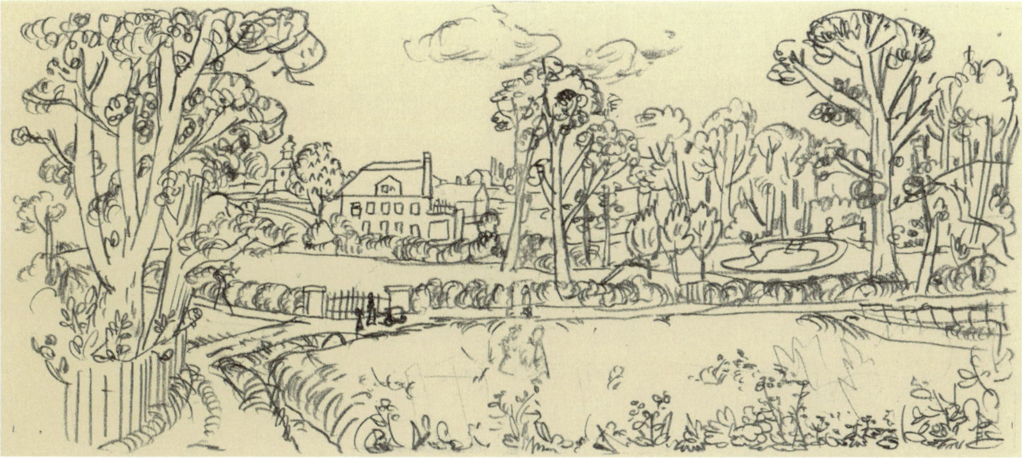

und der Kampf begann aufs Neue, aber diesmal mit dem Rat des Kreises. Zwei Rentner, Maurer, gewann ich für die schwere Arbeit, über dem Natursteinfundament des Hauses eine Sperre gegen die aufsteigende Feuchtigkeit zu legen. Die fehlende Isolierung hatte mich schon lange geärgert und gestört.
Meine Projekte nahmen kein Ende, und ich war immer in Streß. Da das Grundstück auf drei Seiten - außer der östlichen - von Straße und Fußweg umschlossen ist, waren wir ständig den Blicken der Neugierigen ausgesetzt. Deswegen wollte ich die Ostseite zum Nachbarn, die Rückseite und einen Teil der westlichen Grenze zum Dorfplatz mit einer Mauer umgeben. Mein Material reichte nur für einen Bruchteil des Vorhabens. So gab ich als Annonce in der "Leipziger Volkszeitung" auf: Ziegelsteine gesucht. Es kam das Angebot aus Taucha, ich könnte mir gebrauchte Steine in genügender Menge holen. Von der LPG heuerte ich einen Traktor mit Hänger an und fuhr zur angegebenen Adresse, einem Gartengrundstück. Nach einigem Verhandeln wurden wir uns glücklicherweise einig, und ich fuhr mit dem Schatz zufrieden nach Hause. Es waren gute, harte Steine, aber leider mußten sie abgeputzt werden. Das hatten wir ja gelernt nach dem Krieg. Ich beschloß, den gesamten Holzzaun zu erneuern, da er verbraucht war. In dem steinigen, durchwachsenen Gelände mußte ich einen fast metertiefen Graben für die Zementsockel ausheben, alles schwere Arbeit mit dem Spaten. Auch das Aufbereiten der Zementmischung war körperlich anstrengend. Maschinen standen uns dafür nicht zur Verfügung. Ein alter Mann half mir dabei. Er war für das Fachliche zuständig, ich für die Knochenarbeit.
Die Mauer verbesserte unser Leben sehr. Wir konnten uns jetzt in einem großen Teil des Gartens ungeniert bewegen. Das brachte uns die verbissene Feindschaft eines Nachbarn ein. Mißgunst und Neugierde können einen Menschen bös machen, wie böse, das haben wir im Laufe der Jahre zu spüren bekommen. Man kann friedlich und freundlich sein, vor solchen Erfahrungen und schlimmen Schikanen schützt das nicht, vor allem dann nicht, wenn man sowieso als Fremdkörper betrachtet wird, der sich nicht, wie gewünscht, integrieren läßt und von dem man dummerweise nicht so viel weiß, wie man möchte. Das beunruhigt, macht mißtrauisch, und das höfliche und rücksichtsvolle Benehmen des Fremdlings

erscheint als Tücke und verlangt Aggressivität als Antwort. - Aber schließlich hatte ich keine Zeit, mich um anderer Leute Meinung zu kümmern.

Freie Zeit gab es selten, wenn ich zu Hause war. Die Anforderungen nahmen nicht ab. Immer entwickelte ich neue Pläne zur Verbesserung und Verschönerung von Haus und Garten. Davon hielt mich keine Mühe ab. Verlockend war der Gedanke, einen Platz im Freien zu haben, einfach um dort zu sitzen oder die Mahlzeiten einzunehmen. Die beste Möglichkeit bot sich am Nordgiebel des Hauses. Dort gab es einen aus Bruchsteinen errichteten, gewölbten Keller. Er war mit Erde abgedeckt, und darüber befand sich ein Holzlager, geschützt durch ein am Giebel befestigtes, schräges Schleppdach. Das Dach beseitigte ich und richtete über dem Keller einen Freisitz ein. Von der Stube führten ein paar Stufen hinunter zu dem großen, geräumigen Platz für Tisch und Stühle. Von hier ging eine Treppe zum Garten. Die Sonne schien vom frühen Nachmittag an in diese Ecke, und ihr stimmungsvoller Untergang mit Abendrot und Wolkenspielen ließ sich wunderbar genießen. Schwalben brachten damals noch mit ihren Flugkünsten und dem Gezwitscher Unterhaltung. Am späten Abend schwebten Fledermäuse herbei, und mitunter setzte sich eine Eule auf einen Baum in der Nähe. Zu fortgeschrittener Stunde, wenn alles ganz ruhig geworden war, raschelte ein Igel in Gras und Laub. Wir blickten auf ein anmutiges dörfliches Milieu, westlich begrenzt von den nicht hohen Umrissen alter Bauernhäuser, Scheunen und Stallgebäude. Über den mit Obstbäumen bepflanzten Gärten zeigte sich auf einer Erhebung die Silhouette der noch in romanischer Zeit begonnenen Dorfkirche. Vor den ins Weite gehenden Blicken standen im Garten einige große, im Frühjahr voll blühende Apfel- und Birnenbäume, deren Pflege und Ernte für mich immer ein Problem war.

Nördlich, etwas entfernter, gab es ein niedriges, aus rohen Ziegeln erbautes Gehöft. Dahinter begrenzte mit einigem Abstand die dunkle Kulisse des Parkes mit seinen hohen alten Bäumen den Horizont. Bis zu ihm und von ihm in östlicher Richtung war etwas feuchtes und durch Hügel begrenztes Weide- und Ödland, durchsetzt von Gebüsch und freistehenden Bäumen. An der östlichen Ecke des Parkes dominierte eine vom Blitz getroffene Schwarz-

pappel. Dort waren große Weihen zu Hause, deren schwerelosem Segeln ich gern zu sah. Hin und wieder entdeckten wir Reiher am Parkrand, wenn sie am Abend heimkehrten.
Dort zu sitzen, war sehr angenehm. Trotzdem war ich nach einiger Zeit unzufrieden. Wir brauchten einen Platz, der nicht nur bei schönem Wetter zu benutzen war. Weil niemand mehr den darunter liegende Keller benötigte, erhielt ich Planungsfreiheit, und der konnte ich nicht widerstehen. Es war viel Arbeit, alles wieder abzutragen, zu verladen und wegzuschaffen. Besonders kompliziert war, das aus Feldsteinen gemauerte Tonnengewölbe zum Einsturz zu bringen. Fast hätte es mich dabei erschlagen. Es mußten, um meine Vorstellungen zu verwirklichen, zwei Pfeiler gemauert werden. Damit begannen in dieser Zeit schon die Schwierigkeiten. Die Träger waren das nächste Problem. Für die Breite der Terrassendecke brauchte ich keine allzu langen. Eisenbahnschienen gab es genug, aber die Auflageträger zwischen den Säulen und einer Schräge zwischen Säule und Haus bereiteten mir Sorgen und Mühe. Es mußten sehr lange Doppel-T-Träger sein. Nach vielen Recherchen und Sondierungen eröffnete sich eine Chance bei dem älteren Besitzer eines leerstehenden Gehöftes, der seinen Titel, Major d. R. gewesen zu sein, immer betonte und hervorhob. Bei ihm erhielt ich das Gesuchte in der erforderlichen Form und Stärke, aber nicht in der gewünschten Länge. Ein Schmied schweißte alles zusammen und machte es für meinen Gebrauch zurecht. Jetzt bekamen wir einen Balkon, ohne Treppen steigen zu müssen, und dazu eine überdachte, reichlich große Terrasse, nach allen Seiten offen. Da ich mich nicht bremsen konnte, wurde eine Fläche auch außerhalb der Terrasse mit Platten bis zur Mauer belegt, und darein kam noch ein Wasserbecken. Um das Dekorative zu erhöhen, legten wir Kabel in die Erde für eine selbstgetöpferte Lampe und Lichtanschluß für die Pflanzen hinter dem Wasserbecken. Nun war ich weitgehend zufrieden, und konnte es auch sein.
Mit dem Ende der selbständigen Bauern kamen auch andere Voraussetzungen für unsere Feldbestellung. Die persönlichen Beziehungen zu einem Landwirt waren für eine Partnerschaft nicht mehr ausschlaggebend. Es gab jetzt eine Institution mit Vorsitzendem und Vorstand. Natürlich kannte ich sie alle persönlich. Ich bekam das Gefühl, daß die jungen Verantwortlichen dieser LPG Typ I, auf

die wir angewiesen waren, vielleicht glaubten, durch destruktives Verhalten und Forderungen der Arbeitsleistungen von den Frauen den dummen Städter dahin zu bringen, auf das Feld zu verzichten. Das reizte meinen Widerstand, außerdem war das Feld ein wirtschaftlicher Faktor, auf den ich noch nicht verzichten wollte. Nach Überlegungen und intensiven Informationsgesprächen unternahm ich nach Meinung meiner Umgebung wieder etwas Verrücktes. Ich plante auf den drei Morgen Feld etwa achthundert schwarze Johannesbeerbüsche zu pflanzen sowie am linken und rechten Rand des Feldes niedrige Sauerkirschbäume zu setzen. Die Realisierung erledigte ich mit einem Gärtner, der mir schon einmal behilflich gewesen war.
Eines Tages, Anfang der sechziger Jahre, brachte dieser Gärtner eine Menge Narzissenzwiebeln und empfahl mir, sie anzubauen. Wir besaßen genügend Land und befolgten seinen Rat. So hatten wir im zeitigen Frühjahr eine stattliche Menge blühender Narzissen zu verkaufen. Das Blumenangebot war allgemein mager, und es gab genug Abnehmer: Blumengeschäfte in Weimar, Böhlitz-Ehrenberg und Leipzig belieferte ich, ehe oder wenn ich mit dem Zug nach Leipzig in mein Atelier fuhr. Die Kunden in der Umgebung bis nach Lützen besorgte meine Frau. Als wir damit aufhörten, weil sich Blumenverkauf wegen eines größeren Angebotes nicht mehr lohnte, verkauften wir die Zwiebeln, die sich reichlich vermehrt hatten, an eine Saatgutgesellschaft. In guter Qualität brachte mir jener Gärtner auch Pflanzgut für mein neues Vorhaben.
Eine logische und angenehme Folge dieser Umstellung war die Einbuße der Futterbasis und dadurch das langsame Zuendegehen der Viehhaltung. Was uns sehr lieb war. Damit kamen aber andere Probleme: die Bearbeitung der Plantage und das Einbringen der Ernte. Das löste ich jedes Jahr mit einigen älteren Frauen, meistens Umsiedlerinnen, ganz gut. Ich bezahlte sie nach dem Stundenlohn der LPG. Meine Arbeit für sie war leichter als die auf den endlosen Feldern der Genossenschaft. Die Beeren ließen sich leicht pflücken, sogar im Sitzen. Wir verkauften sie an eine Mosterei in Weißenfels. Die Anlage zu pflegen war schon schwieriger. Ich leistete mir kurzgeschlossen einen kleinen Traktor mit Geräten. Es war ein Flop und Verlustgeschäft. Mein technisches

Unvermögen war schuld, so daß ich ihn sehr bald an den Gärtner des Ortes weiterverkaufte.
Die südliche Längsseite der Plantage begrenzte ein großes Feld der LPG. Eine Reihe von Jahren ging alles gut. Dann begann der Nachbar seine Felder im Frühjahr gegen Unkraut zu spritzen, gerade wenn die Büsche und Bäume der Plantage blüten. Der Wind trug das Gift herüber und zerstörte die Blüten. Die Plantage war nun nicht mehr im allerbesten Zustand. Die Arbeit war mir über den Kopf gewachsen, und wir hatten auch kein besonderes ökonomisches Interesse mehr an ihr. Der Schwerpunkt meines Wirkens hatte sich nach Leipzig verlagert, und meine Frau war im Altersheim des Ortes wieder als Krankenschwester tätig. So ließ ich mich auf einen Feldaustausch ein. Die LPG entsorgte die Plantage, und ich erhielt dafür zwei Flächen, die in der Größe unserem Feld entsprachen. Dieses Land war in der Bodenqualität nicht so gut, aber näher am Ort, und der eine Teil davon hatte mich schon immer interessiert. Es war ein schöner Bauplatz. Daran knüpfte ich Spekulationen, die nie aufgingen. Stattdessen pflanzte ich dort zwei Reihen schwarzer Johannisbeerbüsche und auf das andere Feld sechzig Birnenbäume. Es gefiel mir noch, mich dadurch notwendigerweise mit Arbeit in der Natur befassen zu müssen. Trotzdem vernachlässigte ich das immer mehr.
Das eine Feldstück brachte mir viel Ärger. Ein Rentner, der uns gegenüber wohnte, hatte es geerbt. Das Geerbte nutzte ihm nichts, weil sein Erblasser diese Fläche einem Bauern verpachtet hatte, und damit war es zwangsläufig in die Nutzung der LPG gekommen. Der Erbe konnte es nicht verwinden, daß ihm das Feld nicht zur Verfügung stand. Er war ein unangenehmer, aggressiver Zeitgenosse. Ich war durch den Tausch mit der LPG zum Nutzer dieser Fläche geworden. So konzentrierte sich sein ganzer Haß auf den Staat und auf mich. Er glaubte, ich sei ein treuer Genosse, verleumdete und beschimpfte mich und drohte sogar, mich zu erschießen. Sehr ernst habe ich das nicht genommen, aber es war ärgerlich und unangenehm. Doch auf eine oder einen im Dorf, die gegen mich waren, kam es auch nicht mehr an.
1968 oder 1969 erhielten wir nach langem Warten unseren ersten Trabant. Endlich vermochten wir jetzt etwas anzufangen. Das Viehzeug war abgeschafft, das Haus und die Wohnung nach

unseren damaligen Möglichkeiten ein- und hergerichtet. Damit konnten wir zufrieden sein. Unsere beiden Töchter waren 19 und 13 Jahre alt, der Garten war so gestaltet, daß er zum größten Teil nur zu unterhalten war, und die Felder mit Büschen und Birnenbäumen spielten keine große Rolle mehr, denn es ging nur noch darum, unseren Besitzanspruch zu erhalten und zu sichern. Daß wir das alles so geschafft haben, war auch ein Verdienst meiner Frau. Ihr gebührt dafür großer Dank. Sie hat sich selbstlos bei allen Vorhaben eingesetzt. Kleine Irritierungen und etwas Skepsis vor Beginn mancher meiner Unternehmungen waren oft Zugeständnisse an ihre Umgebung.
Nach Erhalt des Autos fuhren wir an die Ostsee, das begehrteste Urlaubsziel des Landes damals für Normalverbraucher. In einem Haus des Verbandes Bildender Künstler hatten wir für zwei Wochen Logis erhalten. Es gefiel uns gut. Die Luft und das Salzwasser waren eine Wohltat, besonders für meine Frau. Von unserer Unterkunft in Niehagen war es nicht weit bis Wustrow, und Ahrenshoop war gleich nebenan. Dort mußte man durch, wenn man zum Strand im Norden der Halbinsel Darß wollte. Dieser Strand war weniger besucht und besonders romantisch. Schwierig war es damals an der Ostsee, privat ein Urlaubsquartier zu bekommen. Ich suchte gleich eine Möglichkeit zu finden, hier öfter Urlaub machen zu können. Von einem Kollegen, den ich zufällig traf, erhielt ich einen Hinweis auf ein Grundstück am Bodden mit einem großen riedgedeckten, typischen, alten Fischerhaus. Mich empfing ein etwas snobistisch aussehender und anmaßend sich gebender Herr Ende der Fünfzig. Er ließ mich eintreten, und wir kamen ins Gespräch. Ein Blitz hatte sein Nebengebäude mit eingelagerter Schafwolle vernichtet. Er war nicht versichert und brauchte Geld. Ich gab ihm dreitausend nicht zu verzinsende Mark. Für dieses Geld konnten wir etwa zehn Jahre im Juni oder September jeweils mindestens zwei Wochen bei ihm wohnen. Und wir taten es, ohne ein Jahr auszulassen. In einem kleinen Nebengebäude hausten wir immer für uns allein und unabhängig. Es war nicht nur ein schönes Grundstück in angenehmer Umgebung, sondern auch ein interessantes, mitunter etwas launisches Ehepaar als Gastgeber. Mit der Zeit, bis zu ihrem Weggang nach zehn Jahren in ihre Lübecker Heimat, kamen wir gut mit ihnen aus. Aus Schafwolle machte die

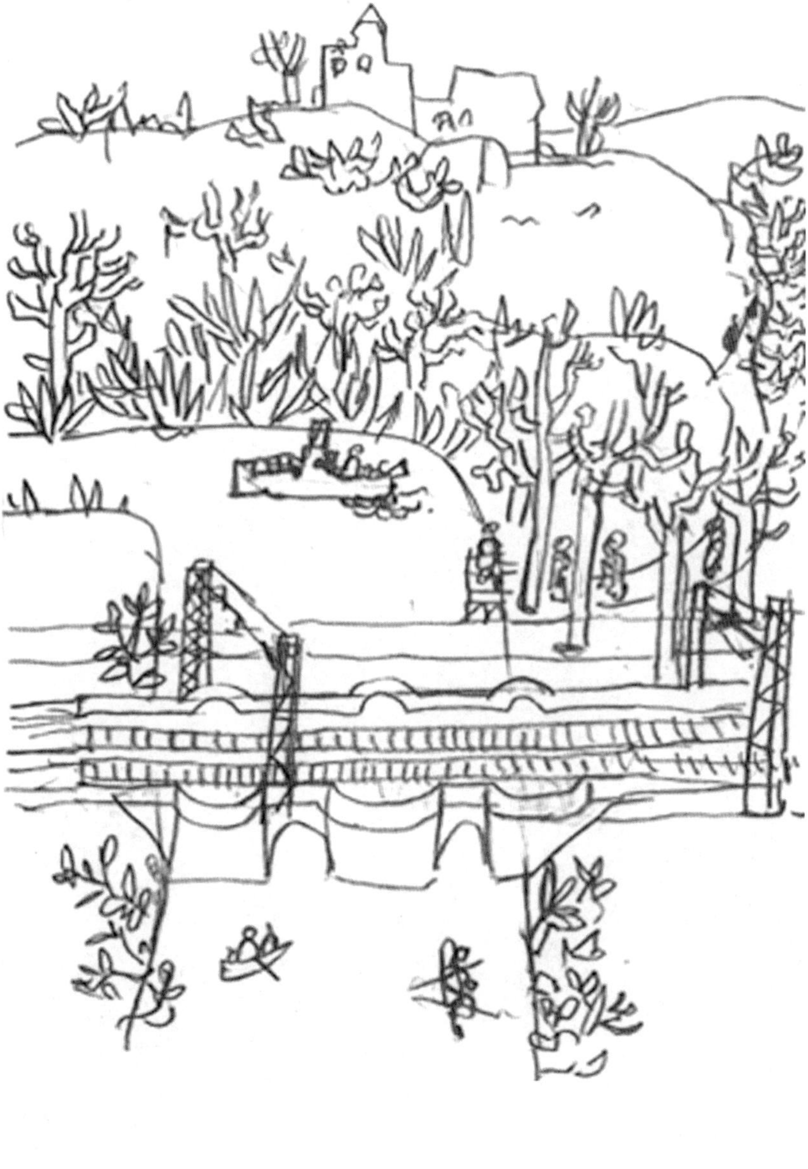

Frau modische Kleidungsstücke, die er vertrieb. Auf solchen Verkaufsreisen wohnte er manchmal auch kurz in meinem Leipziger Atelier. Er selbst hatte in Berlin, dort besaßen sie noch eine Wohnung, angeblich im Theater Regie geführt. In unserer Zeit malte er ein bißchen, und im Kunsthandwerklichen fertigte er afrikanische Masken an und Ähnliches. Mit ihnen zusammen war es immer amüsant und nie langweilig. Sie hielten nichts durch, und kamen nie klar, weder mit dem Haus und Haushalt, noch mit dem Garten und schon gar nicht mit dem Grundstück als Ganzem. Tragisch nahmen sie das nicht. Sie war immer große Dame und er gentleman like und Kavalier, besonders zu jungen Besucherinnen.
Soweit das Wetter es zuließ, lagen wir den ganzen Tag als FKK-Fans am Westdarßer Strand. Wenn das nicht möglich war, erkundeten wir das Umland. Zehn Jahre sichere Urlaubsunterkunft an der Ostsee in dieser Zeit war ein glücklicher Umstand. Schon die Fahrt nach dem Norden über den Fläming und das Havelgebiet ins Mecklenburgische führte durch eine Landschaft, die mir sehr lieb, sympathisch und für mich produktiv war. Da wir meistens im Juni an die Ostsee fuhren, ging die Reise in einen verlängerten Frühling. War bei uns der Flieder verblüht, erlebten wir ihn dort zum zweiten Mal. Von meinem Arbeitsplatz am Fenster hatte ich den besten Ausblick.
Ab Mitte der sechziger Jahre etwa war also ein Zustand errungen, der mir mehr und mehr erlaubte, mich meinem Beruf intensiver zu widmen. Beschäftigt habe ich mich dauernd damit. Wenn es praktisch nicht möglich war, theoretisch präsent waren die Probleme immer, zumindest im Hinterkopf. Mit Vorstellungskraft konnte man auch während anderer Beschäftigungen in Gedanken an Bildern arbeiten. Das Realisieren darf nicht zu lange unterbrochen bleiben, sonst besteht die Gefahr, daß die Vorstellung sich von den Fertigkeiten zu weit entfernt und man dadurch entmutigt wird.
Es war insofern eine Klärung unserer Situation eingetreten, weil mit dem Bau der Mauer im August 1961 kein Raum mehr für Spekulationen vorhanden war, wie: "Können wir gehen oder nicht." Bis zu diesem Zeitpunkt hatten uns solche Pläne sehr beschäftigt. Ich hatte weiter vorn schon davon gesprochen, wie skeptisch ich der Zukunft unter sowjetischer Besatzung entgegensah. Diese Skepsis

bestimmte von Anfang an mein Verhältnis zur politischen Entwicklung nach Kriegsende. Die nationalsozialistische Umgestaltung der Weimarer Republik in den dreißiger Jahren hatte ich relativ sorglos über mich ergehen lassen. Andere Dinge drängten in diesem Alter mein Interesse für Politik in den Hintergrund. Registriert hatte ich schon, was geschah, aber da durch die Parteiverbote kein Kontakt mehr zu meinem früheren Umfeld existierte, wurde das auch nicht diskutiert. Ich empfand mehr Neugierde als Bedrohung, wenn ich daran dachte, was mir bevorstand: Arbeitsdienst und Wehrdienst.

Jetzt durchlebte ich die zweite diktatorische Inbesitznahme des Landes, in dem ich wohnte, und seine Umgestaltung nach einer Ideologie. Wegen meinen in jungen Jahren gemachten Erfahrungen mit der jetzt herrschenden Partei und der hinter ihr stehenden Macht, beobachtete ich jeden Schritt nicht mehr so gläubig, sondern aus kritischer Distanz. Ich zog Vergleiche und fand Verwandtschaftliches in Propaganda und Maßnahmen, manches also, was auch die Nationalsozialisten bei ihrer Machtergreifung benutzt hatten. Genau, interessiert und sensibel beobachtete ich die Einschränkungen der Informationsfreiheit. Die Gleichschaltung der Medien und ihre Funktionieren als Sprachrohr von Partei und Regierung, das hatte ich schon einmal erlebt. Nur ging jetzt alles schneller, gründlicher und kontrollierter. Die Besatzungsmacht gab das Tempo vor. Die Dialektik der Parolen und Anordnungen lernte ich bald erkennen. Wer aufmerksam die Vereinigung der beiden Arbeiterparteien verfolgte, merkte, daß es eine geplante Liquidierung der SPD war. Es mußte so sein. Eine große Partei mit demokratischen Traditionen und Grundsätzen in einer sich entwickelnden und geplanten Diktatur zu dulden, war unmöglich. Wer es nicht glauben wollte, konnte es an der Personalpolitik ablesen. Alle führenden Sozialdemokraten, die noch im Land präsent waren, wurden geehrt und kaltgestellt als Pensionäre oder Museumsdirektoren u.ä. Das Politbüro war nach der Besatzungsmacht das entscheidende politische Gremium. Und dazu gehörte nur Grotewohl als Mann von der SPD. Dieser Unselige war als Ministerpräsident das Aushängeschild und der Handlanger, der die Anordnungen des Politbüros nach außen wegen seiner vertrauteren Person den Menschen schmackhafter erscheinen lassen sollte.

SPD-Mitglieder, die sich ernsthaft sträubten, kamen in die noch existierenden Konzentrationslager.

Alles was an Theorien und politischen Programmen durch die Propaganda verbreitet wurde, leitete sich von den Zielen her, die die frühere Arbeiterbewegung erstrebt hatte. Diese grundsätzlich humanistischen, demokratischen und sozialen Vorgaben hatten eine lange Tradition und waren noch populär. Hinter der intensiv und aufwendig geführten Propaganda blieben Taktik und wirkliche Ziele der Kommunisten gut getarnt und hoben sich mit solchem Image, oberflächlich gesehen, vorteilhaft von dem gescheiterten Dritten Reich ab. Ich kenne Leute, jünger als ich, die ihre erste Begeisterungsfähigkeit gutgläubig den Nationalsozialisten geschenkt hatten und die dann in dem neuen System eine Alternative sahen. Sie scheiterten wieder mit ihrem Idealismus. Ich weiß nicht, ob es ein Unterschied ist, Menschen und Menschenschicksale aus Klassen- oder aus Rassenhaß zu zerstören. Natürlich gibt es in der Gesellschaft verschiedene Ebenen. Aber ihre Unterschiede sind nach meiner Ansicht sozialer und ökonomischer Art. Allgemein menschliche, moralische und geistige Qualitäten nur einer Klasse oder Rasse zuzuordnen und die anderen zu diskreditieren und zu bestrafen, indem man ihnen Entwicklungsmöglichkeiten und gesellschaftliche Mitgestaltung versagt, ist unmenschlich. Es war zu erkennen, daß Theorie und praktische Durchführung der Diktatur des Proletariats umfunktioniert worden waren von einer internationalen Gleichheitsidee zu einem Instrument nationaler Machterweiterung der Sowjetunion, entweder durch den Export der Revolution oder einen Krieg. Deshalb hatte man sich zur Destabilisierung des Gegners im kalten Krieg nach 1945 verschiedene Instrumente geschaffen. Es war nicht zu übersehen, daß von russischer Seite vieles getan wurde, um gute Voraussetzungen für einen Überfall auf den Rest Europas zu bekommen. Außer den strategischen Gebietserweiterungen war es vor allem die massiv betriebene ideologische Zersetzungsarbeit außerhalb ihres Machtbereiches. Man spaltete, was zu spalten war, Länder, nationale und internationale Organisationen, Bewegungen und Familien. Wenn man nicht alles haben konnte, wollte man wenigstens einen Teil besitzen, dort das alleinige Sagen haben und die Macht, das Abgespaltene für eigene Zwecke rücksichtslos einzusetzen. Ich hatte damals den

Eindruck, viele sahen die Bedrohungen nicht, wollten oder konnten sie aus ideologischer Verblendung nicht sehen.

Nachdem ich damals meinen Freund in Göttingen besucht hatte, der Möbeltransfer gelungen war, ebenso wie die Übersiedelung seiner Frau und seiner Tochter, von Mutter und Schwiegereltern, war meine Verbindung zu ihm etwas lockerer geworden. Gekommen war alles so, wie wir es bei unserem Treffen 1944 vermuteten: Der Krieg wurde verloren, und er war im Westen geblieben. Ich weiß nicht mehr, wie lange es nach meinem Besuch in Göttingen bis zu einem neuen Treffen dauerte. Es fand in Westberlin statt, wo er dienstlich zu tun hatte. Er war in Zivil, in Uniform habe ich ihn nie wieder gesehen. Warum er in Westberlin war und in welcher Funktion, konnte ich mir denken. Es wurde zur Regel, daß wir uns in gewissen zeitlichen Abständen dort trafen. Er informierte mich durch eine Karte. Sein Wunsch war von Anfang an, mich ebenfalls im Westen zu haben. "Denn", sagte er, "wenn sie dahinter kommen, daß du mich kennst, wirst du Schwierigkeiten haben." Warum, war mir klar. Seit seiner Reaktivierung gehörte er zum BND, eine logische Fortsetzung seiner Tätigkeit als Ic der Heeresgruppe Süd im Kriege. Bei meinem letzten Besuch seiner Mutter in Leipzig erfuhr ich von ihr, daß russische und deutsche Militärs sich bei ihr über seinen Verbleib erkundigt hatten. Ich nehme an, sie wußten, daß er am 20. Juli 1944 ein Eingeweihter war und glaubten deshalb, ihn zum Aufbau ihrer neuen Militär- und Überwachungsorgane gewinnen zu können. Als wir uns öfter in Berlin trafen, wußte die Stasi sicher bereits viel über ihn und hatte es bestimmt schwarz auf weiß in einer dicken Akte. Kam ich mit dem Moped nach Berlin, frug er mich ab und zu, ob mir unterwegs etwas aufgefallen sei. Meist konnte ich sagen: "Ja, in der Gegend Jüterbog-Kloster Zinna war verstärkte Patrouillientätigkeit und die Brücken waren besetzt." Dann erschien auf seinem Gesicht ein leichtes, befriedigtes Lächeln. Er sagte nichts, und ich fragte nicht.

Natürlich hatte ich die Absicht, nach dem Westen zu gehen. Ich mußte abwarten wegen der Situation, in der meine Frau sich befand. Sie wollte, aber es war schwer für sie, sich von ihrem Zuhause zu trennen. Auf jeden Fall bereiteten wir den Weggang vor, indem ich immer Sachen mitnahm, wenn ich nach Berlin fuhr, auch

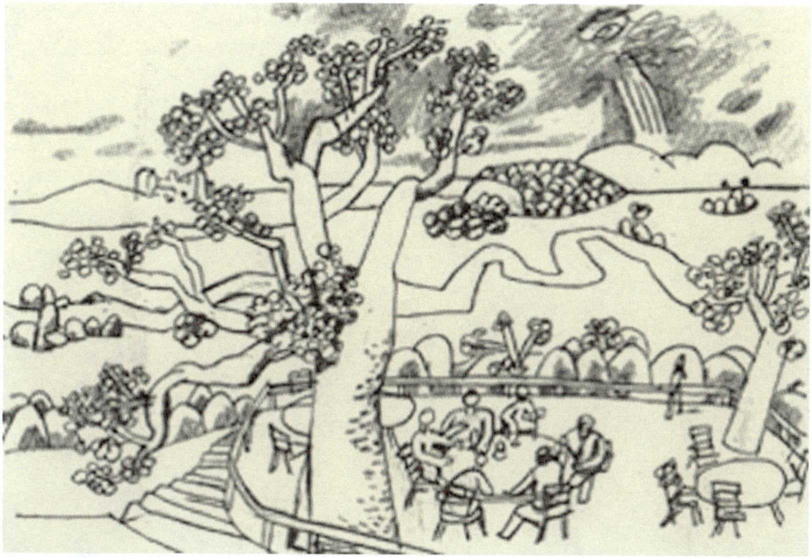

Geld, wenn es möglich war. Mein Freund tauschte es günstig und legte es an. In dieser Zeit wurden in den Zügen die Reisenden nach Berlin und zurück streng kontrolliert. Damit es nicht auffiel, wenn ich in gewissen Abständen dorthin fuhr und Sachen bei mir hatte, aus denen eindeutig hervorging, warum sie mitgenommen wurden, fuhr ich oft mit dem Moped, dem damaligen Standardmuster SR II, auf der Autobahn. Das konnten wir damals noch, aber es war langweilig und strapaziös. Reisegeschwindigkeit vierzig Stundenkilometer. So ging es bis Potsdam und dann mit der S-Bahn rüber nach dem Westen Berlins.

Meine Schwester hatte in den fünfziger Jahren durch ihren Betrieb einen Urlaubsplatz an der Ostsee bekommen. Sie nahm meine Frau und eine unserer beiden Töchter mit. Auf der Rückreise fuhr meine Frau gleich nach Westberlin und gab ihre Urlaubskoffer auf in Richtung Westen. Wir machten das kontinuierlich und hatten soviel hinüber geschafft im Laufe der Zeit, daß wir einen gesicherten Anfang gehabt hätten.

Unsere Situation war schwierig. Während wir zu Hause an einer schöneren und besseren Existenz arbeiteten, versuchten wir gleichzeitig, eine Grundlage zu schaffen für einen Neubeginn im Westen. Dazu gehörte, schon im Osten die Fahrprüfung zu absolvieren. Ich begann damit in Leipzig. Der dortige Fahrlehrer benahm sich mir gegenüber sehr eigenartig. Ich brach die Schulung ab, verlangte die Papiere und gedachte, den Lehrgang in Weißenfels fortzusetzen. Der Fahrlehrer war bereit, mich anzunehmen. Natürlich las er das in meinen Papieren, was auch ich gelesen und was mich nachdenklich gemacht hatte. Auf einem meiner Antragsformulare war der Vermerk gestempelt: "Potsdam nicht genehmigt." Er fragte mich, ob ich eine Wirtschafts- oder eine andere Straftat begangen hätte. Natürlich hatte ich das nicht. Vom Leipziger Fahrlehrer war mir das verschwiegen worden, und er legte es von Beginn darauf an, mich einfach durchfallen zu lassen. Bis zur Klärung der Geschichte vergingen vier Wochen. Dann klappte es doch. Meine Frau und ich legten die Fahrprüfung für Motorrad und PKW ab. Nach bestandener Prüfung hab ich nie wieder das Lenkrad eines Autos angefaßt. Ich fuhr Motorrad, und als wir den Trabanten bekamen nach langer Zeit, übernahm meine Frau das Autofahren für immer.

Dieser Vorfall bestärkte mich in meiner Absicht wegzugehen. Ich wußte, daß es nicht einfach werden würde, besonders für meine Frau. Ihre Eltern, alt und gezeichnet, trauerten um die im Krieg verlorenen beiden Söhne. Außerdem blieben sie dann allein mit dem Grundstück. Erzwingen wollte und durfte ich nichts. Ich vertraute auf die Zeit, die wir noch hatten. Vielleicht brachte sie eine Lösung. Bei einem gemeinsamen Besuch in Westberlin wurden die Annehmlichkeiten, die diese Stadt inzwischen bot, durch diesen Gedanken überschattet. Mein Freund versuchte Druck zu machen, und meine Frau weinte den ganzen Tag.

Während eines dieser Treffen kam das Gespräch auf den Kongreß des kommunistischen Weltgewerkschaftsbundes, der wohl im Herbst 1957 in Leipzig stattfinden sollte. Er fragte mich, ob ich nicht Lust hätte, mir das einmal anzusehen und anzuhören. Den Gedanken fand ich nicht schlecht und besorgte mir beim FDGB eine Gastkarte. Als er dann in der Kongreßhalle am Zoo stattfand, war ich von Anfang bis Ende als aufmerksamer Gast dabei. Ich hörte nicht nur genau zu, sondern zeichnete auch fleißig. Als an einem der Kongreßtage bekanntgegeben wurde, daß die Sowjetunion einen Sputnik gestartet hatte und sich als erster Staat präsentierte, der in der Lage war, den Flug ins Weltall technisch zu vollbringen, tobten die Delegierten und der Beifall nahm kein Ende. Aus meinen gezeichneten Porträts und figürlichen Notizen baute ich anschließend ein Bild zusammen. Es war meine erste rein figürliche Komposition. Die Funktionare des FDGB hatten andere Vorstellungen von Malerei.

Außer in Berlin traf ich mich mit meinem Freund auch in Westdeutschland. Bis zum Bau der Mauer 1961 geschah das drei- oder viermal. Meine erste Reise nach dem Westen galt gemeinsam mit einem Kollegen der I. Dokumenta in Kassel. Die Ausstellung und der Besuch des Films "Jenseits von Eden" hatten mich sehr beeindruckt. Besonders Léger, dessen Arbeiten ich hier zum ersten Mal sah, hinterließ bei mir Spuren. Dann kam ein mehrtägiger Besuch mit meiner Frau in Beyreuth. Dort hatte mein Freund mit seiner Familie die erste anständige Wohnung. Einen Käfer besaßen sie auch. Damit machten wir einen Ausflug ins nahe Fichtelgebirge.

Es muß 1954 oder etwas später gewesen sein, als ich meinen spektakulärsten Grenzgang unternahm. Diesen Besuch hatten wir

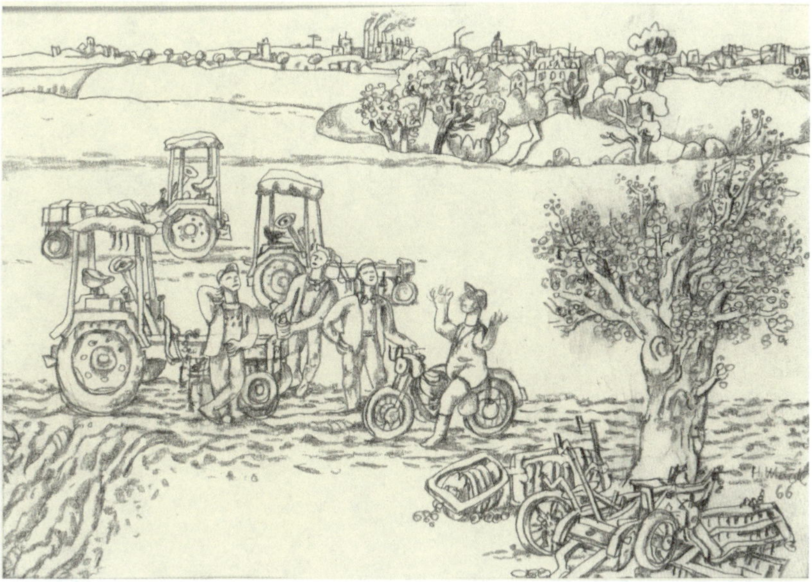

in Berlin programmiert. Wir verabredeten den Zeitpunkt, und mein Freund übergab mir eine Adresse, die ich in Rodach/Oberfranken aufsuchen sollte. Dort könnte ich übernachten, und am nächsten Morgen wollte er mich abholen. Das war ein Problem, und wie ich es lösen sollte, mußte gut überlegt werden. Ich fuhr einen Tag vorher mit dem Zug bis Hildburghausen, wo ich am Nachmittag ankam. Hier schlug ich mich in den Wald, marschierte immer südwärts. Gegen Abend ging der Wald zuende, und ich sah vor mir freies Gelände. Offensichtlich war ein Dorf in der Nähe. Ich wußte nicht, wo ich war. Seitlich hinter mir kamen zwei Arbeiter aus dem Busch. Ich sprach sie an, doch sie reagierten nicht. Ich ging voraus, stellte mich hinter eine Hecke am Weg und wartete. Sie gingen ganz langsam und dicht an mir vorüber, wobei einer im Gehen sagte: "Vor Ihnen ist die Grenze. Der Wald hinter den Wiesen ist schon drüben." Noch etwas sagte er von Grenzposten links und rechts. Dann waren sie weg, und ich blieb unentschlossen zurück. Es war noch hell und vor mir freies Gelände. Nach kurzem Zögern marschierte ich los. Als ich ein Stück gegangen war, hörte ich von beiden Seiten Signalzeichen. Ich rannte, was ich konnte. Als ich hoffte, über der Grenze zu sein, sprang ich in den Graben und ging geduckt und kriechend weiter, bis ich glaubte, der aufrechte Gang sei wieder angebracht. Bald erreichte ich das Dorf und fragte eine Frau nach dem Weg. Sie wollte mich ein Stück mitnehmen, aber wir kamen nicht weit. Ein Grenzpolizist hielt uns an und verlangte die Ausweise. Die Frau durfte passieren. Mich nahm er mit zurück in den Ort. Dort notierte er meine Personalien und entschuldigte sich für sein Verhalten. Als Familienvater könnte er sich Großzügigkeit nicht leisten, zumal es an diesem Grenzabschnitt wegen Waffenschmuggels eine gespannte Atmosphäre gäbe. Ich wüßte ja, wo ich hergekommen sei, und dorthin sollte ich wieder gehen. Meine Angaben hatte er, wie ich beobachtete, auf eine Zigarettenschachtel geschrieben, und ich nahm deshalb an, daß es so ernst nicht gemeint sein konnte. Ich ging ein Stück zurück und schlug mich in die Büsche. Es war dichtes Weidengestrüpp, welches an einem Bachlauf stand. Dort versteckte ich mich, bis es dunkel wurde. Als ich noch überlegte, wohin ich gehen sollte, tauchten im Gebüsch drei Männer auf mit vollbeladenen Huckekörben auf den Rücken, offensichtlich

Schmuggler aus Thüringen. Wir verständigten uns kurz, und ich konnte mich ihnen anschließen. Auch sie sprachen von einer heiklen Situation in dieser Gegend und sagten, daß man Umwege gehen müßte.
Ich kam gut in Rodach an, wo man mich erwartete, und wurde am folgenden Morgen von meinem Freund abgeholt. Er wohnte noch in Beyreuth. Ich blieb nicht lange dort, weil ich unbedingt Salzburg kennenlernen wollte. Mit etwas gespendetem Kleingeld in der Tasche fuhr ich im Zug nach Süden. Vor der Grenze nach Österreich erkundigte ich mich bei mitreisenden Einheimischen, was wohl das Beste für mich sei. Man nannte mir die Adresse einer Frau, Kriegerwitwe mit Haus. Dort wohnte ich vier bis fünf Tage und war gut aufgehoben. Von hier war es nicht weit nach Salzburg. Ein Fußweg an der Salach entlang, führte bis zum Grenzübergang. Das war eine Brücke für Fußgänger über den Fluß. Ich traf den Grenzposten immer auf dem Brückengeländer sitzend an. Ein kurzer Gruß mit erhobener Hand war alles, wenn ich über die Brücke spazierte. So war es jeden Tag, morgens und abends, kein Woher oder Wohin oder Was-haben-Sie-in-der-Tasche. Nicht weit von der Brücke entfernt, fuhr ein Omnibus in die nahe Stadt. Täglich war ich dort und immer wieder beeindruckt. Trotz minimaler Börse, bei trockenem Brot oder Brötchen und klarem Wasser aus den Springbrunnen der Stadt. Nach Bayern zurück fuhr ich per Anhalter, zuerst mit einem irren Tempojäger, dann in einem totchicken Ami-Schlitten.
Die Rückkehr über die Grenze nach der Zone war genauso aufregend, wie der vorhergehende Grenzübertritt. Mein Freund fuhr mich zu einer finsteren Wirtschaft im Walde. Dort hatten sich - sicher von ihm organisiert - schon einige Grenzgänger versammelt. Geführt von einem Ortskundigen, ging es in der Nacht los, durch den Wald in Richtung Eisfeld. Am Ende des Waldes und fast am Ziel, liefen wir in eine russische Patrouille. Jeder rannte so gut er konnte, ich auch und zwar in eine Scheune, in der ich mich versteckte. Bis gegen Mittag blieb ich dort, dann schlich ich mich hinaus und zum Bahnhof in Eisfeld.
An dem Einvernehmen, uns in Berlin zu treffen, änderte sich nichts. Die Stadt hatte unterdessen allerhand zu bieten. Es war die Zeit des Kabaretts "Die Stachelschweine". Gute Filme gab es zu

sehen wie "Die Brücke über dem Kwai". Chinesische Speiselokale und infrarotgeheizte Boulevardcafés luden zum Sitzen ein. Alles war für mich etwas Besonderes. Mitunter ergab es sich, daß ich zwei Tage dort blieb. Abends konnten wir ausgehen, wie früher in Leipzig. Gesprächsstoff hatten wir immer. Wir sprachen über Politik und die Wahrscheinlichkeiten der weiteren Entwicklung in Deutschland. Da war ich mehr Zuhörer. Kontroverse Meinungen, wie am Beginn unserer Freundschaft, hatten wir schon lange nicht mehr. Es ging eher um Bestätigung oder Korrekturen von Vermutetem oder Erfahrenem und Erlebtem sowie darum, in welche Zusammenhänge es zu bringen wäre.
Die Lebensbereiche, in denen jeder von uns beiden wohnte, wurden immer unterschiedlicher. Viel Neues, was er nicht wußte, hatte ich nicht zu erzählen. Dagegen gab es manch Interessantes aus der weiten Welt und aus der Ostzone für mich zu erfahren. Wir debattierten darüber, wie wir leben würden und was meine Frau und ich am besten bei einem Wechsel nach dem Westen täten.
Um gewappnet zu sein für einen Umzug, hospitierte ich in einer Manufaktur in Lettin bei Halle und probierte die Porzellanmalerei aus. Ich kam ganz gut mit ihr zurecht, und hätte Gefallen an dieser Arbeit finden können. Dann ließ ich mich Ende der fünfziger Jahre für einige Monate in meiner ehemaligen Lehrfirma einstellen, um als Chemigraph wieder perfekt zu werden. Es war ein gutes halbes Jahr mit menschlichen Kontakten zu früheren und neuen Kollegen.
Alles war für einen Weggang nach dem Westen vorbereitet. Wir hatten im Laufe der Zeit eine ganz schöne Ausstattung nach drüben geschafft, die auf uns wartete. Die Notwendigkeit einer Entscheidung spürten wir. Die Flucht von Bewohnern des Ostens nach dem Westen verstärkte sich und wurde zum Problem für die SED-Regierung.
Im zeitigen Frühjahr 1961 fuhr ich mit meinem alten strapazierten Moped noch einmal gen Westen, bis zur Grenze auf der Autobahn Berlin-München. Lustig war das nicht, und ich fror mächtig. Aber irgendwie gefiel es mir. Vielleicht war es Verwunderung über meine Ausstattung und mein Aussehen, was die Grenzer auf der Westseite veranlaßte, mich gründlich auszufragen und zu filzen, ehe sie mich passieren ließen. Von der Autobahn verjagten sie

mich, und ich mußte bis Nürnberg, meinem Ziel, auf der Landstraße und durch die Dörfer fahren. Das war auch nicht schlecht. Hier war ich schon zweimal in früheren Jahren mit dem Fahrrad durchgekommen. Es war ein Fortschritt, ich mußte diesmal durch Oberfranken und am Fichtelgebirge vorbei nicht treten.
Eine Freude war es, wieder einmal Nürnberg zu sehen. Das Wirtschaftswunder war schon zu spüren. Es war möglich, gut aus- und essen zu gehen. Das taten meine Freunde mit mir. Wir besuchten ein vorzügliches Lokal in einem alten Klostergebäude, vielleicht zu Unseren Lieben Frauen. Ich weiß es nicht mehr so genau. In Nürnberg blieb ich nicht lange. Per Anhalter fuhr ich nach Heussenstamm bei Frankfurt zu C.M. Er war zuletzt Parteisekretär im Leipziger Künstlerverband und ging einige Zeit nach dem Ungarnaufstand in den Westen. Wir hatten immer ein freundschaftliches Verhältnis zueinander. Jetzt arbeitete er als Lithograph. Und die kleine Unterkunft beeinflußte sein heiteres Gemüt nicht. Lange konnte ich nicht bleiben; denn ich wollte noch nach Völklingen ins Saargebiet zu einem anderen Freund und Kollegen. Er war etwa um die gleiche Zeit flüchtig geworden, wie es damals hieß.
Von Nürnberg bis Heusenstamm per Anhalter war eine abwechslungsreiche Fahrt durch mir bisher völlig Unbekanntes. Im Spessart gefiel es mir besonders gut. In Heusenstamm erhielt ich Geld für eine Bahnfahrt bis Völklingen, weil ich am Wochenende wieder zurück sein sollte. Das gab Ärger in Völklingen; denn auch dort sollte ich länger bleiben.
Die ganze Rückfahrt bis Nürnberg bewältigte ich wieder als Anhalter. Sie war nicht weniger spektakulär als die erste Fahrt. Ein mich Mitnehmender wollte, nachdem er wußte, was ich beruflich machte, mich überreden, unbedingt im Westen zu bleiben. Nur mit Mühe konnte ich ihn davon abbringen, mich sofort zu einer Firma zu fahren, die mich gleich behalten würde. Für die Strecke über Würzburg nach Nürnberg hatte ich einen ganz Wilden erwischt, dem Deutschland als Demokratie überhaupt nicht mehr gefiel, und der demnächst in Afrika abenteuerlicher leben wollte. Seine Fahrerei mit dem Auto übertraf bei weitem meinen Bedarf an Abenteuer. In Nürnberg bestieg ich nach wenigen Tagen Aufenthalt wieder mein Moped und fuhr nach Hause. Als ich mich verabschiedete, war mein Freund nicht daheim, und ich weiß

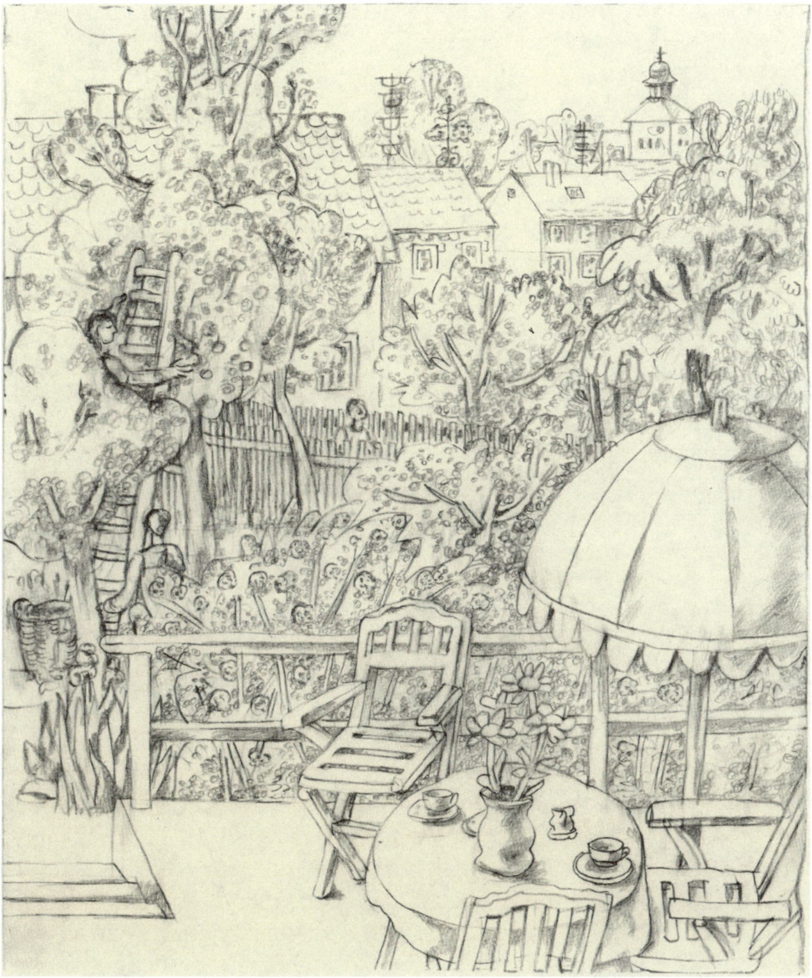

noch, was ich damals zu seiner Frau sagte: "Entweder wir sehen uns bald wieder oder lange Zeit nicht mehr." Leider wurde zu wahr, was ich geahnt hatte.

Mein Freund hatte in Nürnberg schon eine Wohnung für uns vorgesehen. Ich nehme an, wir hätten einen leichten Wechsel gehabt zu einem anderen, vielleicht besseren Leben. Meine Hoffnung, die Zeit würde eine Möglichkeit bringen, die den Weggang für sie erleichtert hätte und die den Zurückbleibenden unsere Ausreise nicht zu verantwortungslos erscheinen ließe, hatte sich nicht erfüllt. Im Gegenteil. Die Republikflucht der DDR-Bürger war in einem Ausmaß eskaliert, daß Gegenmaßnahmen immer wahrscheinlicher wurden. Je mehr diese Vorstellung das Bewußtsein der Bürger ergriff, um so mehr packten ihre Sachen, um noch schnell davon zu kommen.

Ende Mai fuhr ich noch einmal mit dem Moped nach Berlin. Als ich spät abends nach Hause kam, sagte man mir, meine Frau liege im Krankenhaus. Auf dem Weg zur Arbeit war sie mit dem Rad gestürzt, hatte sich das Sprunggelenk des rechten Fußes ausgekugelt und das Wadenbein gebrochen. Außerdem hatte sich der Gesundheitszustand des Schwiegervaters verschlechtert. Es war die Zeit, in der sich die innenpolitische Lage der DDR durch den anwachsenden Flüchtlingsstrom nach Westen dramatisch zuspitzte. Ich befürchtete, daß dieses Abstimmen mit den Füßen durch Maßnahmen beendet würde, die entscheidend sein könnten für unser künftiges Leben. Dieser Situation nach so vielen Mühen und Vorbereitungen auf einen Wegzug aus der DDR, durch familiäre Umstände gezwungen, hilflos gegenüber zu stehen, war ein schlimmer Umstand.

Am 13. August 1961 hatten alle Spekulationen ein Ende, und der Sack war zu. Für diese oder ähnliche Maßnahmen, die irgendwie und irgendwann zu erwarten waren, hatten wir - mein Freund und ich - uns abgesprochen, wie wir weiter in Verbindung bleiben könnten. Wenige Wochen nach dem Bau der Mauer kam mein Schwiegervater ins Krankenhaus und starb nach kurzer Zeit. Es wäre schlimm gewesen, wenn wir nicht daheim geblieben wären. Vorsichtshalber schrieb ich nach dem Mauerbau meine ersten Briefe nach dem Westen mit unsichtbarer Tinte. Das ließ ich bald sein und versuchte es mit einer verstellten saloppen Handschrift unter falschem Absender. Die Briefe steckte ich immer irgendwo anders in die Kästen. Sie gingen an einen Verwandten meines Freundes, der in einer anderen Stadt lebte. Ich kannte natürlich die Gefahr, eines Tages damit Schwierigkeiten zu bekommen. Dieses Gefühl war mehr oder weniger fast immer da im Be- oder Unterbewußtsein. Besonders als Leitungsmitglied im Künstlerverband, wenn ich an Diskussionen teilnahm, Beiträge erarbeitete, Vorträge oder Rechenschaftsberichte konzipierte. Ich wußte, für mich war es doppelt riskant, sich weiter aus dem Fenster zu hängen, als es üblich war. Aus Gesprächen und Einschätzungen von Kollegen wußte ich, daß das, was ich von mir gab, trotzdem weniger phrasenhaft war als Beiträge von anderen und besonders von Genossen.

Es ging so bis Ende 1968 oder Anfang 1969. Da kam eines Vormittags der Sekretär des Künstlerverbandes ins Atelier, wie des öfteren, und teilte mir mit, daß bei ihm die Stasi gewesen wäre, um sich nach mir zu erkundigen. Er spielte es herunter, aber bei mir läuteten die Alarmglocken, ohne mich nervös zu machen.

Es dauerte nicht lange, und ich bekam Besuch im Atelier, ein Mann in mittleren Jahren mit nur einem Arm. Er gab sich als Kunde aus, und es begann ein allgemeines Gespräch. Irgendwie kamen wir, sicher etwas gelenkt, auf Nürnberg zu sprechen, und meine Kenntnisse von der Stadt interessierten ihn offensichtlich. Da wurde meine Vermutung, mit wem ich es zu tun hatte, zur Gewißheit; denn in Nürnberg wohnte noch mein Freund. Ich war erst kurze Zeit in diesem Atelier am Markt 10. Vor mir arbeitete hier ein Maler, der gefällige und publikumsfreundliche Sachen machte. Es war kein dummer Vorwand, als Kunde zu kommen. Ohne Warnung wäre ich sicher nicht so schnell dahinter gestiegen, mit wem ich es zu tun hatte.

Er kam noch einige Male. Zwei oder dreimal besuchte er auch abends meine Frau in Langendorf, so bis etwa 22 Uhr, sogar mit Blumen und Konfekt. Offensichtlich wußte man bei der Stasi, wann ich abends spät oder nicht nach Hause kam. Im Umfeld der Langendorfer Wohnung müssen sie auch recherchiert haben. Ich merkte es ein oder zweimal, wenn ich am Wochende früh in den Garten ging, daß so ein Typ sich in unmittelbarer Nähe aufhielt. Nachdem sie glaubten, genügend sondiert zu haben, kam eines

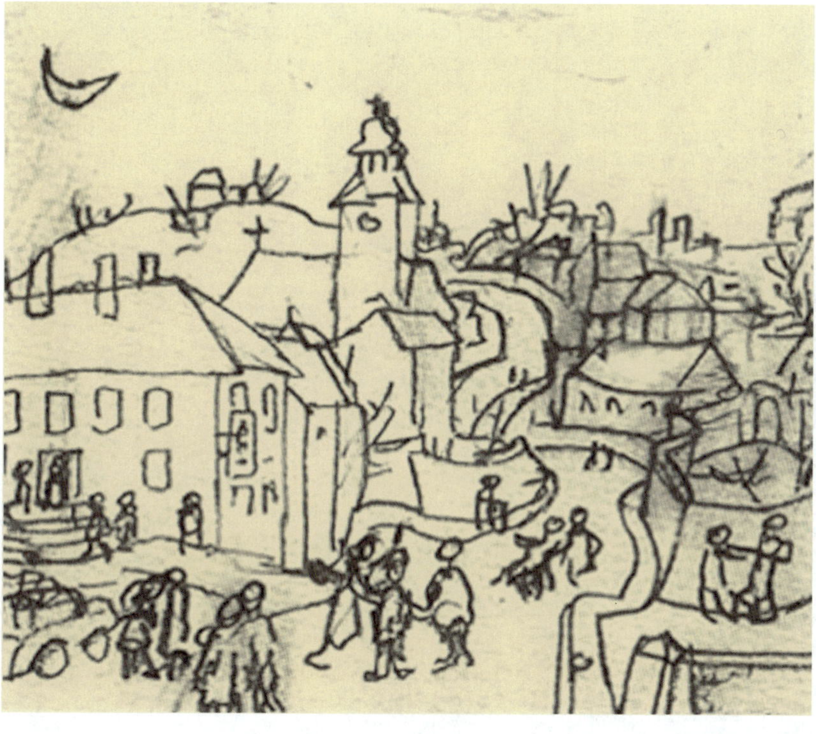

Tages nach telefonischer Anmeldung und dem Wunsch, daß ich allein sein möge, ein kultivierterer Herr mittleren Alters. Tadellos angezogen, stellte er sich als "Herr König" vor, was ich ihm natürlich nicht glaubte. Das Gespräch war ebenfalls belanglos und endete mit dem Ansinnen, daß ich ihm Fotos von meiner Zeit beim Luftverteidigungskommando in Leipzig zeigen sollte. Ich tat ihm den Gefallen gern; denn ich wußte, daß sie auf dem falschen Dampfer waren.
So vergingen noch etwa drei Besuche, ohne daß er eine Spur fand zu dem, was ihn eigentlich interessierte. Ich zeigte mich gesprächsbereit. Es ging nicht um Besonderes. Kam er auf Politik, so versuchte ich, direkte Fragen oder Anspielungen zu umgehen. Er machte mir Komplimente über meine Tätigkeit und mein Ansehen im Künstlerverband. Auch dort hatten die Stasi-Leute sich gut informiert. Er verlangte absolutes Stillschweigen über die Zusammenkünfte. Dann kam er eines Tages und fragte sofort direkt, woher ich Herrn G. Th., meinen Freund, kenne. Das hatte ich erwartet und mir dafür eine Geschichte ausgedacht. Diese erkannte er nicht an, und mir war klar, es ist das Beste, die Wahrheit zu sagen; denn die war ganz anders, als er glaubte. Er war überrascht und etwas schockiert, als ich ihm erzählte, daß wir uns seit 1930 kennen und gemeinsam in einer Klasse der Buchdruckerlehranstalt waren, seit dieser Zeit befreundet und einander verbunden. Sofort verließ er mich; denn das war etwas Unerwartetes und mußte gleich überprüft werden. Er blieb ein Dauergast, der in unregelmäßigen Abständen nach telefonischer Anmeldung kam und verlangte, daß ich allein sei.
In der folgenden Zeit hatte ich den Eindruck, sie waren etwas durcheinander und wußten nicht so recht, was sie mit mir anfangen sollten. Sie hätten mir leicht mit dem, was sie wußten und in Händen hielten, erhebliche Schwierigkeiten bereiten können. Nur einmal kam eine leichte Drohung. "Sie wissen doch, daß wir einen Brief von ihnen haben." - Sicher hatten sie mehr Briefe von mir, welchen er meinte, konnte ich mir denken. Später sagte er, auf diesen Brief zurückkommend, sie wüßten, daß in der Wohnung des Empfängers, über seinen Inhalt gesprochen worden sei. Folglich mußte die Stasi im westdeutschen Wohnungsnachbarn einen Komplizen gefunden haben, der ihr das Abhören gestattete.

Wie ich später aus meiner Stasi-Akte erfuhr, hat ein Sachverständiger meine Identität durch das Vergleichen meiner Schrift in den Briefen mit der Schrift auf meinem Antrag für einen neuen Personalausweis festgestellt. Umsonst hatte ich versucht, durch verstellte Handschrift und falschen Absender, unsere Beziehung nicht ins Blickfeld der Ermittler gelangen zu lassen.

Es begann eine Periode des Testens. Herr "König" stellte Fragen suggestiver Art wie: "War die Mauer nicht notwendig für den Frieden?" oder "Finden Sie nicht, der Sozialismus ist doch die einzige humanistische Gesellschaftsform." - Ich schaffte es, direkte Antworten zu umgehen. Die Aufforderung, das Gesicht meines Freundes zu zeichnen, lehnte ich mit der Begründung ab, keine Menschen zeichnen zu können. Fragen danach, wie sich mein Freund verhalte, wenn er aus dem Haus tritt und ähnliche, machten mich stutzig; denn ich wußte, daß sie auch vor Kidnappen nicht zurückschreckten. Davon erzählte ich mit meinen Befürchtungen der Frau meines Freundes während eines Besuches nach der Wende in Leipzig. Sie erinnerte sich, daß es einen solchen Versuch wirklich gegeben habe, als sie noch in Nürnberg wohnten. Warum er nicht gelang, wußte sie nicht mehr. Der Inhalt unserer Gespräche war trotz allem nicht uninteressant. Herr "König" erzählte mir offen, in welchen Dingen die Stasi das letzte und entscheidende Wort hätte: bei Ordensverleihungen, Westreisen und anderen Vergünstigungen. Einmal brachte er eine Flasche Durjadin, dann ein Buch von drüben über Léger und auf meinen Wunsch Näpfchen mit Pulverfarben von Schminke.

Eines Tages wurde ich in eine ihrer geheimen Wohnungen in der Jahnallee bestellt, sicher in die eines Genossen Rentner, der inzwischen spazieren gehen mußte, und wurde mit einem offensichtlich wichtigen Mann aus der Berliner Zentrale konfrontiert. Er machte auf mich keinen erbaulichen Eindruck: bullig, den Kopf glatt geschoren und die Fingernägel abgekaut. Bei seinem Anblick fiel mir ein, daß mein Freund einmal gesagt hatte: "Sie foltern auch." Der Bullige fragte mich unter anderem, warum ich vor dem Mauerbau nach drüben gewollt hätte. Ich sagte ihm: "Weil für unsere Generation bessere Lebensbedingungen auf Grund einer effektiveren und besseren wirtschaftlichen Entwicklung dort bestanden."

Mein Leipziger Partner war über meine Antwort sichtlich schokkiert. Doch der Berliner sagte nur: "Natürlich hat er recht."
Es ging in dem üblichen Rhythmus weiter. Mitunter machte ich morgens, wenn ich kam und meine Ateliertür aufschloß, die Beobachtung, daß Besuch da gewesen sein mußte. Es war am Schloß ganz wenig spürbar. Mir war die Wahrscheinlichkeit bewußt, im Atelier Wanzen zu haben. Wenn ich arbeitete, telefonierte oder mit Besuch sprach, dachte ich nicht daran. Eines Tages, es muß Ende der siebziger Jahre gewesen sein, brachte Herr "König" einen Brief meines Freundes mit und gab ihn mir zu lesen. Darin schrieb er, es hätte in letzter Zeit viel Streß für ihn gegeben, und die Folge war ein Herzinfarkt. Der lapidare Kommentar meines Besuchers: "Tja, die haben jetzt viel zu tun gehabt." Als er den Brief zurück haben wollte, zögerte ich einen Moment. Er war ja an mich adressiert. Das entlockte ihm ein müdes Lächeln. Ich sagte: "Entschuldigen Sie, ich vergaß einen Moment Ihre Möglichkeiten", und gab ihm das Schreiben zurück. Ein andermal bemerkte der Stasimann: "Ihr Freund gehört in der Bundesrepublik zu den Wenigen, die genau wissen, wo es lang geht."
Kurz nach jenem Vorfall besuchte mich C. M., der inzwischen in Köln wohnte, und ab und zu die Messe in Leipzig zu einer Visite in der alten Heimat und bei seiner Mutter benutzte. Als er ging, folgte ich ihm auf die Treppe; denn jetzt dachte ich an die Wanzen, und bat ihn dort, in Starnberg anzurufen, damit mein Freund den Briefverkehr ruhen läßt.
Ich hatte in dieser Zeit offiziell zwei Westkontakte: zu C.M und W.Z. Über beide war die Stasi informiert. W.Z. war in Sindelfingen bei IBM Abteilungsleiter für Versand. Wir kannten uns von der Luftflotte V. Er gehörte mit mir bis 1943 zum Gefechtsstab. Durch seine Stellung kam er ab und zu beruflich mit dem Auto nach Leipzig zur Messe. Wir nutzten das zu kleinen Spritztouren im Bezirk Leipzig. Weiter durfte er nicht. Er war schon Vorruheständler, als er mich eines Tages anrief und sagte, er käme mit seiner Frau nach Leipzig zu Besuch und fragte, was er mitbringen sollte, Bücher oder anderes. Zum Glück bat ich ihn, mir überhaupt nichts mitzubringen. An der Grenze zur DDR machte man ihm schon Schwierigkeiten mit strengem Durchsuchen. Damit nicht genug. In Leipzig mußte er sein Auto abliefern und bekam es erst am

nächsten Vormittag wieder. In der Zwischenzeit haben sie es bestimmt gründlich auseinander genommen. Demnach hatte man es noch nicht aufgegeben, weiteres Material gegen mich zu finden, obwohl der Ton zwischen uns sehr moderat geworden war.

Herr "König" machte mir weiter Komplimente, und es herrschte zwischen uns direkt eine zuvorkommende Umgangsart. Plötzlich sagte er, als er eines Tages kam, wir sollten doch einmal zu mir nach Hause fahren, und er möchte meine Korrespondenz sehen. Natürlich kam er da zu spät, aber eine Karte, vor dem Mauerbau geschrieben, mit der Einladung nach Berlin, hatte ich doch übersehen. Er stutzte, akzeptierte aber meine Erklärung. Dann entfaltete er ein Papier, und schaute es sich an. Da er mit dem Rücken zum Fenster saß, konnte ich von hinten durchsehen und darauf ein Schema von Linien erkennen, die Namen verbanden, die ich nicht zu entziffern vermochte. Es sah aus, wie das Schema einer Konspiration. Bemerkenswert war eine Anspielung meiner Frau gegenüber: Er könnte nicht verstehen, daß jemand wie ich sich mit einem Herrn Soundso abgäbe. Dieser Herr war auf Grund seiner Stellung und seines Charakters einer ihrer guten Zuträger, wie ich wohl wußte. Überhaupt kannte ich einige Kollegen, die meines Wissens nach für die Stasi arbeiteten.

Ich glaubte, sie überlegten, ob sie mich nach Drüben schicken könnten. Vielleicht zweifelten sie an meiner Bereitschaft. Eines Tages fragte Herr "König" mich direkt: "Kämen Sie wieder, wenn wir Sie nach Drüben fahren ließen?" - Das bejahte ich. Auf dieses Thema kam er nicht wieder zurück. Bald danach brachte er einen jüngeren Mann mit. Er war nicht so korrekt angezogen und gab sich auch nicht so. Dieser junge Mann würde seine bisherige Aufgabe bei mir übernehmen, da er etwas anderes tun müßte, war die Erklärung.

Nachdem die Stasi, wie ich aus meiner zweiten Akteneinsichtnahme feststellen konnte, 1975 schon einmal "meinen Fall" abgeschlossen hatte, da mein Freund nach einem Herzinfarkt nicht mehr im Dienst war, interessierte sie sich nach 1980 wieder mehr für mich. Aus ihren Aufzeichnungen ersah ich, daß sie sich theoretisch mit mehreren Varianten beschäftigten, um mich doch noch zum "Mitspielen" zu bewegen. Es nutzte ihnen nichts.

In der zweiten Hälfte der siebziger Jahre zeichnete sich eine Tendenz im Künstlerverband ab, Anträgen für beruflich begründete Reisen in wenigen Fällen eine Chance zu geben. Ich reichte einen Antrag ein, studienhalber den Isenheimer Altar in Colmar besichtigen zu wollen. Daß mein Antrag genehmigt würde, teilte mir mein Stasi-Besucher mit. Er sprach von meinem Freund, und benutzte dabei seltsamerweise seinen Vornamen. Darüber machte ich mir Gedanken. Er erlaubte mir ausdrücklich, ihn zu besuchen, gab mir einen Zettel mit Anschrift und Telefonnummer. Das war sehr aufmerksam; denn ich wußte nur von einem Haus, das er sich in der Zwischenzeit bei Starnberg zugelegt hatte, und Briefe hatten wir nicht mehr ausgetauscht.

Meine Bahnreise nach drüben mußte ich mit Westgeld aus eigener Tasche bezahlen. Das war natürlich ein Problem. Was ich zusammen bekam, reichte bis kurz hinter die Grenze nach Hof. Dort holte mich mein Sindelfinger Freund mit dem Auto ab. Wir blieben eine Zeit in dieser Stadt, bis er mit seiner Frau und mir nach Colmar fuhr. Nach den vielen Jahren DDR war es schon etwas, durch den Schwarzwald zu fahren, über den Rhein nach Frankreich. Es beeindruckte mich alles sehr: das in einem für diesen Zweck zurechtgemachten alten Kloster aufgestellte Altarbild von Grünewald, das bereits einsetzende vorweihnachtliche Treiben in dieser alten Stadt. Leider war es etwas spät und dunkelte, als wir noch nach Strasbourg kamen, um das Münster zu sehen. Es war ein Tag voll großer Eindrücke.

Später fuhren sie mich nach München, wo ich mit meinem Freund und seiner Frau im Ratskeller verabredet war. In dem exklusiven Lokal gab es ein freudiges Wiedersehen nach der langen Zeit. Als die Sindelfinger weg waren, fuhren wir nach Kühtal bei Starnberg zu ihrem Haus. Es war ein schönes, ruhiges, kleines Anwesen, über dem Starnberger See gelegen. Nachdem wir es uns bequem gemacht hatten, war meines Freundes erste Frage: "Heinz, wenn du einen Auftrag von der Stasi hast, muß ich dich in deinem eigenen Interesse sofort aus dem Haus schmeißen." - Ich konnte ihn mit gutem Gewissen beruhigen. Wir machten zusammen einen gelungenen Ausflug mit dem Auto in die Berge, die ich solange nicht gesehen hatte.

Mit dem Erreichen meines Rentenalters besuchte ich ihn noch oft, und wir hatten gemeinsam einige gute Tage. Nach seinem Herzinfarkt und andrer schwerer Krankheit war er, inzwischen zum Oberst i.G befördert, nicht mehr im Dienst. Bis zu seinem viel zu frühen Tod blieben wir in Verbindung. Die Umstände waren leider so, daß ich an seiner Beerdigung nicht teilnehmen konnte. Ich bedauerte es sehr, daß er die Einheit Deutschlands, für die er seit 1945 gearbeitet hatte, nicht mehr erleben durfte. Die Stasi-Besuche, die weiter bei mir stattfanden - allerdings bedeutend seltener - waren längst gegenstandslos geworden.
Als sich während der Wende das Ende der DDR-Zeit abzeichnete, kam der Herr "König" noch einmal zu mir ins Atelier und bat mich um eine private Gefälligkeit, die ich ihm gern erwies. Noch heute ärgere ich mich, weil ich nicht versucht habe, ihn in ein entspanntes Gespräch zu ziehen, um einige Hintergrundinformationen über unser Verhältnis, das für mich viel Rätselhaftes hatte, nachträglich zu erhalten. Aus meiner Stasi-Akte konnte ich nicht viel herauslesen. Das meiste war in verschlossenen großen Kuverts. Neu war mir 1968/69 hatte man ein Ermittlungsverfahren gegen mich wegen des Verdachtes auf Spionage eingeleitet. Dann waren eine Menge Äußerungen von mir aufgeführt, die ich im Atelier bei Gesprächen gemacht haben soll, die so nicht stimmten. Offenbar waren sie aus einem mir unbekannten Grund manipuliert und erfunden worden. Außerdem war gegen Ende der Akte noch eine Notiz vom Vorgesetzten meiner Stasi-Partner, in der er sie rügte, mich nicht intensiver unter Druck gesetzt zu haben, trotz der Möglichkeiten, die ich ihnen dazu geboten hätte, durch meine nicht gerade glänzende finanzielle Situation.
Eigentlich sollte ich mich nach etwa einem Jahr noch einmal bei der Gauck-Behörde melden, weil manches mich Betreffende noch nicht ausgewertet sei. Auf eine erneute Anfrage und meine Bitte hin, mir ein Gespräch mit Herrn "König" zu vermitteln, erhielt ich eine hinhaltende Antwort.
Mit der Wiedereröffnung der Hochschule für Grafik und Buchkunst im Frühjahr 1946 hatten sich - wie schon gesagt - die Schwerpunkte in meinem Leben verschoben. Das Studium erhielt mindestens den gleichen Stellenwert, wie die Erledigung all der notwendigen Dinge, die zur Sicherung der einfachsten Existenz-

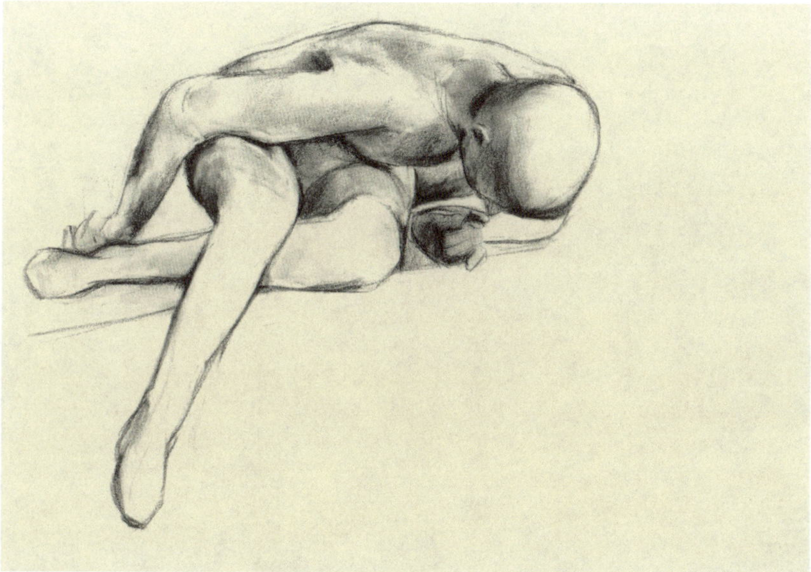

grundlage getan werden mußten in dieser Zeit kurz nach dem Krieg. Mein Hauptwohnsitz war noch bei meiner Schwester in Böhlitz-Ehrenberg. Mit der Wiedereröffnung der einstigen Akademie begann wirklich ein neuer Abschnitt ihrer Geschichte. Wer geglaubt hatte, und das waren nicht wenige, es begänne wieder dort, wo es 1933 geendet hatte, mußte endlich erkennen, daß dem nicht so war. Sie standen mit ihrem Glauben auf verlorenem Posten. Die Schule hatte nicht nur eine andere Verwaltung bis auf den Hausmeister, sie hatte auch einen vollkommen neuen Lehrkörper. Dieser bestand nicht nur aus Hardlinern. Es ging auch hier, wie überall, nach dem Grundsatz: Es muß demokratisch aussehen, doch die Zügel müssen ideologisch und politisch in fester Hand sein. Dafür sorgte in erster Linie der neue Rektor Prof. Massloff, ein schon vor 1933 bekannter Leipziger Kommunist. Zehn Jahre hatten ihn die Nazis im Zuchthaus Waldheim eingesperrt. Bis 1933 war er Mitglied der Künstlergruppe ASSO gewesen. Zum harten Kern zählte noch Professor Magritz, ein typischer Linksintellektueller und Ästhet. Schon vor Wiedereröffnung der Hochschule hielt er im Winter 1945/46 Vorträge über bildende Kunst. Das Interesse dafür war nach der langen Zeit, in der nur Nazi-Kunst Gültigkeit hatte, groß. Weiter gehörten zum Lehrkörper Prof. Schwimmer, der bekannteste bildenden Künstler dieser Zeit in Leipzig, Prof. Hassebrauk, ein Maler aus Dresden, und Prof. Elisabeth Voigt, eine bekannte Malerin aus Leipzig, Schülerin von Hofer und Kollwitz, dazu der Bildhauer Prof. Arnold als Anatomie-Lehrer. Der Mann für Schrift war Prof. Pruggmeyer. Er machte einen weltfremden Eindruck, kam damit aber ganz gut zurecht. Was sich in den Werkstätten getan hatte, dafür interesssierte ich mich noch nicht.

Bei den bereits 1945 immatrikulierten Studenten hatte es kaum Ablehnungen gegeben. Ich kam in die Klasse von Prof. Hassebrauk, ob freiwillig oder zugeteilt, weiß ich nicht mehr. Er war ein großer, fülliger Mann, ein Impressionist französischer Schule, ein liberaler Künstler von bürgerlichem Herkommen, temperament- und kraftvoll, expressiv mit Liebe zu starker Farbigkeit, schönen Landschaften, barock arrangierten Stilleben und weiblichen Porträts, üppig und vornehm. Er war ein Vollblut-Künstler. Ich denke, er war bei uns nicht ganz am richtigen Platz als Lehrer. Wir hatten

meines Erachtens noch nicht die Voraussetzungen in uns, aus seinen Anregungen und Hinweisen den maximalen Nutzen zu ziehen.
Im Grunde war die Zusammensetzung der Studierenden recht interessant und fruchtbar. Sie reichte von jungen Abiturienten bis zu jenen Älteren, die aus Krieg und Gefangenschaft kamen. Ich war einer von diesen. Nach einiger Zeit hatte ich es bei Prof. Hassebrauk durch Zeichnungen, welche ich außerhalb der Hochschule angefertigt hatte, zu Wohlwollen gebracht. In einer Phase des Studiums, als er verschiedene Teilnehmer der Klasse aus der künstlerischen Laufbahn aussonderte, zeigte er eine in die Ecke gestellte Aktzeichnung herum und wollte den Urheber wissen. Sie war wohl von mir; denn es meldete sich niemand, und ich war wie früher und später meiner Arbeit gegenüber unsicher und gab mich nicht zu erkennen. Ein mangelhaftes Selbstbewußtsein ist mir oft im Weg gewesen.
Anfangs war ich nicht überzeugt, ob es richtig sei, nur auf dem künstlerischen Pfad von Malerei und Zeichnung zu bleiben. Auch die Schriftgestaltung interessierte mich sehr, und ich unternahm einige Ausflüge in dieses Gebiet. Dann beendete ich den Flirt, obwohl mir die Chancen für den Broterwerb dort weitaus günstiger erschienen. Die Zeit war unruhig, und es gärte verschiedentlich, auch und besonders an der Universität. Dort statuierte man ein Exempel, indem man gewählte Mitglieder des Studentenrates verhaftete. Ich habe nichts gegen Disziplin und Pflichtbewußtsein, doch an einer Hochschule durch einen geforderten Verhaltenskodex Volksschulpraktiken einzuführen, mußte Protest erzeugen, zumal viele Studenten die Wehrmacht gerade hinter sich gelassen hatten und begannen, die neue persönliche Freiheit und Verantwortung sich selbst gegenüber schätzen zu lernen.
Mein Studium habe ich mit sehr viel Pflichtbewußtsein, Disziplin und auch Fleiß absolviert. Vielleicht wäre ab und zu etwas Lockerheit ganz gut gewesen. Durch mein Alter fühlte ich besondere Verantwortung, darin habe ich mich nicht von anderen beeinflussen lassen. Die praktische Seite der Ausbildung bestand überwiegend aus Aktzeichnen. Mitunter gab es auch malerische Versuche nach dekorativ angezogenen Damen. An anderem konnte man nur außerhalb der Hochschule arbeiten. In der Mittagspause ging ich aus praktischen Gründen nicht weg, wenn nachmittags weitere Fä-

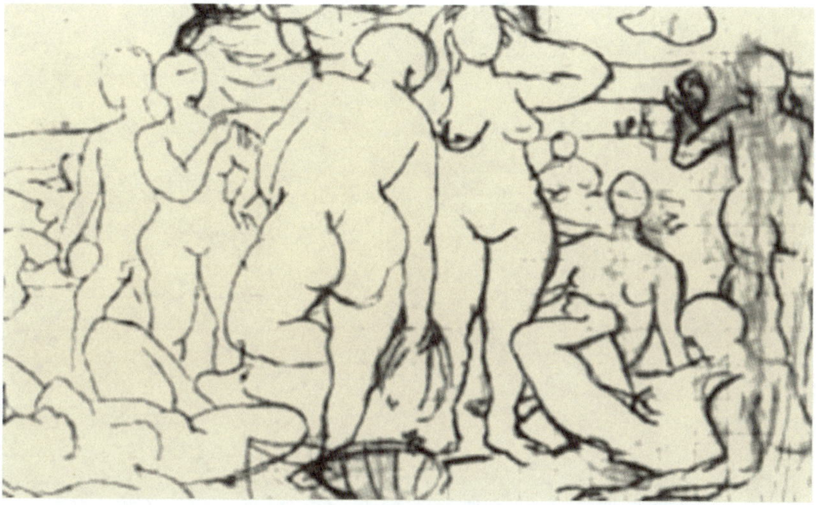

cher - meist theoretische - auf dem Plan standen. In der Zwischenzeit beschäftigte ich mich oft mit der Gliederpuppe. Das ist ein geduldiges Modell. Man konnte daran gut Überschneidungen und Verkürzungen studieren. An theoretischem Lehrstoff hatten wir Literatur- und Kunstgeschichte, Entwicklung der Schrift und angewandte Grafik, dazu noch Anatomie. Die Vorlesungen über historischen und dialektischen Materialismus bei Prof. Harich waren etwas Besonderes und mußten an der Universität gehört werden. Sie interessierten mich und einige Kommilitonen etwa gleichen Alters und ähnlicher Herkunft sehr. Das war eine recht intellektuelle, philosophische Vorlesung. Wir verpaßten kaum einen dieser Vorträge, und ich hatte den Eindruck, daß für uns die Dialektik ein sehr plausibles Denkmuster war, das wir von Haus aus einfach mitbekommen hatten. Deshalb waren wir an der wissenschaftlichen Darlegung dieses Stoffes so interessiert. Es wäre wohl bedenkenswert herauszufinden, warum gerade aus diesem Kreis die Studenten kamen, die damals schon die Ostzone verließen. Kleinbürger blieben und machten Karriere.
Von den Hardlinern praktizierte Intoleranz veranlaßte etwa in der Mitte unserer Studienzeit, Prof. Schwimmer und Prof. Arnold die Leipziger Hochschule zu verlassen und nach Dresden zu gehen. Mein Lehrer, Prof. Hassebrauk, liberal und undoktrinär, kam mit den dogmatischen Einstellungen des Rektorats zu Kunst und Gesellschaft auch nicht zurecht. Für ihn war Malerei eine sinnliche Angelegenheit und kein Propagandainstrument für gesellschaftspolitische Äußerungen. Es bedurfte nur eines Anlasses, der bald kam. Er ging nach einem Disput, in dem er sich für einen Kollegen des Lehrkörpers eingesetzt hatte und in die Schußlinie der Doktrinäre gekommen war. Jener Kollege, für den er sich verwendet hatte, blieb in seiner Stellung.
Unter solchen Umständen verschaffte ich mir - und nicht nur ich - einen großen Teil des erforderlichen Wissens, das ich glaubte, nötig zu brauchen, aus der Bibliothek. Besonders um die großen Franzosen der Moderne ging es in dieser Zeit bei uns. Das Tagebuch von Delacroix, die Äußerungen Cezannes zu seiner Malerei und alles andere, was geschrieben worden war und was sich auf Malerei bezog, wurde verschlungen und diskutiert. Die Bibliothek war Hilfe für das notwendiger den je gewordene Selbstudium.

Der neueingesetzte Lehrkörper konnte in vielen Belangen das Erforderliche eines Kunststudiums gerade in dieser Zeit nach zwölf Jahren Nazi-Kunstdoktrin und Abschirmung vom internationalen Kunstbetrieb nicht erbringen, weil er selbst abschirmte und ausklammerte.
Einmal versuchten wir gegen den Stachel zu löken. Die Diskussionspraktiken und -schemata der Hardliner wurden mit der Zeit durchschaut. Mit zwei engeren Studienfreunden H.P und H.W. und noch den einen oder den anderen machten wir einen Plan. In einer Studentenversammlung sollte ich als Nichtgenosse eine provokative Frage stellen. Ich tat es, und die Sache eskalierte in der Versammlung. Sie wurde dann im engsten Genossenkreis mit dem Rektor weiter diskutiert. Die Freunde wollten versuchen, die alten KP-Funktionäre mit ihren eigenen Diskussionspraktiken zu schlagen. Es ging natürlich schief und endete mit dem Abbruch des Studiums von H.W. Ich hatte damals eine übersteigerte Vorstellung, was die Wirkung der Malerei im gesellschaftlichen Leben betraf. Sonst brauchten nach meiner Auffassung, diktatorische Regierungen nicht aus Angst zu zensieren und zu manipulieren. Voraussetzung für eine solche Malerei war nach meiner damaligen Auffassung eine klare persönliche Aussage, eine mit Überzeugung geschaffene Produktion. Die handwerklichen Grundlagen müssen zur wirkungsvollen Darstellung des Sujets vorhanden sein. Sie müssen im Dienst der Form stehen und ihre Perfektion darf nicht Selbstzweck sein. Empfindlich war ich gegenüber jeder gegnrehaften Darstellung eines Themas. Das änderte sich etwas, als ich später in meinen Arbeiten - nicht in allen - erzählerischer wurde. Ich glaube, es gelang mir trotzdem, in einer strengen Form zu bleiben.
Menschen auf dem Lande, zu denen ich seit meinem Leben im Dorf direkte Beziehungen hatte, interessierten mich in zunehmendem Maße. Ich sah in ihnen keine Genossenschaftsbauern, sondern Landarbeiter, Traktoristen oder Tierpfleger, die auf den unendlichen Feldern und in großen, überall in die freie Landschaft gesetzten Viehbaracken arbeiteten, während ihre Höfe im Dorf mit der Zeit verfielen. Für mich waren diese Menschen keine "heldenhaften Kämpfer der Ernteschlachten", ob Alt- oder Neubauern, sie waren zu Arbeitern geworden. Sie in Verbindung mit der

Natur darzustellen, reizte mich. Dabei konnte ich auch die sich verändernden Maschinen und Geräte nicht ignorieren. Nur diese drei zusammen - Natur, Mensch, Technik - ergeben ein komplexes Bild. Das zu gestalten, versuchte und bemühte ich mich. In welchem Maße mir das gelungen ist, kann ich nicht sagen. Die Arbeit an solchen Motiven hat mir immer Spaß gemacht.
Alle sichtbaren Anspielungen auf meinen Beruf durch Kleidung und andere beliebte Allüren, mit denen sich manche geschickt und oft aufdringlich in Szene setzten, versagte ich mir. In meinem Befinden hatte sich durch den neuen Beruf nichts verändert. Ich fühlte mich nach wie vor als Arbeiter, nur noch mehr in der Pflicht und Verantwortung. Das Wort Künstler habe ich nie als passend und zutreffend empfunden. Es verbindet sich zu oft mit Arroganz und Überheblichkeit. Wo fängt die schöpferische Arbeit an, Kunst zu sein? Oft erweist sich das als willkürliche Behauptung und nicht ganz zweckfreie Feststellung, was zu einer inflationären Benutzung dieses Wortes führt. Trotz der allgemeinen materiellen mißlichen Situation nach dem Krieg hatte ich angesichts einer hohen ideellen Auffassung dieses Berufes das Bedürfnis nach einer kleinen elitären Gemeinschaft. In dieser Auffassung sah ich keinen Widerspruch zu dem vorher Gesagten. Den späteren Verband Bildender Künstler der DDR empfand ich mehr als eine politische Massenorganisation Gleichgeschalteter statt Gleichgesinnter.
Vor dem letzten Semester mußten wir uns für eine Meisterklasse entscheiden. Ich wählte die Plakatklasse bei Prof. Massloff. Plakate hatten damals an dieser Schule noch das meiste mit Malerei zu tun. Daß meine Zusammenarbeit mit dem neuen Lehrer nicht leicht für mich sein würde, wußte ich. Trotz fortwährender Konfrontation und mitunter groben, sogar persönlichen Beleidigungen konnte ich ihn gefühlsmäßig nicht absolut verdammen. Vielleicht ging es ihm mit mir ähnlich. Etwas an ihm war mir trotz alledem eigenartigerweise sympathisch. Wegen seiner schlechten Augen konnte er selbst nicht mehr künstlerisch tätig sein. Wahrscheinlich hatte er auch schon vor seiner zehnjährigen Haft in Waldheim mehr diskutiert als gemalt, aus Protest, wie er es einmal formulierte, gegen die bürgerliche Gesellschaft.
Welchen Stellenwert ich bei ihm besaß, konnte ich erst gegen Ende des Studiums einschätzen. Zur Diplomprüfung mußte ich drei

Plakate vorlegen. Meine Themen waren: "Helgoland", das damals wegen der britischen Bombenabwürfe im Brennpunkt stand, ein großes Bauernporträt in bezug auf eine verstärkte Schweinezucht und die III. Weltfestspiele der Jugend und Studenten in Berlin. Obwohl es nicht gestattet war, hatte ich diese Arbeiten im wesentlichen zu Hause angefertigt, um den ewigen Auseinandersetzungen mit meinem Lehrer aus dem Weg zu gehen. Zur Prüfung mußte jeder seine Arbeiten vorstellen und sich dazu äußern. Außerdem hatte man noch eine schriftliche Dokumentation darüber vorzulegen. Während der Prüfungszeremonie kamen plötzlich wichtige Gäste. Obwohl ich noch nicht vorgesehen war, rief mich Prof. Massloff auf, und ich mußte während der Anwesenheit dieser Leute meine Arbeiten erklären und die mündliche Prüfung ablegen. Zwei meiner Plakate waren gute Malerei, Helgoland und der Bauer. Das hatte ich durch Reaktionen aus meiner Umgebung erkannt. Das dritte von den Weltfestspielen war banal. Die Arbeit mit dem Bauernporträt mußte ich nach Berlin schicken. Es sollte davon ein aktuelles Plakat gedruckt werden. Ich habe es weder als Plakat gesehen, noch meine Arbeit wiederbekommen.
Trotz allem forderte Prof. Massloff mich auf, im Lehrkörper der Schule zu bleiben. Er benutzte die Worte: "Du bist doch ein Arbeiterjunge. Solche wie dich brauchen wir jetzt."
Obwohl ich wußte, was in dieser Zeit, wenige Jahre nach dem Krieg, einem freischaffenden Maler ökonomisch erwartete, lehnte ich ab. Es war das Ausschlagen einer sicheren Existenzgrundlage mit Aussicht auf Karriere und Titel. Das andere war ein Ritt über den Bodensee. Eine leichte Entscheidung war es nicht. Doch ich glaube, sie war richtig. Meine Frau war einverstanden und hat alle Konsequenzen mitgetragen, ohne mir jemals Vorwürfe zu machen. Mein Leben wäre, hätte ich mich in diese Mühle einspannen lassen, in einer festen, weitgehend von anderen dominierten Bahn verlaufen. Man gewöhnt sich allzu leicht an die Vorzüge des Bestalltseins, der Bequemlichkeit, und man macht einen Kompromiß nach dem anderen. Der entscheidende Grund meiner Ablehnung war die erwartete Einschwörung auf das Studienziel "sozialistischer Realismus" und natürlich der erwartete Eintritt in die SED. Ich wußte, die Methode war, sich erst einmal liberal zu zeigen und nach gewisser Zeit, wenn der Betreffende sich an den bevor-

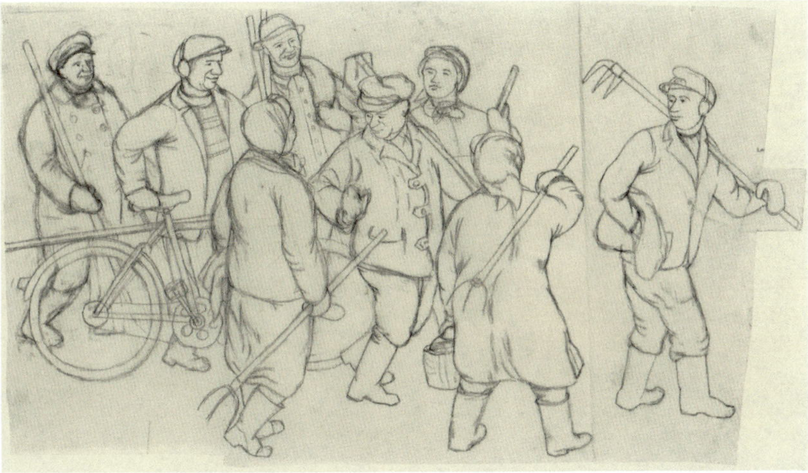

zugten Lebenszuschnitt gewöhnt hatte, mit Forderungen zu kommen. Dann brachten wenige die Kraft auf, noch auszusteigen. Nach meiner Überzeugung, sagt die Kunst immer etwas über die gesellschaftliche Situation aus. Ich wußte, wie die deutsche Kunst der Nationalsozialisten aussah und was für eine Ideologie dahinter stand. Aus deren Gleichartigkeit - bis auf den Unterschied der Embleme - mit der verordneten sowjetischen bildenden Kunst, die von den deutschen Kommunisten voll anerkannt und als vorbildhaft hingestellt wurde, ergab sich die ideologische Verwandtschaft mit den Nationalsozialisten. Die Form mußte weitgehend entindividualisiert und neutral sein. Das parteiliche Thema war das Entscheidende und Geforderte. Die eingeengte, engstirnige Thema-Inhalt-Form-Problematik beherrschte die Kunstdiskussion bis weit in die sechziger Jahre und hörte in der DDR praktisch nie richtig auf, nicht nur in der Spezifik Malerei. Brisant war es für einige ältere bekannte bildende Künstler, die bereits vor 1933 Mitglieder der KPD waren. Sie glaubten, als alte Genossen verpflichtet zu sein, den Forderungen der Partei nachkommen zu müssen. Daran scheiterten sie trotz ehrlichem Bemühen.
Etwas mir Unbegreifliches war die Tatsache, daß Kulturschaffende mit mehr oder weniger internationalem Ansehen, die nach dem Exil in die Ostzone gekommen und durch ihre Popularität für die Partei unangreifbar waren, sich ruhig verhielten, entweder hohe Funktionen annahmen und mitmachten, oder nur die Privilegien genossen und sich dafür nicht einmischten. Was sie unter vorgehaltener Hand untereinander oder mit Freunden und Bekannten flüsterten, ist in diesem Zusammenhang nicht interessant. Keiner hat sich laut in die Diskussionen eingeschaltet und die Parteilinie in Sachen Kultur in Frage gestellt. Sie wußten genau Bescheid. Meistens stammten sie aus bürgerlichen Familien und hatten eine gute Bildung genossen. Sie hatten die kulturelle Atmosphäre der zwanziger Jahre erlebt oder sogar mitgestaltet. Man kann gut Revolutionär sein, wo es schick und ungefährlich ist. Hier hätte es nur Ärger gebracht. Trotz besseren Wissens duldete diese Leute, daß die Jugend mit Lügen erzogen wurde. Oft fragte ich mich, wenn ich bei Gesprächen oder Diskussionen zuhörte, was war noch Überzeugung und was war nur Gehorsam gegenüber der Partei. Zweifel an der Ehrlichkeit solcher Überzeugungen hatte ich

oft. Die kamen mir sogar bei meinem so dogmatischen Lehrer. Während des Studiums stand ich mit einer guten Reproduktion von Edvard Munch, dem ganzfigurigen Bild seiner Schwester, im Flur der Hochschule. Prof. Massloff kam vorbei und ließ es sich zeigen. Er fragte nur wohlwollend: "Das gefällt dir wohl?" Ich bejahte. Von ihm kein Kommentar. In der Ausstellung Leipziger Künstler im Alten Rathaus 1961, in der ich mit drei Arbeiten vertreten war, kam er rasch zu mir und umarmte mich. Eines Abends saßen wir zu dritt, H.P., H.W. und ich mit ihm bei aufgeschlossenem Gespräch im Ratskeller zusammen und tranken etwas. Anschließend nahm er uns mit zu sich nach Hause, öffnete dort ein Schubfach und zeigte, uns erwartungsvoll anschauend, voll Stolz große Reproduktionen von Cezanne, sicherlich Lichtdrucke, dabei auch spätere, sehr abstrahierte Arbeiten.
Propagiert wurde auch und besonders auf dem Gebiet der bildenden Kunst das Zusammenarbeiten von Künstlern in Kollektiven. Es war ein Versuch, den man sich durch Abhalten von Seminaren und anderen Veranstaltungen sogar etwas kosten ließ. Funktioniert hat das nie und konnte es auch nicht. Wir, H.P., H.W., H. M-F., GKM und ich, machten einen Versuch, indem wir an einem Wettbewerb der Gesellschaft für deutsch-sowjetische Freundschaft teilnahmen und gemeinsam einen großen Schinken malten. Dafür erhielten wir zwar den dritten Preis, aber keiner von uns konnte und wollte sich mit dem Produkt identifizieren. Handwerkliches Können war nicht abzustreiten. Das war aber auch alles und damit zu wenig. Bei fortwährenden Kompromissen kann nichts Gescheites entstehen. Auch diese Kampagne diente nicht zuletzt dem Zweck, die Individualität der Künstler einzuschränken. Sie war bald zu Ende.
In jener Zeit nach dem Diplom bildeten wir - das waren H.P., H.W. und ich - ein Kollektiv. Als solches hatten wir die Chance, einen Vertrag mit dem FDGB abzuschließen und erhielten den Auftrag, die Kulturarbeit der Gewerkschaften zu unterstützen. Es ging wieder einmal ums Überleben. H.P. war nach dem Diplom als Lehrer an der Hochschule geblieben, kündigte aber nach einem halben Jahr, weil er das nicht weiter mitmachen konnte. H.W. war schon länger vor dem Diplom exmatrikuliert worden. Beide gehörten der Partei an, H.W. mit einem besonders heißen Draht nach

"oben". Unsere Zusammenarbeit mit dem FDGB verlief eine ganze Zeitlang gut. Zuerst hatten wir in der Wohnung einer alleinstehenden Frau in der Nähe des Hauptbahnhofes drei nebeneinander liegende kleine Zimmer, die wir mit einem Sägespäneofen heizten. Jeder hatte einen Arbeitsraum. Wir bekamen viel Besuch von Kollegen. Es wurde ein richtiges Begegnungszentrum. Alle hatten das Bedürfnis, mehr zu diskutieren, als zu arbeiten. Es war die Zeit um den 17.Juni 1953. Am Morgen dieses Tages erfuhren wir von einem Antiquitätenhändler, dessen Geschäft in unmittelbarer Nähe lag - ihm habe ich manches abgekauft -, was in Berlin an diesem Tag los war. Es dauerte nicht lange, bis es in Leipzig unruhig wurde. Am Nachmittag konnten wir aus der hochgelegenen Wohnung des Kollegen K.K. beobachten, was sich am Ring abspielte: Demonstrationszug und Panzereinsatz der Russen. Ein Kiosk brannte, und die Menge wurde auseinandergetrieben. Ein guter Bekannter aus Böhlitz-Ehrenberg gehörte zu den Verhafteten. Man brachte ihn mit anderen in den Keller des Polizeipräsidiums, wo sie geschlagen wurden. Die Demonstration war ein Protest der Arbeiter nicht nur gegen die Besatzungsmacht, sondern mehr noch gegen die von ihr eingesetzte Regierung kommunistischer Prägung. Als ich am nächsten Abend mit dem Rad auf der Landstraße nach Untergreißlau fuhr, konnte ich an Bäumen und Häusern der Dörfer die angeschlagenen Dekrete der russischen Kommandanten an die Bevölkerung lesen.
In den Ateliers am Hauptbahnhof blieben wir nicht lange. Wir bekamen große helle Räume unmittelbar unter dem Dach des Reichsgerichtes. Es war ein abgeschlossener Trakt mit zwei Sälen, verbunden durch eine große Maueröffnung. Der eine war länger als breit, der andere war fast quadratisch im Format mit zwei oder drei Säulen. Zwei Etagen unter uns malte Kollege G. A. Sch. einen großen Schinken über den Matrosenaufstand von 1918. Dieser Teil des repräsentativen Gebäudes hatte keine Kriegsschäden und war noch nicht neu verplant. Jetzt erst, im Jahre 1999, fand sich bei Bauarbeiten eine große, in einer Decke stecken gebliebene Fliegerbombe. Nicht lange nach unserem Gastspiel dort wurde im Reichsgericht das Dimitroff-Museum eingerichtet und hieß fortan auch so, obwohl dort das Museum der bildenden Künste als weitaus bedeutendere Institution eingezogen war.

Unsere Räume wurden geheizt, und ich glaube, wir brauchten nicht einmal Miete zu bezahlen. Ich habe dort sogar eine Wandmalerei vollbracht, von der ich noch eine schlechte Fotografie besitze. Bald waren unsere Ateliers natürlich wieder ein Treffpunkt für Besucher. Gearbeitet wurde auch hier nicht allzu viel. Politisch war ja manches noch in Bewegung, mit Spekulationen befrachtet, und die Malerei war mittendrin. Wen wundert es, wenn uns das bewegte, und wir darüber sprachen.
Bei uns kam 1956 der Gedanke auf, eine Ausstellung einzurichten. Die großen, weißen Wände forderten das geradezu heraus. Trotz aller Ablenkungen hatten wir genügend Arbeiten. Wir fragten niemanden um Erlaubnis und fingen einfach an zu planen und zu organisieren. Erstaunlicherweise schafften wir es, einen kleinen Katalog drucken zu lassen. Im Breitformat 14,8 x 21 cm. Jeder Teilnehmer erhielt eine Seite für Abbildung, Namen und Geburtsdatum. Das Titelblatt zierte eine Zeichnung von H.E. und die Beschriftung: "Atelierausstellung Leipzig Dimitroffmuseum". Auf der ersten Seite waren in alphabetischer Reihenfolge die Namen der beteiligten fünfzehn Kollegen, drei davon aus Westdeutschland. Für uns war das eine amüsante Zeit mit vielen anregenden Besuchern und Gesprächen. Als Gastgeber waren wir immer präsent und gut aufgelegt für provokante Fragen, mit denen wir erkunden wollten, ob es hinter dem Parteiabzeichen mancher Gäste noch etwas Interessantes zu entdecken gab. Anspielungen auf meine Zurückhaltung in bezug auf eine parteiliche Bindung, beantwortete ich sinngemäß: "In dieser Zeit nicht in der Partei zu sein, ist auch Partei." Andere Parteien, die allein dem Zweck dienten, der Diktatur ein demokratisches Mäntelchen zu geben, waren für mich indiskutabel.
In der letzten Zeit unter dem großen Dach des Reichsgerichtes hatten wir noch unseren Kollektivstatus und unsere gemeinsame Kasse. Außer den Aufgaben für die Gewerkschaft, die wir zusammen erledigten, arbeitete jeder künstlerisch für sich. Diese persönlichen Produktionen gingen in Inhalt und Form immer mehr auseinander. Besonders die Bilder von H.W. wollte H.P. nicht mehr akzeptieren. Er sorgte dafür, daß die gemeinsame Kasse auf eine angenehme Art aufgebraucht wurde und daß es keine organisatorischen Verbindungen zwischen uns und dem FDGB mehr

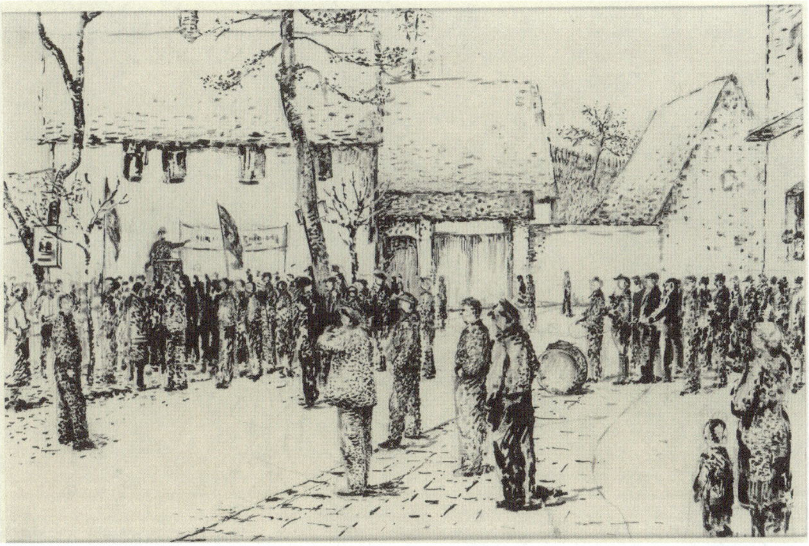

gab. Das Kollektiv war gestorben, aber wir blieben trotzdem in enger Verbindung. Kurz nachdem mußten wir unsere Räume verlassen. Die beiden anderen arbeiteten zu Hause, und ich bekam ein Atelier wieder unter einem Dach. Diesmal war es nicht so groß und schön. Es befand sich in einem Haus neben der Hauptfeuerwache am ehemaligen Fleischerplatz, wo das unvergeßliche alte Theater gestanden hatte. In die Vorderfront dieses Gebäudes, zur Stadt gewandt, war in das Dach ein tonnenartiges Gewölbe gesetzt. Dadurch war ein halbkreisförmiger Giebel entstanden mit einem Fenster und einem relativ großen Raum dahinter, hell und wohnlich. Es gab natürlich wieder viele Treppen zu steigen, aber auch ein Fahrstuhl war da für Lasten und besondere Fälle. Er wurde vom Hausmeister bedient, und bei ihm hatte ich öfter als "besonderer Fall" Glück. In diesem Haus waren die unterschiedlichsten Gewerke untergebracht. In den ersten Etagen liefen Bänder eines volkseigenen Konfektionsbetriebes. Für die Abnahme ihrer Produktion warteten bald LKW aus Westberlin. Mir gegenüber unter dem Dach hatte ein Architekt für den Bau von Messeständen seinen Raum, und neben mir war ein Sattlerbetrieb mit einigen Angestellten.
An besonders kalten Tagen drückte die Heizung ihre Wärme nicht bis zu mir hoch, aber sonst war ich dort gut aufgehoben, mitten in der Stadt und, was besonders wichtig war, nicht weit vom Hauptbahnhof. Zum großartigen Einrichten des Raumes besaß ich kein Geld und auch nicht die Absicht, es zu tun. Der Gedanke, die DDR zu verlassen war damals noch aktuell. Vor mir hatte die Bildhauerin G.R.-Th. in diesem Atelier gearbeitet. Was sie zurücklassen mußte, genügte mir erst einmal. Das volkseigen gewordene Versteigerungshaus in der Fleischergasse war ganz in der Nähe und zu dieser Zeit vollgestopft mit verlockendem Inventar. Es reizte mich immer, dort auf Schnäppchenfang zu gehen. Später standen holländische Vier-Achser dort und luden das Beste ein zum Verkauf ins Ausland für Devisen.
Ende der fünfziger und Anfang der sechziger Jahre war immer noch eine Zeit voller Spannungen, Labilität und Unsicherheit, aber mit vielen Möglichkeiten und Perspektiven. Überall gab es Chancen zum Einsteigen und Mitmachen in Ost und West. Beruflich hatte ich mich entschieden. Wie das auf Dauer funktionieren sollte,

das war mir noch ein Buch mit sieben Siegeln. Vorläufig ging es, und man mußte abwarten. Illusionen gab es noch über die Bedeutung der Malerei. Mit der übersteigerten Vorstellung als Motor ließ sich manches ertragen.

In diese noch nicht stabilisierte gesellschaftliche Situation kam der ungarische Aufstand und seine brutale Niederschlagung durch die Russen. Dieses Ereignis hinterließ Spuren bei vielen Menschen in der DDR, forcierte Zweifel und Entschlüsse. Der Parteisekretär des Künstlerverbandes C.M. ging in den Westen. Und H.P, mein ehemaliger Studienfreund und Kollektivpartner, mit dem wir auch familiär freundschaftliche Beziehungen unterhielten, überraschte mich ebenfalls mit seinem Entschluß, Leipzig und die DDR zu verlassen. Das war 1959. In solcher Zeit den Umgang mit vertrauten Menschen zu verlieren, ist ein Verlust, den man längere Zeit täglich spürt.

Die Geschäftsräume des Künstlerverbandes befanden sich noch in der Gottschedstraße 44, nicht weit von meinem Atelier. Ich bekam mit dem Verband ganz guten Kontakt. Der angestellte Sekretär war ein paar Jahre jünger als ich. Es gab durch das Erlebte in den vergangenen Jahren manche Gemeinsamkeit. Irgendwie wurde ich bald Sektionsleitungsmitglied der Maler und Grafiker. Jede Berufsgruppe bildete im Gesamtverband eine Sektion. Ende der fünfziger Jahre eskalierte die Auseinandersetzung zwischen zwei Richtungen im sozialistischen Realismus, einer Leipziger, vertreten durch Absolventen der dogmatisch von Hardlinern geleiteten Leipziger Hochschule und einer Variante, die von älteren KPD-Genossen, die Maler waren, vor allem aus Dresden und Berlin, vertreten wurde. Die saßen näher an Entscheidungszentren. Fast hätte die Leipziger Linie gesiegt, was, wie man unter vorgehaltener Hand sagte, mit einem Nationalpreis für H.W. besiegelt worden wäre. Es geschah nicht. Spannend war die Situation, und ich war bei den Diskussionen meistens dabei, aber zum harten Kern gehörte ich nicht und wollte das auch nicht. Mittags oder abends saßen wir - Kollegen des Verbandes und der Hochschule - im Ringcafé. Hier wurde die Lage diskutiert und über Vorhaben gesprochen. Es ging sehr kollegial und freundschaftlich zu unter uns, und wir hauten oft mit manchem Scherz über die Stränge. Die wichtigsten Figuren hat H.B. in einem Gruppenbild zusammen-

gefaßt. Der führende Kopf war damals H.W., ein kluger und geschickter Rhetoriker mit dem heißesten Draht zur Leipziger Parteizentrale, von ihr akzeptiert, geschätzt und gefördert. Diese Anerkennung bekam ihm nicht. Ich merkte, wie alles, was er dachte und arbeitete oberflächlicher wurde. Er war mein ehemaliger Kollektivfreund, und ich warnte ihn, nur auf die Unterstützung der Partei zu setzen und ihr absolut zu vertrauen. Die Partei ließ ihn nach dem enttäuschenden Ausgang des Richtungsstreites nicht gleich fallen. Er erhielt weiterhin Aufträge. Dann gab man ihm in der Gewerkschaftssiedlung Bernau eins von den kleinen, flachen Häusern, in dem er mit seiner Familie wohnen konnte. Es war eine solide, in den zwanziger Jahren mit roten Klinkern errichtete Siedlung im Grünen, im Auftrag der damaligen Gewerkschaften auf englische Art erbaut. Mich interessierte als Weggefährte der letzten Jahre, wie es ihm ging, und so fuhr ich mit meinem bewährten alten Moped zu ihm. Er hatte in dieser Zeit den Auftrag, Walter Ulbricht zu malen. Daß ich gerade dort war, als er zum Modellsitzen kam, war Zufall. Er war einen Tag vorher angemeldet worden. Schon früh am nächsten Morgen kamen die Sicherheitskräfte, und ich badete den ganzen Tag in einem der schönen Seen der Umgebung. In diesem See befand sich eine kleine Insel. Auf ihr durften sich nur Angehörige der politischen Prominenz, die in Wandlitz wohnte, aufhalten. Das Projekt ging sicher auch schief. Ich habe nie etwas von dem Bild gesehen oder gehört, und auch den persönlichen Kontakt nach jenem letzten Besuch zu H.W verloren.
Die in Leipzig gebliebenen und zum Mittelpunkt gehörenden Genossen Kollegen mußten einen Vertrauensverlust akzeptieren. Für 1961 war eine Ausstellung des Verbandes im Alten Rathaus geplant. Diese Veranstaltung wurde, das war zu spüren, sehr ernst genommen; denn es war mit dem Besuch W. Ulbrichts, des damals mächtigsten Mannes, zu rechnen. H.M.-F. hatte in Berlin schon vorher im Auftrag ein Porträt von ihm gemalt, das einen prononcierten Platz erhielt.
Es gelang mir, mich in dieser Ausstellung gut zur Geltung zu bringen. In einer sehr persönlichen Form distanzierte ich mich vom allgemeinen Eindruck der damaligen Leipziger Malerei. Meine Exponate waren ein Selbstbildnis in ganzer Figur, gedacht als Gegenstück zu jenem Gruppenbild von H.B., von dessen Entstehen

und Existenz ich gewußt hatte. Dazu ein größeres Stilleben mit Schwertlilien und eine Landschaft mit Fluß, Schafherde und einem angeschnittenen Hochspannungsmast. Das Stilleben und die Landschaft gingen nach Altenburg ins Lindenau-Museum. In dieser Präsentation und auch in zwei vorhergehenden Ausstellungen im Grassi-Museum, für die noch Max Schwimmer federführend war, hatte ich gut abgeschnitten und je eine Arbeit verkauft, eine davon an das Museum der bildenden Künste in Leipzig. Das alles hatte meine Position im Verband gestärkt. Für diese Ausstellung im Alten Rathaus war ich zum ersten Mal in der Jury vertreten.
Im Frühjahr 1962 wurden Wahlen zu einer neuen Verbandsleitung fällig. Als Folge der Ereignisse der letzten Zeit schien es den Verantwortlichen ratsam, für den Vorsitz der Sektion Maler/Grafiker einen Nichtgenossen als Kandidaten zu genehmigen. Ich wurde vorgeschlagen und gewählt. Das ließ ich geschehen und nahm die Wahl an. Warum? Ich wollte eine Möglichkeit haben zu wirken. Von Kind auf war ich gewohnt, in sportlichen oder politischen Vereinen und Organisationen aktiv zu sein. Etwas nach 1933 wurde das beendet, und in der Wehrmacht lehnte ich es ab, Offizier zu werden. Nach 1945 wurde mir bald klar, daß es auch in dieser neuen politischen Ära für mich keine Möglichkeit der Mitarbeit gab. Im Künstlerverband sah ich in dieser Position eine minimale Chance, etwas zu bewirken. Man konnte versuchen, die Absicht, die bildende Kunst zu einem parteipolitischen Propagandainstrument zu machen, bestenfalls etwas zu unterminieren. Mehr war damals nicht zu erhoffen. Mich reizte das. Meine Abneigung gegen solche Art Realismus, wie er als deutsche Kunst in der Nazizeit propagiert wurde, war damals schon groß und wurde noch größer, als ich sah, was künftig in der sowjetischen Besatzungszone Vorbild sein sollte. Ich glaubte nicht, daß meine Vorstellungen ganz hoffnungslos seien. Es gab vereinzelt bei Kollegen schon gefühlsmäßige Bedenken. Die mußte man stärken, und solche Kollegen, wenn möglich, fördern. Was natürlich nicht leicht sein würde und direkt auch kaum zu machen war. In meiner obligatorischen Antrittsrede befaßte ich mich mit den Verständigungsschwierigkeiten in Diskussionen über Kunst und speziell in der Malerei. Die in der Studienzeit geführten Gespräche über einzelne Künstler der älteren und jüngeren Vergangenheit, nicht nur über ihre

Bilder, sondern auch über ihre Theorien, Tagebücher und Gespräche, die sie geführt hatten, soweit sie überliefert sind, waren vorbei. Jetzt ging es konkret um uns und unsere Behauptung in einer gesellschaftlichen Situation, die uns die Auseinandersetzung mit ihr aufzwang. Es ging besonders um die Beziehung von Inhalt und Form und die Bedeutung des Themas. Für mich war die Form das Entscheidende, und ich versuchte das auch, wo es möglich war, deutlich zu machen.
Es gelang mir, in die Sektionsleitung drei jüngere parteilose Kollegen und einen CDU-Mann einzugliedern. Eine sehr in den Verband integrierte Hardlinerin konnte ich los werden. Das war nur möglich mit dem Einverständnis des Verbandssekretärs. Er und die beiden halbtägig beschäftigten Schreibkräfte waren Angestellte. Zu meinen ersten Absichten gehörte die Realisierung einer juryfreien Ausstellung. In einem Umfeld, in dem alles kontrolliert wird, etwas Freies, Unzensiertes zu veranstalten, stößt natürlich auf Hindernisse. Es gelang, die Ausstellung im dritten Stock eines Messehauses in der Petersstraße aufzubauen. Anfang 1963 müßte das gewesen sein. Vom Zentralvorstand des Verbandes in Berlin wurde ein Kollege geschickt. Nach einem Gang mit ihm durch die Exposition war sie sanktinoniert. Ich fand sie gut. Sie gab nach langer Zeit einen unmanipulierten Eindruck und eine reale Übersicht über die künstlerischen Bestrebungen der Kollegen. Es traten auch neue Aspekte hervor, sachlichere, die weiterhin eine Rolle spielen sollten.
Die bis dahin uneingeschränkte Verfügung über meine Zeit und ihre Einteilung war mit der Übernahme dieser Leitungsfunktion zu Ende. Die Entfernung zwischen dem Wohnort meiner Familie in Langendorf und meinem Atelier in Leipzig problematisierte sich in organisatorischer Hinsicht. Abendliche Sitzungen schlossen ein Nachhausefahren aus, und ich mußte mich im Atelier darauf einstellen. Wegen der schlechten Verkehrsverhältnisse jener Zeit mit Unregelmäßigkeiten und Verspätungen im eingleisigen Zugverkehr zwischen Leipzig und Weißenfels brauchte ich etwa zweieinhalb Stunden für eine Fahrt. Das Umsteigen in Weißenfels war immer problematisch, weil der Anschluß nach Zeitz über Langendorf nur auf die Züge von und nach Halle eingerichtet war, so daß ich warten oder vier Kilometer laufen mußte, um nach Hause zu

gelangen. Diese Fahrten waren dadurch nicht nur eine zeitliche, sondern auch eine nervliche Belastung. Die beste Zugverbindung am Morgen nach Leipzig gab es sehr früh. Vor vier Uhr mußte ich aufstehen, um gegen halb sieben im Atelier zu sein. Es war hart. Ich stellte mich auf diesen Rhytmus ein und habe ihn im Prinzip die ganzen Jahre durchgehalten, auch später noch, als ich dieses Amt nicht mehr ausübte. Es genügte, wenn ich bis 14 Uhr arbeitete. Gab es keine Termine, die ich wahrnehmen mußte, konnte ich um diese Zeit nach Hause fahren, um noch im Grundstück oder auf dem Feld zu werkeln. Meine finanzielle Situation war auch weiterhin so, daß die Landwirtschaft noch notwendig blieb. Termine, die die Sektionsleitung betrafen, konnte ich legen, wie sie für mich am günstigsten waren. Vieles andere mußte ich akzeptieren und mich darauf einrichten. Ich hatte das Gefühl, diese Leitungstätigkeit gab mir persönlich Impulse, und ich steckte das Belastende ganz gut weg. Durch Sitzungen in Ausschüssen, bei Abnahmen von Auftragsarbeiten oder Ankäufen, beim Vorbereiten von Ausstellungen, in Juries, an denen oft Vertreter der SED-Bezirksleitung, vom Rat des Bezirkes, vom Rat der Stadt, der Gewerkschaft, mitunter auch übergeordneter Gremien aus Berlin teilnahmen, erfuhr ich doch etwas mehr über Internes der DDR.
Als Vertreter der Sektion Maler/Grafiker mit fast zweihundert Mitgliedern konnte man selten nur dabei sitzen, ohne einen Beitrag im Gespräch zu leisten. Es ging um die Belange der Kunst und damit um die der Kollegen. Von der Partei wurden propagandistisch die unbefriedigenden Kenntnisse der Arbeiterklasse in künstlerischen Fragen bedauert. Deren unterentwickeltes Verhältnis zur Kultur interpretierte sie als ein Ergebnis der Zustände einer vorangegangenen Gesellschaft, erklärte aber gleichzeitig Ansicht und Urteil der Werktätigen zum Maßstab für künstlerische Produktion. Auch auf solche Art versuchte man die Individualität der Künstler einzuschränken. Dieses ominöse Urteil der Arbeiterklasse hing zeitweise, besonders am Anfang, wie ein Damoklesschwert über uns. Damit gab es im Auftragswesen schon vor Beginn der Arbeit Auseinandersetzungen über das Thema und seine Realisation. Wie es sich der Auftraggeber vorstellte, war der Kollege oft nicht geneigt, es zu sehen.

Die finanziellen Mittel, die für bildende Kunst zur Verfügung standen, waren beachtlich. Wie sie teilweise ausgegeben wurden, richtete sich mitunter nicht nach dem Maßstab künstlerischer Qualität, sondern nach parteipolitischen Gesichtspunkten. Daß es auch ab und zu soziale und kollegiale Gründe gab für Ankäufe und Auftragsvergaben, ist nicht zu leugnen. So etwas wird es stets geben. Die Diskussionen verliefen auch nicht immer nach den eigenen strengen künstlerischen Überzeugungen. Es spielten oft taktische Überlegungen und persönliche Situationen eine Rolle. Jeder wollte durchkommen, sich in diesen Auseinandersetzungen persönlich behaupten, seine Existenz sichern und trotz aller Widrigkeiten so anständig wie möglich bleiben.

In Gesprächen erfuhr ich, daß einem Genossen Kollegen der Auftrag angeboten wurde, eine Vorzeige-LPG-Chefin zu malen. Das hatte er abgelehnt. Sicher paßte diese Aufgabe nicht zu seinem eingebildeten Status. Mich interessierte es. Zu dieser LPG im Süden des Landkreises Leipzig fuhr ich und besuchte die Frau. Sie erzählte mir ihre Geschichte. Leicht hatte sie es in ihrem Leben nicht gehabt als Vertriebene aus ihrer Heimat und durch den Verlust ihres Sohnes, der als Pilot einer NVA-Jagdfliegereinheit bei einem Unfall ums Leben gekommen war. Ich hörte ihr mit Respekt zu. Trotz aller Anerkennungen war sie nicht überheblich geworden. Ich malte sie in ganzer Figur, schlicht gekleidet auf dem Feld stehend, nicht im Auftrag einer Institution, sondern privat. Diese Arbeit reichte ich mit anderen für die VII. DDR- Kunstausstellung in Dresden 1972/73 ein. Bei der obligatorischen Begutachtung des Leipziger Angebotes durch Funktionäre wurde dieses Bild ausgesondert. Es war sicher zu proletarisch, ohne roten Sessel und ordensgeschmückte Brust.

In den Jahren 1963 und 1964 wurde die Sektionsleitung wieder etwas verändert und durch einige kooptierte Kollegen erweitert. Um die Arbeit in der Sektion zu intensivieren und das Gespräch mit den Mitgliedern zu beleben, veranstalteten wir in den sechziger Jahren einige Seminare. Wir versuchten die Attraktivität dieser Zusammenkünfte zu erhöhen und legten sie in landschaftlich angenehme Gegenden. Vorträge und die Diskussionsleitung übernahmen Experten. Bei Wanderungen und abendlichem Zusammensein sollte es auch um das kollegiale Verhältnis gehen. Es gab schöne Stunden, aber von positiver, nachhaltiger Wirkung auf die Verbandsarbeit möchte ich nicht sprechen, was auch nicht zu erwarten war. Die stärkeren Begabungen und damit auch die größeren Individualisten verweigerten sich einer weitgehenden Integrierung. Dazu waren Vorstellungen vom Beruf und seiner Spezifik, Charakter und die Stärke der Talente zu unterschiedlich. Bei Gründung des Verbandes wurde eine solche Entwicklung sicher erwartet. Je mehr er zur Massenorganisation ausartete, um so unmöglicher wurde das. Am Anfang war alles relativ gleich, und es gab einen gewissen Zusammenhalt. Doch mit der Zeit machten sich die unterschiedlichen Entwicklungen, die Anerkennungen, Auszeichnungen und gesteuerte Auftragsvergaben bemerkbar.

Eine Zeitlang bis in die siebziger Jahre war es gebräuchlich, nach Sektionsleitungssitzungen und weitgehendend auch nach Sitzungen des Bezirksvorstandes den Abend gesellig in einem Lokal zu beschließen, in Barthels Hof oder im Ringcafé. Je bedeutender einer wurde, um so seltener zog es ihn in den Kreis der Kollegen. Von der anfangs bewußt geförderten Kollektivbildung, die nie eine Chance hatte, kam es zur Individualisierung oder zur Bildung gleichgesinnter kleiner Gruppen. Kollegen, die nach dem Studium an der Hochschule als Lehrkräfte geblieben waren, hatten natürlich im Verband andere Interessen, als die freischaffenden, nicht durch eine Anstellung versorgten Verbandsmitglieder. Am Anfang vorhandene künstlerische Gemeinsamkeiten und Ziele verloren sich. Gab es erst durch jüngere Kollegen eine Hinwendung zu sachlicher Konkretisierung, so kam am Ende der siebziger Jahre zunehmend die Neigung, abstrakt zu arbeiten. Ein ihnen anhängendes Oppositions-Flair schaffte eine Anti-DDR-Aura um sie, während die realistische Malerei und ihre Schöpfer oft als Protagonisten der Partei und der DDR gesehen wurden, obwohl sie viel eher zu fürchten waren von den Herrschenden, wenn sie nämlich kritisch-realistisch arbeiteten und nicht mystizistisch oder unverbindlich ins Ästhetische abdrifteten. Mich beeindruckte und beeinflußte das alles nicht. Ich bin ein Realist oder gegenständlich orientierter Maler geblieben, einer, der seine Intentionen aus der Natur und dem Leben, das ihn umgibt, empfängt. Damit glaube ich auch Lokal- und Zeitkolorit zu dokumentieren.

1972 legte ich die Funktion des Sektionsvorsitzenden nieder. Ein neu eingesetzter, nicht gewählter Bezirksverbandsvorsitzender war einer der Gründe, die mich dazu bewogen, sowie die andauernden Stasi-Besuche. Ich blieb in der Sektionsleitung und im Bezirksvorstand. Bei Verbandswahlen bekam ich auch weiterhin mit die meisten Stimmen.
Ein im ZK angesiedelter Dauerüberwacher der Parteilinie in künstlerischen Fragen ließ mir am Anfang der Wendezeit zu meinem Erstaunen auf einer Tagung vom Ober einen Kognak servieren.
In der ersten Hälfte des Jahres 1965 glaubte man wieder einmal, es würde sich eine etwas weichere Haltung in der Kulturpolitik ankündigen. Auf unserem Gebiet stützte sich diese Hoffnung auf die neue Präsidentin des Verbandes L.G. Eine Aktivtagung wurde geplant mit der Absicht, so etwas wie eine Bilanz zu ziehen aus der Arbeit der vergangenen Jahre. Grundlage für die Diskussion sollte ein Vortrag sein. Diesen zu halten, wurde mir angetragen. Darin sah ich eine Herausforderung und Gelegenheit, etwas offener zu sprechen. Mein Vortrag fand weitgehend Zustimmung bei den Kollegen. Die anwesenden Funktionsträger aus dem Staatsapparat, von Stadt, Bezirk und ein Vertreter des SED-Zentralkomitees waren offensichtlich anderer Meinung. Nach kurzer Diskussion, die im wesentlichen aus Zustimmung von Kollegen zu meinen Ausführungen bestand, wurden alle Genossen in einen Nebenraum beordert, damit man im internen Kreis die Welt wieder in Ordnung bringen konnte. Kollege B.H. sagte zu mir auf seinem Gang zur Kopfwäsche: "Heinz, sei froh, daß du kein Genosse bist."
Trotz der vielen ehrenamtlichen Arbeit, die ich als Vorsitzender der Sektion Maler und Grafiker geleistet habe, konnte ich als Parteiloser keine höhere Funktion wie die des Verbandsvorsitzenden bekleiden, ich wollte das auch nicht. Es machte mir nichts aus, oft vieles von seinen Aufgaben zu erledigen. Alle Bezirksvorsitzenden - sie wechselten öfter oder wurden gewechselt - mit denen ich zusammenarbeitete, waren an der Hochschule für Grafik und Buchkunst beschäftigt und betrachteten diese Verbandsfunktion als eine mehr oder weniger notwendige Nebensache für ihre Karriere. Ich war, da ich kein Lehrverhältnis angenommen hatte, auch kein Doppelverdiener wie sie mit Gehalt und Einkommen als freischaffender Künstler. Durch meine Themenwahl und eine

individuellere Formensprache gehörte ich auch nicht zu den bevorzugten Personen bei großen repräsentativen Auftragsvergaben. Mein persönliches Engagement in der Verbandsarbeit, das manchem doppelt belasteten Kollegen Arbeit abnahm, veranlaßte sie, sich mir gegenüber fair zu verhalten. Sie würdigten meinen Einsatz an zentraler Stelle und verschafften mir damit eine zeitweilige Vergünstigung.

Eine angenehme Entschädigung für die ehrenamtliche Arbeit waren die dienstlichen Reisen, welche der Verband vergab. Die erste erhielt ich schon 1963. Es war eine vierwöchige Fahrt nach Bulgarien. Mit einem älteren Genossen, Professor und Karikaturist, aus Berlin. Wir verstanden uns gut. Politische Diskussionen vermied ich im eigenen Interesse, und er gab sich auch nicht hundertfünfzigprozentig. Ziel des Fluges der IL 14 mit Zwischenlandungen in Prag und Budapest war Sofia. In den vier Wochen Aufenthalt haben wir alles Sehenswerte besucht in Begleitung einer attraktiven Dolmetscherin. In einer alten türkischen Villa in Plovdiv wohnten wir wegen mehrerer Atelierbesuche länger. Beeindruckt hat mich das rein bulgarische Städtchen Koprivstiza mit seiner schönen Umgebung in der Srednaja Gora. Im äußeren rein bulgarisch, hatte es eine Rolle gespielt bei der Befreiung von der türkischen Besetzung. Nach den vier Wochen flog meine Frau in Sofia ein, und wir verlebten noch drei weitere dort. In jener Zeit gab es nur wenige Touristen in Bulgarien. Viele der großen Anlagen für solche wurden erst später gebaut. Es passierte noch, wenn man einer Bäuerin begegnete, die einen Korb mit Trauben trug, daß man damit von ihr beschenkt wurde.

Meine erste vom Verband vergebene Rußlandfahrt begann am 9. Oktober 1969. Es ging mit dem Flugzeug nach Moskau, anschließend mit der Eisenbahn nach Kiew, um dort mit dem Künstlerverband Kontakt aufzunehmen. Wir besuchten auch die Kunsthochschule, und ich bekam Verbindung zu einem Professor, der überraschenderweise kein Parteimitglied war. Ich fuhr gemeinsam mit einem jungen Leipziger Bildhauer, und der Dolmetscher aus Moskau, ein Wolgadeutscher, war auch noch sehr jung. Er machte sich nicht viel aus Kiew. Mir dagegen gefiel es recht gut. So schlug er vor, nachdem wir unsere Aufgabe erfüllt hatten, die letzten Tage des Aufenthaltes in Odessa zu verbrigen, um uns dort umzusehen. Das war uns natürlich recht.

Meine zweite Rußlandreise vom 12. Oktober bis zum 9. November 1970 machte ich mit dem Sekretär des Leipziger Verbandes. Es war eine sehr ausgedehnte und informative Reise mit vielen freundschaftlichen Kontakten. Wir besuchten Wladimir und Susdal mit den Kirchen und Klöstern. Auch das dort in der Nähe gelegene Kloster lernten wir kennen, in dem das Nationalkomitee Freies Deutschland aus der Taufe gehoben wurde sowie Leningrad mit Puschkino, Pawlowsk und Schloß Peter und Paul. Dann war noch Kiew und Odessa im Programm. Von Odessa aus erlebten wir eine Fahrt zum Mündungsgebiet des Dnestrs und sahen uns eine alte türkische Festung an.

Die dritte Rußlandreise im Auftrag des Verbandes war bedeutend kürzer. Sie begann am 9. Oktober 1973 und ging ebenfalls über Moskau nach Kiew, der Partnerstadt Leipzigs. Ich war Begleitung für die neue Sekretärin im Leipziger Verbandsbüro, um zum wiederholten Male die stets abgebrochenen Verbindungen zu den Kiewer Kollegen herzustellen. Daran bestand von Seiten der dortigen Künstlerverbandsvorsitzenden, einer sehr bekannten Bildhauerin, allerdings wenig Interesse. Ich hatte den Eindruck, daß das Bedürfnis der dortigen Kollegen nach Kontakten zur DDR nicht besonders groß war. Sie fuhren lieber, wenn sie konnten, nach Frankreich oder Spanien.

Während der mehrfachen Reisen in die Sowjetunion hatten sich Beziehungen ergeben. In Odessa war es ein junges Ehepaar, keine Kollegen. Sie hatten sehr gute Verbindungen zu dortigen bildenden Künstlern, besonders zu den weniger angepaßten. Ich verdanke ihnen einige interessante Besuche und Einblicke in die Szene. Die Frau war Germanistin an der Odessaer Universität und er Redakteur bei der regionalen Zeitung "Rote Fahne". Beide waren einmal gemeinsam bei uns zu Besuch und er zweimal allein. Ein Aufenthalt in der DDR war für sie, die nicht so privilegiert waren, wie einige Künstler, gleich begehrenswert wie eine Reise für uns in die Bundesrepublik. Auf seine Bitte lud ich einen älteren Redaktionskollegen mit seiner Frau ein. Sie wohnten eine Woche in meinem Leipziger Atelier und waren immer auf der Suche nach käuflichen Dingen, die es bei ihnen nicht gab. Brauchen konnten

sie praktisch alles. Gemeinsam luden sie uns als Dank zu einem Gegenbesuch ein. Einfach war es nicht für sie, Papiere zu einer privaten Einreise für Freunde zu erhalten und sie uns zuzuschikken. Es war im Sommer 1976, als wir die Ausreisegenehmigung in die Sowjetunion erhielten.
Meine Frau und ich fuhren nach Berlin zum Ostbahnhof. Um auf der Reise mehr zu erleben und zu sehen, hatten wir uns für die Fahrt mit der Eisenbahn entschieden. In Berlin trafen wir unsere ältere Tochter, die damals dort arbeitete. Um Mitternacht war Abfahrt. Wir waren bald in Frankfurt/Oder an der Grenze. Die Grenzkontrolle brachte die erste Aufregung. Die Papiere der Tochter stimmten nicht. Irgend eine Zahl war falsch. Sie mußte zurückbleiben. Wir fuhren allein weiter und waren am frühen Vormittag in Brest. Grenzkontrolle durch Militär. Es war ein schönes Kauderwelsch, mit dem wir uns gegenseitig überzeugen wollten, Recht zu haben. Am Ende mußten wir aussteigen. Ich hatte die russischen Einladungen als unnötig für die Reise angesehen und sie nicht mitgenommen; denn ohne sie hätten wir doch gar keine Aureisedokumente erhalten. Rechts und links von jeweils zwei Soldaten mit aufgepflanztem Bajonett flankiert, wurden wir in die Bahnhofshalle gebracht. Dort sagte man uns, daß wir zurück müßten. Es gab keine Diskussion, auch die Bitte, uns in Brest zu lassen, bis unsere Tochter einträfe, wurde strikt ignoriert. Bis zum Nachmittag saßen wir auf einer Bank in der Halle und konnten beobachten, wie auf einem großen Tisch ein Stück vor uns das Gepäck von Einreisenden kontrolliert wurde. Gründlichkeit ist kein passender Ausdruck dafür. Es wurde gestochen, geschnitten und ausgeschüttet. Unter den jungen Einreisenden befanden sich sicher auch Ausländer, die zum Studium nach Moskau wollten.
Am Nachmittag stand ein Zug zur Fahrt nach Warschau bereit. Leute mit viel Gepäck vom Hamstern und zum Tauschen stiegen als erste ein. Sie boten in ihrer Bekleidung den traurigen Anblick eines dürftigen Lebens. Kurz vor der Abfahrt wurden wir zum Zug geführt und, wieder von Soldaten mit aufgepflanztem Seitengewehr flankiert, in ein Abteil geschoben. In Warschau mußten wir zu einem anderen Bahnhof. Es war wenig Zeit bis zur Abfahrt des Zuges nach Berlin. Durch Fragen nach dem Weg gerieten wir an einen Polen, der uns mit seinem Auto dorthin fuhr. Er begründete

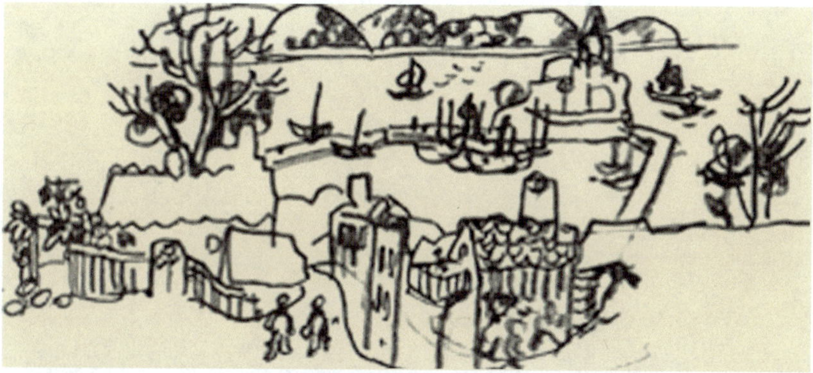

diese unerwartete Freundlichkeit, die er uns erwies, mit einem Besuch in Westdeutschland, wo er ebenfalls außerordentlich nett aufgenommen worden sei. Wir erreichten den Zug und waren gegen Morgen in Berlin. Ich fuhr sofort nach Hause, um die Papiere zu holen. Meine Frau erwartete in Berlin die Tochter, die unterdessen in Brest angekommen, ebenfalls zurückgeschickt worden war. Als ich abends in Berlin eintraf, waren wir alle versammelt und konnten um Mitternacht das Abenteuer von Neuem beginnen. Diesmal ging alles glatt bis Kiew. Ein junger Venezuelaner reiste mit in unserem Vier-Bett-Abteil. Er studierte in Kiew Petrolchemie. In seinem Gepäck hatte er viele Schallplatten mit schräger Musik für seine ukrainischen Freunde. Mit Spott machte er oft seiner Verachtung für die russischen Verhältnisse Luft. Als er an einem Bahnhof belegte Brote kaufte, die nur in loses Zeitungspapier gewickelt waren, ließ er sie im Abteil auf den Tisch fallen und sagte mokiert: "Russisch!"
In Kiew sahen wir uns erst einmal die Stadt an und kehrten im Flußschiffahrtshafen ein. Hier habe ich immer gern gesessen. Dann wollte ich meinen Bekannten von der Kunsthochschule treffen, doch er machte, wie mir seine Frau beim Wäschewaschen böse sagte, mit seiner Freundin im Balkangebirge Urlaub. Das war schade und hat uns um einige interessante Erlebnisse gebracht. Als wir mit zwei Tagen Verspätung in Odessa ankamen, waren die Begrüßungsblumen schon welk. Den herzlichen Empfang beeinträchtigte das nicht. In den Wohnungen der beiden Gastgeber war es unmöglich, uns unterzubringen. So wurden wir bei zwei alten Leuten, den Eltern des einen, einquartiert. Sie wohnten außerhalb der Stadt in einer Datschensiedlung. Es war eine abenteuerliche, romantische Behausung im Grünen und mehr Sommerlaube als Wohnung. Penibel durfte man nicht sein. Auf jeden Fall waren es nette und freundliche Gastgeber. Das Datschengebiet heißt Große Fontäne und ist bekannt als bevorzugtes Künstlerquartier. Während eines früheren Besuches in Odessa war ich schon einmal in dieser Gegend zu Atelierbesuchen. Wir trafen die russischen Kollegen damals in einer guten Stimmung an. Die Besuche wurden sehr lang, feucht und herzlich. Kurz zuvor waren Japaner bei ihnen und hatten viele Bilder gekauft. An einem Wochenende machten die Gastgeber einen Ausflug mit uns. In

zwei Autos fuhren wir an den Dnestr. Auf der Rückfahrt badeten wir im Schwarzen Meer, das durch ein drohendes Unwetter schon sehr aufgewühlt war. In einem sommerlichen, luftig gebauten Lokal auf einer Terrasse war zum Abschluß ein Essen geplant. Wir hatten uns noch nicht richtig niedergelassen, als das Unwetter über uns hereinbrach und das gut gemeinte Vorhaben durch die niedergehenden Wassermassen hinweggespült wurde. Schade! Es wäre bestimmt ein richtiges längerdauerndes russisches Gastmahl geworden. Aus eigener Initiative luden uns die beiden Kraftfahrer zu einem Tagesausflug ein. Mit ihren Betriebs-Ladas fuhren wir südlich an eine Bucht des Schwarzen Meeres. Hier lagen zwischen stehenden hohen Pfeilern Teile einer gesprengten Brücke. Am Ufer befestigte Boote benutzten wir, um eine bestimmte Sorte kleiner Fische mit Netzen zu fangen. Anschließend wurde ein Feuer angezündet, ein großer Topf mit Wasser darüber gehangen und darin eine Fischsuppe gekocht. Das war nichts für mich. Die mitgebrachten Kanister waren nicht, wie ich angenommen hatte, mit Benzin, sondern mit Wasser oder Wodka gefüllt. Dessen Wirkung bestimmte das rasante Tempo der Heimfahrt. Wir kamen trotzdem gut an und waren dankbar für dieses Erlebnis russischer Gastfreundschaft.

Jene beiden freundlichen Kraftfahrer waren Väter von kleinen Kindern und hatten Sorge, Schuhe für sie zu bekommen. Wir schickten ihnen welche. Diese Pakete kamen postwendend zurück mit einem Vermerk, der sinngemäß etwa lautete: Die stolzen Sowjetbürger hätten es nicht nötig, Geschenke vom Ausland anzunehmen. Ich weiß, die "stolzen Sowjetbürger" hätten gern so vieles angenommen, wenn sie gedurft hätten.

Eine Fahrt mit dem Schiff nach Jalta gehörte zu unseren Vorhaben. Dazu benötigten wir eine besondere Genehmigung. Den Wunsch hatten wir gleich geäußert bei der Ankunft, und unsere Freunde stellten sofort einen entsprechenden Antrag. Es gab immer Einwände und Vertröstungen beim Amt. Als der letztmögliche Termin herangekommen war, schlug einer unserer Leute Krach. Daraufhin bekamen wir um 16 Uhr die Erlaubnis, und um 18 Uhr war Abfahrt des Schiffes. Es war ein in England gebauter, relativ neuer Zehntausendtonner. Den Abschied vom Kai und die Ausfahrt aus dem Hafen verpaßten wir durch das vergebliche Suchen unserer

gebuchten Kabine. Es gab sie nicht, und wir erhielten nach zeitraubenden Protesten eine andere. Morgens waren wir in Jalta, verbrachten dort einen Tag und fuhren in der Nacht nach Odessa zurück.
Für die Heimreise nach Deutschland gab es keinen durchgehenden Zug. Wir mußten in Brest wieder umsteigen, und während des Aufenthaltes dort starb der Rest des Gedankens an eine Wiederkehr. Das lag nicht an den Menschen, die ich kennengelernt und besucht habe. Es waren durchweg freundschaftliche Beziehungen mit Bemühungen um eine herzliche Gastlichkeit, der allerdings privat enge materielle Grenzen gesetzt waren. Bei Funktionären und Behörden war das oft anders. Es war ein großer Unterschied, ob man mit einer offiziellen Delegation, einer Touristengruppe oder privat dort unterwegs war. Offiziell wurde man herumgereicht und separiert plaziert in dafür vorgesehenen Hotels und anderen Orten. Als Privatreisender hatte man auch keine absolute Bewegungsfreiheit. Wir durften nie Sagorsk mit seinen Klöstern besuchen. Ich wollte zum Zeichnen auf die Mole des Odessaer Hafens. Immer wurde ich vertröstet und bekam keine Erlaubnis. Warum nur? Beim Einlaufen ausländischer Kreuzfahrtschiffe in den Hafen fotografierten die Touristen das alles nach Belieben.
Von Reise zu Reise merkte man, daß es für die Menschen schlechter wurde. Die schwarzen Märkte blieben von konstanter Größe und Bedeutung. Es war interessant für einen Fremden, auf ihnen zwischen den Verkaufsständen herumzugehen. Ein geläufiger Spruch besagte: "Auf den schwarzen Märkten erhälst du alles, was du brauchst. Auf eine gewünschte Atombombe muß man etwas warten." Eine Möglichkeit Selteneres zu überhöhten Preisen einzukaufen gab es noch in den Markthallen großer Städte wie Moskau oder Kiew.
Unser Quartiergeber hatte eine kleine Verkaufsbude am Badestrand in Odessa, wo auf Holzpritschen tagsüber vor allem füllige Frauen schwatzten und, von zweifelhaften Ministoffgebilden stellenweise bedeckt, sich von der Sonne braten ließen. Er sprach etwas gebrochen deutsch. Abends sagte er mitunter: "Wollt ihr morgen Fleech?" Er hatte Beziehungen und konnte mitunter ab und zu etwas besorgen, natürlich für viel Geld. Es war traurig anzusehen, wenn alte Veteranen im üblichen dunkelblauen Anzug, mit Orden

dekoriert, vor Geschäften anstehen mußten, um etwas Eßbares einzukaufen. Es gab nur das einfachste und notwendigste. Besondere Wünsche durfte man nicht haben. Mitunter konnte ich es nicht glauben, wenn mir informierte Einheimische erzählten, wie schlimm es wirklich in den Dörfern und verschiedenen Gegenden des Landes sei. Ich weiß noch, wie wir zur ersten Reise bewirtet wurden am Begrüßungsabend des Verbandes in Moskau. Sehr viel und Gutes wurde uns damals vorgesetzt. In zunehmendem Maße schaffte man alles, was im Westen begehrt wurde, für Devisen dorthin.

Die an der Universität lehrende Germanistin sagte: "Eigentlich sollten unsere Studenten später als Lehrer an den Schulen auf dem Land eingesetzt werden und dort unterrichten. Das geht nicht. Wer im Dorf keine Datsche mit etwas Grund und Boden zur Verfügung hat, kann nicht existieren. Also suchen sie sich am Ende ihrer Ausbildung eine andere Beschäftigung."

Anfang der siebziger Jahre besuchte eine Gruppe junger Mitglieder des Moskauer Künstlerverbandes, fünf oder sechs Kunstwissenschaftler, einige Tage Leipzig. Sie waren in dieser Zeit mehrmals in meinem Atelier, auch zu abendlichem, lautstarkem Umtrunk. Wir hatten viel Spaß miteinander und stimmten in vielen Dingen überein. Ihre Ansichten und Theorien waren nicht die offiziellen des russischen Verbandes. Damit sie sich etwas kaufen konnten, lieh ich ihnen Geld. Vor meiner dritten Reise in die Sowjetunion 1973 hatte ich den Wortführer der Gruppe über mein Kommen informiert. Sofort nach der Ankunft suchte ich ihn in Moskau auf. Ich bekam mein Geld in Rubel zurück, und er versprach, alle zu einer Fete einzuladen, wenn wir auf der Rückreise von Kiew wieder in Moskau sein würden. Vermutlich hatte das die Dolmetscherin mitbekommen. Wir - meine Begleiterin und ich - durften mit unseren Bekannten nicht noch einmal zusammentreffen. Auf der Rückreise wurden wir vom Bahnhof sofort zum Flughafen befördert und in die Maschine nach Berlin gesetzt.

Auf der zweiten Reise mit dem Sekretär des Verbandes besuchten wir in Moskau an zwei Abenden auch ein Akademiemitglied. Der Mann wohnte in einem der üblichen mehrstöckigen Mietshäuser mit, gelinde gesagt, unattraktivem Treppenaufgang. Es waren sehr gastfreundliche Zusammenkünfte mit allerhand Besuchern,

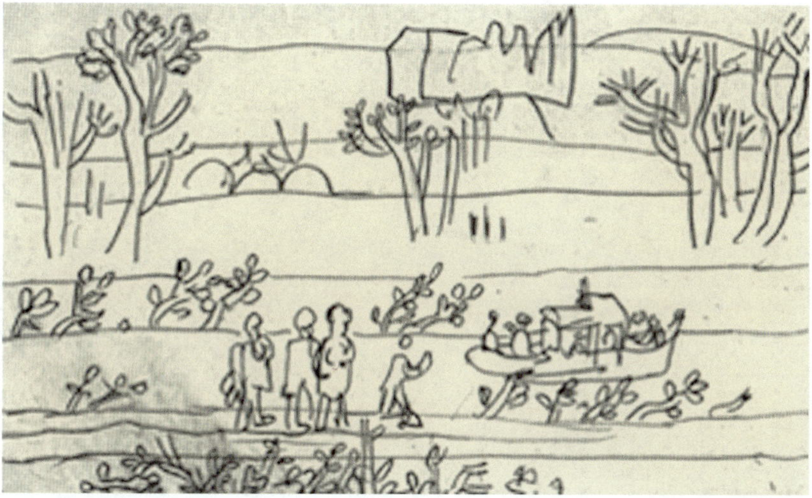

Musik, Tanz, viel Spaß und einer reizenden Gastgeberin. Ein Enkel Dzierzynskis war auch dabei. Er war einer der schrägesten Gäste.
Besonders interessierte mich unser erster Dolmetscher W.W., ein Wolgadeutscher. Er besuchte uns auch zu Hause in Langendorf. Er war einer, der sich aktiv für die Verbesserung des Lebens seiner von Stalin nach Sibirien deportierten Landsleute einsetzte. Mir erzählte er, daß sie mehrfach in Moskau vorstellig geworden waren mit der Forderung, als autonomes Gebiet anerkannt zu werden. Vergeblich. Man befürchtete, wie er sagte, daß dann bald der Unterschied zu den Nachbarn so erheblich würde und damit die Gefahr von Unruhen gegeben sei. Wie sehr er sich für die ehemaligen Wolgadeutschen einsetzte, erfuhr ich erst später. Zufällig sah ich ihn zweimal in den Zwanziguhrnachrichten der ARD: einmal als Sprecher auf einer Tagung von Wolgadeutschen in Moskau, dann als leitendes Mitglied beim Gastspiel einer wolgadeutschen Theatergruppe in München. Meine Bemühungen, wieder Kontakt zu ihm zu bekommen, waren vergeblich. Etwa drei Jahre vor der Wende erhielt ich eine zu Spekulationen anregende Karte von ihm. Darauf war eine große, hügelartige Erhebung abgebildet, deren oberen Teil eine Mauer umschloß. Er teilte mir mit, die letzten Jahre - ich glaube zehn - seien sehr hart gewesen, und er würde mich demnächst bei einer geplanten Reise in die DDR besuchen. Das war das letzte, was ich von ihm hörte. Der DDR-Besuch fand sicher nicht mehr statt. Über die Andeutungen in Bezug auf jene zehn Jahre kann man sich nur seine Gedanken machen. Auch von meinen anderen guten Bekannten aus Rußland und der Ukraine hörte ich nichts wieder.
Nach einer Anfrage beim Kulturfonds der DDR erhielt ich 1986 den Bescheid, nach Karlsbad fahren zu können. Wegen einer bevorstehenden Operation hatte ich an eine Nachkur gedacht. Diese vier Wochen Karlsbad waren weder der richtige Ort, noch die richtige Zeit für die von mir gewünschte Kur. Ich fuhr trotzdem, obwohl ich dadurch zu meinem 70. Geburtstag nicht daheim war. In der zweiten Hälfte des Aufenthaltes stürzte ich unweit des Hotels auf dem steilen Weg zum Stadtzentrum mit den Trinkhallen. Es war sofort zu spüren, daß der Knöchel des rechten Fußes nicht mehr in Ordnung war. Ich humpelte zurück. Bevor der Arzt

untersuchte, mußte ich gleich eine Erklärung unterschreiben, daß ich auf Entschädigung für ausfallende Kurleistungen wie Massagen und Bäder keinen Anspruch erheben würde. Dann erst sah sich der Arzt die Sache an. Er schickte mich zum Röntgen. Ohne Begleitung und Hilfe mußte ich in ein Auto steigen und wurde an ein größeres Gebäude gefahren. Der Röntgenraum war nicht zu betreten. Es mußte erst der Hausmeister geholt werden, der die frisch gestrichenen und zusammengeklebten Türflügel mit einem Vorschlaghammer trennte. Die Röntgenaufnahme zeigte den Bruch im rechten Knöchel. Anschließend ging es wieder in das Auto, und die Fahrt endete an einem anderen Haus. Der Weg führte drei Stockwerke hoch. Dieser Arzt, dem ich vorgestellt wurde, sprach etwas deutsch. Nach Erledigung einiger Formalitäten schickte er mich zum Gipsen. Das war auf demselben Flur, und ich war nicht der einzige, der vor dem Behandlungsraum warten mußte. Plötzlich tobte jemand darin, kam laut schimpfend herausgeschossen und stürzte den Flur entlang. Es war der Gipser. Man hatte ihm während der Arbeit das Wasser abgedreht. Ich merkte, als ich an der Reihe war, daß er seine Aufgabe sehr ernst nahm. Wie er mit meinem Fuß umging, war nicht zart. Ich werde es ihm zu verdanken haben, daß er gut und schnell heilte und später keine Beschwerden auftraten. Ich erhielt zwei Krücken, wie sie zur Zeit des Ersten Weltkrieges üblich waren. Mir fiel es schwer, damit umzugehen. Beim Absteigen auf den Treppen wäre ich fast wieder gestürzt.

Als ich zurück zum Hotel kam, entschuldigte man sich, weil ich vor der Rezeption sitzen bleiben mußte. Wegen Stromsperre war der Fahrstuhl außer Betrieb. Am Ende der Kur fuhr man mich großzügig mit dem Auto zum Bahnhof, doch vorher nahm man mir die Krücken ab: Sie seien tschechisches Eigentum. Mit Mühe und Not behauptete ich im Zug ein eigenes Abteil, damit ich mich hinlegen konnte. Beim Aussteigen in Leipzig entstand ein äußerst unangenehmes Gedränge. Auf dem Bahnsteig entdeckte ich einen Krankenpfleger mit Rollstuhl. Aber er war weit weg und schon wieder auf dem Weg zur Sanitätsstation, da machte man ihn auf mich aufmerksam. Am Ende seiner Dienstleistung, als ich ihm ein Trinkgeld geben wollte, stellte ich fest, daß man mir beim Aussteigen die Börse mit Ausweis und Geld aus der Gesäßtasche gezogen hatte.

1980 meldeten sich Schulfreunde aus Böhlitz-Ehrenberg mit dem Ansinnen, sich fünfzig Jahre nach Beendigung der Schule wiederzusehen. Wir trafen uns eines Abends in der "Wartburg", einem Lokal in Gundorf. Sogar aus dem Westen waren sie gekommen. Es wurde ein heiterer Abend freudigen Wiedersehens, voll besserer Eindrücke, als ich erwartet hatte. Einträchtig und mit viel Verständnis und Neugierde aufeinander, saßen wir nach so langer Zeit wieder zusammen, und der Spaß kam nicht zu kurz. Dieser Abend hatte Folgen. Bei denen, die in Böhlitz und der näheren Umgebung wohnten, war das Bedürfnis entstanden, sich öfter zu treffen. Erstaunlicherweise war noch viel Gemeinsames vorhanden aus einer nicht leichten, aber schönen Kindheit. Ich übernahm es, ab und zu etwas für unsere Unternehmungen vorzuschlagen und zu organisieren, meistens vormittägliche Lokalbesuche in Leipzig oder Tagesfahrten mit dem Auto in die weitere Umgebung. Die Frauen gehörten selbstverständlich dazu. Den Kern bildeten außer mir der Schlosser- und der Malermeister. Beide waren immer selbständig geblieben. Der Schlosser betrieb seine Werkstatt als Familienbetrieb. Er und seine Frau hatten nur Arbeit gekannt. Höchstens einen Skatabend gönnte er sich in der Woche. Der Maler hatte in der ganzen DDR-Zeit die höchste zugelassene Belegschaft besessen und allem Druck zur Vergenossenschaftung widerstanden.

Im Juni 1981 wurde ich 65 Jahre alt. Nach dem Gesetz war ich jetzt Rentner. Zwei angenehme Dinge wurden mir zuteil. Ich durfte offiziell die Bundesrepublik besuchen und konnte jeden Monatsanfang mit der Überweisung einer gewissen, wenn auch kleinen Summe auf mein Konto rechnen. Nach fast fünfunddreißigjährigem Dasein als Freischaffender war das ein neues und nicht unangenehmes Gefühl von relativer Sicherheit. Jetzt war ich Rentner, aber an meinem Lebensstil änderte das nichts. Meine körperliche Verfassung gestattete mir, so weiter zu machen wie bisher. Wie immer fuhr ich früh nach Leipzig, arbeitete, gehörte zu einem Leitungsgremium des Verbandes und wurde den Anforderungen gerecht, die das Grundstück stellte. Diese waren nicht mehr sehr groß.

Da meine Frau mit mir Rentnerin wurde, konnten wir gemeinsam auf Reisen gehen. Viel war mit den fünfzehn DM Westgeld, die wir pro Person bekamen und mitnehmen durften, nicht anzufangen. Geld tauschen bei einem Verhältnis von 1:17 war nicht akzeptabel. Für uns beide war jedoch die Situation nicht ganz schlecht. Ich hatte zwei Freunde, denen es gut ging und die unsere Reiseabsichten nach den fünfunddreißig Jahren Eingesperrtsein wohlwollend unterstützten. Jetzt kam mir außerdem zustatten, daß ich ein Konto im Westen besaß. Bis zum Mauerbau hatte ich - wegen der Absicht nach drüben zu gehen - bei meinen zahlreichen Besuchen in Westberlin auch Geld mitgenommen, wenn welches da war, das mein Freund so gut es ging tauschte und anlegte. Es hatte reichlich fünfundzwanzig Jahre Zeit gehabt, sich unter guten Bedingungen zu vermehren. Äußerste Sparsamkeit war während der Reisen trotzdem selbstverständlich. Natürlich hatten wir sofort von der Möglichkeit Gebrauch gemacht, uns einen bundesrepublikanischen Paß ausstellen zu lassen. Er war - wenn man drüben ankam, wo auch immer - in kurzer Zeit verfügbar.
Die Tschechoslowakei hatten wir in den vergangenen Jahren viel besucht und gut kennen gelernt. Jetzt lagen mir die Alpen in Bayern, der Schweiz, Österreich und in Norditalien am Herzen. Auch Jugoslawien, den Bleder See mit dem Sommersitz Titos, war uns eine Reise wert. Natürlich auch Venedig. Hätten wir erst nach der Wende reisen dürfen, wären wir schon etwas alt gewesen und für manches, das wir damals sahen, hätten wir keine Zeit mehr gehabt.
Viel später erst kamen andere Ziele hinzu: der Norden Deutschlands mit der Lüneburger Heide und der Nordsee, bedingt auch durch eine Ausstellung in einer Galerie für realistische Malerei. Sie befand sich in einem typischen alten Bauernhof in der Wedemark. Mitte der neunziger Jahre leisteten wir uns einen kurzen Fährausflug nach Schweden und eine lange Reise mit dem eigenen Auto über Dänemark nach Norwegen. Eine Woche durchfuhren wir die Landschaft Südnorwegens bis zum Sognefjord. In Bergen stiegen wir auf ein Postschiff zur Fahrt entlang der Küste bis Kirkenes und zurück. Von Bergen ging es dann in Richtung Heimat am Hardanger Fjord entlang nach Christiansand durch eine abwechslungsreiche, wunderschöne Landschaft.

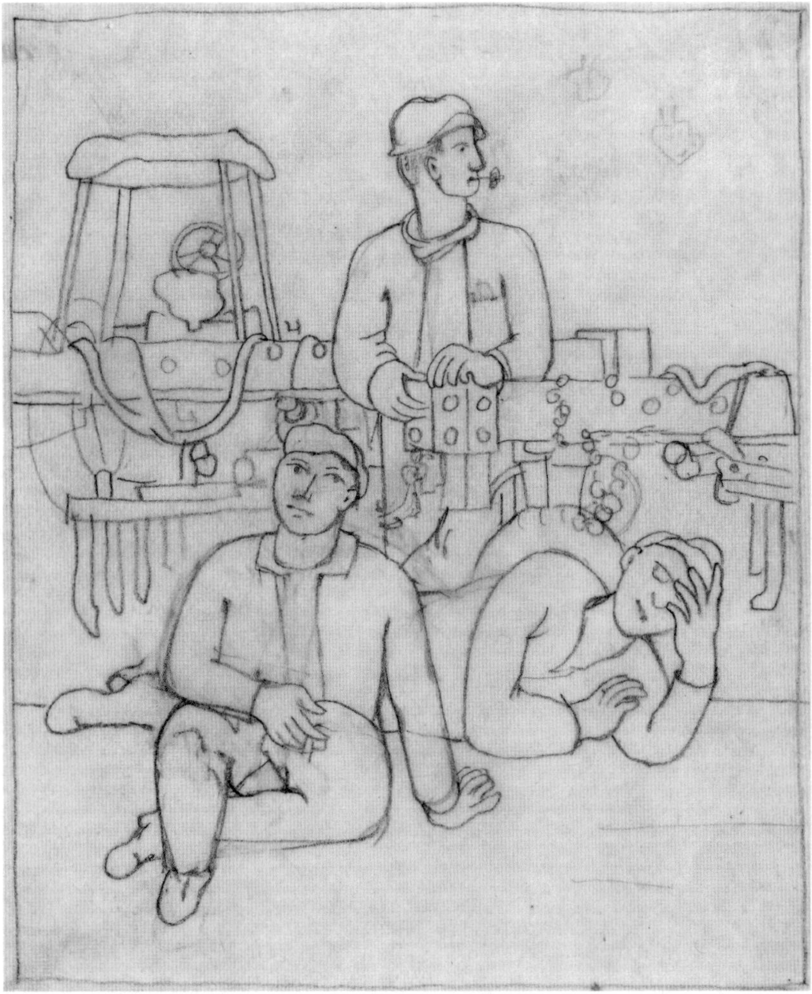

Am Ende eines Besuches in Leipzig bummelte ich zum Bahnhof. Zufällig sah ich vor einem Reisebüro das Sonderangebot für eine Schiffsreise durch das südliche Mittelmeer von Genua nach Lissabon mit der MS Berlin, um fünfzig Prozent reduziert. Das konnte ich mir nicht entgehen lassen. Schiffsreisen sind in dem Alter, in dem meine Frau und ich sich nun befinden, eine bequeme Möglichkeit, noch etwas von der Welt zu sehen, besonders für sie mit ihren Schwierigkeiten beim Laufen. Diese Reise machte mich mit vielem bekannt, von dem ich geglaubt hatte, es nicht mehr sehen zu können in meinem Leben. Die ersten Jahre nach 1981, in denen ich reisen durfte, hatte ich oft den Wunsch und das Verlangen von der Bundesrepublik aus, weiter zu fahren nach Griechenland, Südfrankreich, Italien. Mein Freund warnte mich immer und hat mir davon abgeraten: "Wenn dir etwas zustößt auf einer solchen illegalen Reise kommt außer großen Unkosten ein absolutes Ausreiseverbot der DDR-Behörden für immer auf dich zu."
Auch ich hätte damals nicht für möglich gehalten, es würde eines Tages in naher Zukunft die DDR nicht mehr geben.
Mein Atelier befand sich seit Ende 1968 im Zentrum der Stadt am Markt, dem Alten Rathaus gegenüber. Vom dritten Stock des Eckhauses zum Barfußgäßchen hatte ich einen guten Blick. Ich übersah den ganzen Markt und alle Straßeneinmündungen. Die Hainstraße konnte ich teilweise und die Petersstraße ganz einsehen. Der Platz zwischen Altem Rathaus, Alter Börse und der dort beginnenden Katharinenstraße lag auch offen vor mir, ebenso das Salzgäßchen bis zum Neumarkt und ein Stück des Schuhmachergäßchens, das zur Nikolaikirche führt. Ihr Turm überragt die dazwischenliegenden Häuser. Es war ein Glücksfall damals für mich, das mir der komfortlose Raum zugesprochen wurde. Gute Arbeitsbedingungen bot er. Die Treppen zur dritten Etage täglich zu besteigen, das war ein gutes Training. Alle wichtigen Kontaktstellen, besonders der Hauptbahnhof, waren ganz in der Nähe. Ich war damit zufrieden. Vieles was bedeutend war, spielte sich direkt vor meinem Fenster auf dem Markt ab, und ich hatte immer einen Logenplatz.
Von den Friedensgebeten in der Nikolaikirche hatte ich gehört und hielt sie für eine sehr begrenzte Angelegenheit. Von den Zwischenfällen mit der Stasi in Zivil nach ihrer Beendigung konnte ich

direkt nichts bemerken und hören. Einmal abends, es muß im Sommer 1988 gewesen sein - ich telefonierte gerade mit meinem Schulfreund in Böhlitz-Ehrenberg - hörte ich tumultartigen Lärm. Vom Fenster aus sah ich, wie Teilnehmer der Friedensgebete mit einigen Anhängern versuchten, von der Grimmaischen Straße aus zur Petersstraße zu kommen und von Sicherheitskräften daran gehindert wurden. Ich maß dem nicht viel Bedeutung bei. Darin sah ich ehrliche und schätzenswerte, aber hoffnungslose Bemühungen, die keine bemerkenswerte Resonanz bei der Bevölkerung fanden. In dieser Zeit hatte ich noch nicht das Gefühl, es gäbe einen fruchtbaren Boden für solche Aktionen. Vielleicht hatte ich mich getäuscht. Ich glaubte nicht, daß trotz des üblichen Mekkerns und den fundiert geäußerten Unzufriedenheiten von Bürgern über die bestehenden Verhältnisse, diese von so vielen als absolut unerträglich empfunden wurden. Man hatte sich arrangiert. Es war wie bei den Nazis: Wenn du dich eingeordnet hattest, passierte dir nichts. Einfach nur leben und für den Sozialismus sein, glauben, daß die Partei richtig dachte und nur dein Bestes wollte. Der Raum für die gestatteten individuellen Aktivitäten war abgesteckt. Dieser Freiraum war nicht groß. Zur Unterstützung der Respektierung dieser Einschränkungen sorgte ein Grundsatz der Partei: "Vertrauen ist gut, Kontrolle ist besser." Das war überall spürbar. Trotzdem hatte ich den Eindruck, daß es, von Einzelaktionen abgesehen, lange Zeit nicht viel Lust gab, diese Einschränkungen ernstlich in Frage zu stellen. Die Partei versuchte, das alles als Schutz und Wohltat für das Volk erscheinen zu lassen. Sie erfand dafür sogar Geschichten, welche kaum jemand glaubte. Negatives und unangenehmes Geschehen innerhalb ihres Machtbereiches zu erfahren, ersparte man den Bürgern möglichst, damit sie das Gefühl bekamen, in der DDR gut aufgehoben und geborgen zu sein. Das Schlechte und Verbrecherische geschah angeblich nur jenseits der Grenzen in westlicher Richtung. Das erzählten die Medien am liebsten mehrmals, penetrant und aufdringlich, eine primitive Art der Beeinflussung, doch nicht ohne Wirkung wie später zu erkennen sein sollte. Eine individuelle Gestaltung des Lebens nach eigenem Willen und besonderen Vorstellungen war begrenzt. Das lähmte besonders Aktive und Unternehmungslustige, war sicher auch Anlaß für manche Resignation.

Reich werden konnte man nicht, aber auch nicht in der Gosse landen. Für beides sorgten der Staat oder die Partei. Alles und alle wurden gebraucht, Männer und Frauen. Ihr Anteil an den Berufstätigen erreichte fast den der Männer. Viele Frauen waren nach dem Krieg alleinstehend und auf die Berufstätigkeit angewiesen. Der überwiegende Teil der Arbeitenden war in Kombinaten und volkseigenen Betrieben angestellt. Sorgen mußte man sich um den Arbeitsplatz nicht machen. Die großen Betriebe waren außer für Arbeit für manch andere Dinge des Lebens da, bei Wohlwollen und guten Beziehungen auch für einen billigen Urlaubsplatz. Die Entlohnung war nicht großartig, das Warenangebot, für das man das Geld ausgeben konnte, war es ebensowenig. Daß viele Frauen arbeiteten, war weniger Enthusiasmus für den Sozialismus, sondern notwendig, wenn sich eine Familie etwas mehr leisten wollte. Ein normaler Lohn war dafür zu wenig. Das war so geplant; denn die DDR mußte nicht nur für sich, sondern auch für die Sowjetunion und die anderen verbündeten Länder produzieren. Jeder Schuppen, jede funktionierende Maschine, auch wenn sie noch so alt waren, wurden dafür gebraucht, also auch jeder Mensch. Ein Schwachpunkt des Systems bestand in der Unmöglichkeit, den Bürger vor, wie es hieß, "feindlichen Informationen" zu bewahren, was man gern getan hätte. Die Anti-Antennenkampagne gegen das Westfernsehen und den RIAS hatte die Partei schon lange verloren. Mußte man sich noch viele Jahre nach dem Krieg stundenlang nach einer Kinokarte anstellen, wenn - was selten genug vorkam - ein guter Westfilm im Programm gezeigt wurde - so schaltete man schon lange in den eigenen vier Wänden bei Bedarf einen Westsender ein, um wenigstens passiv einige Zeit eine lebendigere und grenzenlosere Welt zu erleben. Ich weiß es nicht, aber möglicherweise hat das doch etwas bewirkt. "Steter Tropfen höhlt den Stein." Vielleicht war es unter der DDR-Oberfläche schon längere Zeit nicht mehr so, wie es den Anschein hatte. Dazu kamen zuletzt ab und zu Signale von Antiaktionen und Zeichen von Umdenken aus den "befreundeten" Ländern. Gestehen muß ich, daß ich überrascht war, als es und wie es plötzlich losbrach.

Demonstrationsbeginn war nach Beendigung der Montagsfriedensgebete. Die Demonstrationen waren die Fortsetzung dieser

Veranstaltungen. Es war erstaunlich, wie es plötzlich montagnachmittags im Zentrum der Stadt lebendig wurde. Alle hatten ein gemeinsames Ziel: Plätze und Straßen an der Nikolaikirche. Erwartungsvoll und gespannt blickte ich von meinem Atelierfenster auf den Zustrom der Demonstranten, die von den Straßenbahnhaltestellen am Ring und vom Hauptbahnhof zum Zentrum drängten. Mit Genugtuung nahm ich wahr, wie es von Montag zu Montag mehr wurden, bevor ich selbst zur Mündung der Ritter- in die Grimmaische Straße ging. Von hier konnten wir sehen, wenn die Teilnehmer am Friedensgebet ins Freie traten. Wurden sie früher in diesem Moment von Stasileuten erwartet und angegriffen, war das jetzt nicht mehr möglich. Der Nikolaikirchhof war ebenso voll Menschen wie die Grimmaische Straße und der angrenzende Augustusplatz. Ein Eingreifen der anwesenden Ordnungskräfte und Sonderkommandos war nicht mehr möglich. Dann schob sich die hier versammelte Menge zum Augustusplatz. Immer und überall tönte es: "Wir sind das Volk!" Auf den Stufen der Oper war eine improvisierte Rednertribüne aufgebaut. Mitunter sprach dort jemand. Ich habe nie etwas verstanden, und es interessierte mich auch nicht. Fasziniert war ich von der Stimmung und Atmospäre, dem Gleichklang in der Vielfalt, der noch verhaltenen Euphorie in der Menge Gleichgestimmter. Dann formierte sich langsam vor der Hauptpost die Marschkolonne und setzte sich Richtung Hauptbahnhof in Bewegung. Sie nahm die ganze Breite des Ringes ein, der von jeder Menge Zuschauer gesäumt wurde. Überall waren Menschen, auf den Bäumen, an den Fenstern, auf den Dächern, und sie drängten sich auf dem " Blauen Wunder" an der Jahnallee. So wälzte sich der Zug langsam den Ring entlang, an der sogenannten Runden Ecke, der Leipziger Stasizentrale, vorbei, und zwischen Thomaskirche und Karl-Tauchnitz-Brücke zerbröselte er langsam. Skandiert wurde immer, doch an der Runden Ecke besonders laut und dauerhaft. Als es ernst wurde, hatte man vor dem Gebäude dichte Polizeiketten postiert, entweder normale Polizei mit Spezialausrüstung oder eine für besonderen Einsatz geschulte Truppe, wie es aussah. Für mich war es ein tolles Erlebnis mitzumarschieren. Nach den vielen Jahren seit 1928-1932 wieder einmal eine Demonstration mitzumachen, mit vielen Menschen zu marschieren und zu demonstrieren, mit denen man gleicher

Meinung war und sich zeitweilig in Übereinstimmung befand. Man sah Bekannte, Kollegen, Genossen. Es wurde geredet, diskutiert, spekuliert. Gegen eine Argumentierung, die mir wiederholt begegnete, reagierte ich immer empfindlich. Es war die Ansicht, wenn dieser unbeliebte Partei- und Staatsapparat weg sei, könnte man doch endlich einen anständigen Sozialismus aufbauen. Im Grunde hielt ich diese Ansicht für so naiv, daß sie einer Erwiderung kaum bedurfte.
Die Massenbewegungen am Montagabend wandelten sich schnell vom Protestmarsch gegen die DDR-Regierung zur Massenkundgebung für die Einheit Deutschlands. Aus der Feststellung:"Wir sind das Volk!" wurde die eindeutige Forderung: "Wir sind ein Volk!" Damit gab es über mögliche zukünftige Varianten im Moment nichts mehr zu diskutieren. Aus den zu Beginn verschämt gezeigten schwarz-rot-goldenen Tüchern, Taschen, Regenschirmen wurden solch farbige Fahnen ohne Emblem, und sie zeigten die eingeschlagene Richtung. Was sie alles brächte, wenn sie konsequent durchgehalten würde, konnte man sich nur verschwommen vorstellen. Auf jeden Fall war ein Einstellen auf das wahrscheinlich Kommende und vorsorgliches Handeln notwendig. Eines war mir klar und wurde mir auch bald deutlich gemacht, der Platz meines Ateliers würde in kurzer Zeit eine Toplage der Stadt sein mit einer Miete, die ich nicht mehr bezahlen könnte.
An einem späten Nachmittag, sicher schon im November - denn es dunkelte früh - saß ich noch ohne Licht im Atelier, als die Tür aufging. Es zeichneten sich zwei Figuren zur Helle des Flures ab. Zwei Herren waren das, die ohne anzuklopfen oder zu klingeln meinen Raum betraten und, durch den dunkleren vorderen Teil spazierend, auf mich zu kamen. Diese Art sich zu benehmen hat nach der Einheit bei ehemaligen DDR-Bürgern viel Unmut hervorgerufen. Inzwischen hatte ich die Lampe angeknipst, sie genauer angeschaut und konnte mir denken, wo sie herkamen. Deshalb war ich nicht überrascht, als sie sich als die neuen, alten Besitzer des Gebäudes Markt 10 sowie der anschließenden Häuser im Barfußgäßchen mit der Ecke Barfuß-/Klostergasse und dem Restaurant "Zills Tunnel" vorstellten. Anfangs gaben sie sich sehr moderat, machten aber im Laufe des Gespräches deutlich, daß sie gewillt seien, ihr Erbe, die seit etwa 1750 im Familienbesitz

befindlichen Grundstücke, zu übernehmen. Da sie in keinem besonders gutem Zustand mehr seien, was nicht abzuleugnen war, und sie sich auch ihren Altvorderen gegenüber in der Pflicht fühlten, alles wieder in einen ansehnlichen Zustand zu versetzen, wären natürlich Konsequenzen nötig. Aber keine Angst, selbstverständlich ginge das nicht von Heute auf Morgen, trotz der eigentlich gebotenen Eile wegen des äußerst bedauerlichen Zustandes der Immobilien.

Natürlich hatte ich mit so etwas gerechnet, und auch keine Lust gehabt abzuwarten, bis es kommt. Es war zeitraubend und anstrengend, einen sechzig Quadratmeter großen Arbeitsraum im dritten Stock, in dem über zwanzig Jahre gearbeitet und teilweise gewohnt wurde, aufzugeben und zu räumen. Alles Erhaltenswerte und zur Arbeit Notwendige mußte etwa vierzig Kilometer entfernt neu arrangiert und installiert werden. Es brauchte Zeit; denn ich machte alles in eigener Regie. Beruflich gab es keine Auszeit, und am Bau für die kommende Unterkunft in unserem Langendorfer Grundstück sollte auch kein Stillstand eintreten.

In einem der ersten Monate des neuen Jahres kam Bescheid vom Rechtsanwalt der Erben. Ab sofort war die Miete um das Sechsfache angehoben. Meine Versuche, die ich mehr aus Neugierde auf das Verhalten des neuen Partners startete, meinen Raum nicht eindeutig als teuren Gewerberaum einzustufen, da er mir notwendigerweise auch als Wohnraum gedient hatte, wurden schroff und als undiskutabel abgewiesen. Die neue Miete habe ich nur ein- oder zweimal gezahlt, vorher kündigte ich. Zum Glück traf mich das in einem Alter, in dem es sowieso ratsam erschien, Schluß zu machen mit der zeitaufwendigen und strapaziösen Fahrerei vom Wohnort zum Arbeitsplatz.

Vorsorglich hatte ich einige Zeit vor der Wende schon angefangen, Abstellräume in Nebengebäuden unseres Grundstückes herzurichten. Eines Abends begann ich kurz entschlossen mit der Entrümpelung der Scheune und ließ mich von dem zu erwartenden Arbeitsaufwand nicht entmutigen. Ich handelte nach meinem oft erprobten Vorsatz, man muß anfangen, dann kommt man in Zugzwang, und irgendwie geht es weiter. Eine Scheune zu entrümpeln, die etwa einhundert Jahre landwirtschaftlich genutzt wurde und später zusätzlich als bequemer Platz für jedweden Kram diente, ist keine leichte Arbeit und nicht gefahrlos, weil man nicht weiß, wo unter dem seit Jahren lagernden Heu und Stroh die Bretter noch tragfähig oder schon verfault sind. Außerdem mußte ich das gemauerte Gewölbe eines Kellers einschlagen, Kraftakte, die auch einem Jüngeren Schwierigkeiten bereitet hätten. Erst im Vorankommen der Arbeiten, erkannte ich das baulich Machbare. Die Balkenkonstruktionen waren aus statischen Gründen nicht zu verändern. Ich mußte die bestehenden Gegebenheiten anerkennen und versuchen, das Beste daraus zu machen. Nach manchen schlaflosen Nächten ist mir das ganz gut gelungen. In Wochenendarbeit wurden nach alter DDR-Gepflogenheit die notwendigen Maurerarbeiten erledigt, und die Innenausbauten machte ich später mit einem Zimmermann im Ruhestand. Ich war gleichzeitig Bauherr, Architekt, Improvisator, Hilfsarbeiter und Handlanger für jegliche Arbeiten und Planungen. Es war die Zeit des staatlichen Überganges zur Einheit mit all ihren Ungewißheiten, Ängsten und Hoffnungen. Ich wollte klug sein und kaufte noch aus DDR-Produktion Dinge für Installation von Heizung und Santär. Von heute auf morgen war alles Schrott. Die Handwerker lächelten nur, wenn man ihnen dieses Material zeigte. Sie hatten sich schnell umgestellt.

Endlich hatte ich einmal Glück. Genau als sie gebraucht wurde, standen die neuen Angebote in den ersten neueröffneten Baumärkten und in Handwerksbetrieben zur Verfügung. Eine Erdgasheizung konnte eingebaut werden. Glasfronten für die Dachschrägen über dem Trempel in der Wohnung sorgten für Helligkeit und Sonne, wenn sie schien. Ich hatte eine Sechzig-Quadratmeter-Wohnung geschaffen mit allem, was dazugehört, und anschließende Arbeitsräume. Sie halten zwar keinen Vergleich mit jenen in Leipzig aus, aber sie genügen den noch möglichen Aktivitäten. Es war eine Bequemlichkeit, die ich in den vielen Jahren schmerzlich entbehrt hatte; denn die fast tägliche Fahrerei hatte wertvolle Zeit, Nerven und Kraft gekostet.

Die Eigentumsrechte am Grundstück hatte meine Frau der älteren Tochter mit allen Rechten und Pflichten übergeben. Mit Mann und Sohn zog sie im Frühjahr 1994 in unser bisheriges Wohnhaus ein, nicht zuletzt um uns in Zukunft beizustehen, dann wenn es sich als nötig erweist.

Das alles geschah in einer Zeit von politischer und ökonomischer Umgestaltung seltenen Umfangs, die ich mit Spannung und aufmerksamer Anteilnahme begleitete. Die Demonstrationserlebnisse hatten Spuren hinterlassen, und wir hatten ein Gefühl der Zuversicht und der Genugtuung, sogar des Stolzes darüber, wie diszipliniert und in welcher Geschlossenheit dieses Ende der DDR erreicht worden war. Ohne zentrale Aufrufe, ohne Regie - zumindest am Anfang - ging alles in menschlicher Atmosphäre und Harmonie, ohne Gewalt und Ausschreitungen. Besonders beeindruckend war eine Demonstration, ich möchte sie als Dankkundgebung bezeichnen. Sie fand Anfang 1990 statt ohne Sprechchöre und Losungen, schweigend mit vielen Lichtern im Umzug und auch bei den stumm am Straßenrand stehenden Menschen. Ich glaube, das waren die letzten erhabenen Stunden dieser denkwürdigen Tage, bevor der politische Kleinkrieg einsetzte, und es in die Niederungen egoistischer, persönlicher Erwartungen und Enttäuschungen ging.

Den ersten Tag der deutschen Einheit am 3. Oktober 1990 erlebte ich zu meinem Bedauern am Radio in der Schweiz. Bekannte hatten uns zu einem Aufenthalt in ein kleines Ferienhaus ihres Betriebes eingeladen, nach Gasenried, hoch über dem Martertal vor Zermatt in unmittelbarer Nähe des Riedgletschers. Diesmal hatten wir gewagt, mit dem Wartburg die Reise zu unternehmen. Die Heimfahrt verlängerten wir durch einige Umwege, leider war das Wetter sehr schlecht. Wir fuhren das Rhonetal hinab. In Martinique entschlossen wir uns wegen Regen und niedriger Wolken, den Umweg nach Chamonix am Mont Blanc einzusparen und fuhren gleich an den Genfer See. Ich wollte sehen, wo meine Schwester vor dem Krieg viele Jahre gelebt hatte. Es war schon spät, als wir uns auf den Rückweg begaben. Das Wetter hatte sich nicht gebessert. Eine steile, kurvenreiche Straße fuhren wir bei tiefhängenden Wolken hoch vom Genfer See. Die Steigung war stark, führte an einem Hang entlang und wollte kein Ende nehmen. Unsere Situation war kritisch. Das Benzin wurde knapp, und wir waren mit einem Zweitakter in der französisch sprechenden Schweiz. Im ersten größeren Ort hofften wir, tanken zu können. Auf einem kleinen Platz hielten wir an und öffneten die Motorhaube. Der Motor kochte und machte uns Angst. Das zog gelangweilt herumsitzende

Rentner an. Für sie ergab sich ein Anlaß zu heftigen Diskussionen. Vielleicht waren gute Ratschläge dabei, leider verstanden wir nichts. Die Tankstelle auf dem Platz mit der Anleitung zur Selbstbedienung auf Französisch nutze uns auch nichts. Zum Glück war der nächste größere Ort nicht sehr weit. Hier fanden wir - es war nun schon dunkel - eine Tankstelle, die mit einer Werkstatt verbunden war. Ein Arbeiter verstand etwas deutsch. So konnten wir unsere Ölmanipulation für den Zweitakter vornehmen.
Wir mußten anschließend noch eine lange Strecke fahren. Die schöne Landschaft konnten wir in der einbrechenden Dunkelheit nicht recht wahrnehmen. Außerdem drückte uns die Sorge um eine Unterkunft. Wir bekamen zwischen Gsteig und Gstaat eine, die unseren finanziellen Verhältnissen entsprach, aber erst nachdem ich eine Diskussion mit einem alten Mann durch das Kellerfenster geführt und seine Vorbehalte zerstreut hatte. Es waren zwei kleine, nach altem heimatlichen Brauchtum eingerichtete Zimmer, in denen wir uns wohlfühlen und entspannen konnten.
Am nächsten Tag wollten wir zu Bekannten in der Nähe von Zürich. An einem hochgelegenen Platz nicht weit vom Thuner See machten wir Mittagspause. Es war ein freier, sehr sonniger Ort. Leichtsinnigerweise setzte ich weder Hut noch Mütze auf. Im Laufe des Nachmittags bekam ich leichte Kopfschmerzen, und es wurde mir schlecht. Hinter Interlaken ging es über einen Paß. Er war nicht sehr hoch, doch mir wurde immer übler. Im Tal angelangt, mußte ich aussteigen und mich am Straßenrand ins Gras legen. Zwei jüngere Schweizer, die beruflich unterwegs waren, führten uns etwas abseits von der Straße, damit es nicht nach einem Unfall aussah, und fühlten mir den Puls, der natürlich nicht in Ordnung war. Sie empfahlen einen Arzt, den wir im nächsten Ort aufsuchen sollten und äußerten Unverständnis für eine solche Reise in meinem Alter. "Ich glaube Ihnen, daß Sie das nicht verstehen", sagte ich, "Sie waren ja auch keine vierzig Jahre eingesperrt." Besonders wohl war es mir noch nicht, als wir weiterfuhren. Gegen Abend war alles wieder in Ordnung.
Daß das auch auf Deutschland zutraf, als wir nach Hause kamen, war nicht zu erwarten. Der erste Festtag der Einheit war vorüber. Außenpolitisch war die Einheit sanktioniert, innenpolitisch formal vollzogen. Daran war zum Glück nichts mehr zu ändern. Die

Vereinigung mußte nun im täglichen Umgang miteinander erreicht werden. Es war eine Aufgabe nicht nur für die Parteien und die staatlichen Institutionen, sondern auch für jeden Bürger, ein Problem, das es in dieser Art und Größe noch nicht gegeben hat und das auch bis jetzt nicht befriedigend gelöst wurde. Zwei Teile eines Volkes, das aus politischer Willkür geteilt wurde, dessen jeder Teil einen eigenen Staat gebildet hatte, die sich von einander extrem unterschieden, in politischen, geistigen, weltanschaulichen sowie in humanen Überzeugungen auf anderen Positionen standen, der eine demokratisch, der andere durch die von der Besatzungsmacht etablierte und von ihr immer abhängige Partei nach marxistisch-leninistischer Theorie auf den Weg gebracht, um über die Diktatur des Proletariats zum Sozialismus zu kommen. Auf dem Weg dahin schliff sich im Ringen zwischen Theorie und praktischen Notwendigkeiten im täglichen Leben durch Kompromisse manches ab. In der Ausübung von Diktatur und Abgrenzung war man standhafter. Trotzdem waren die beiden Staaten, wie Honekker ganz richtig sagte, unterschiedlich wie Feuer und Wasser. Nur der gewaltige emotionale Schwung, der sein Zentrum in Leipzig hatte, konnte die Voraussetzungen für eine Überwindung dieses Zustandes schaffen. Bürokratie, intellektuelle Spitzfindigkeiten, egostisches, politisches Kleinkeindenken hätten niemals zu einer deutschen Einheit geführt. Dazu brauchte es diesen unvorhersehbaren, sich spontan manifestierenden Willen der Bürger zur Einheit, der meiner Ansicht nach die Tagespolitik überrollte und ihre Verantwortlichen zum schnellen Handeln zwang, sie zwang, die Gunst der Stunde zu nutzen. In der Notwendigkeit, auf dem Weg zur Einheit schnell voranzukommen, konnten Fehleinschätzungen nicht ausbleiben. Meines Erachtens durfte nur ein Narr erwarten, daß dieser gewaltige Vorgang, der für beide Seiten so überraschend und ganz unvorhergesehen hereingebrochen war, ohne Schwierigkeiten und Irrtümer ablaufen würde.

Wenn zu Beginn der Wiedervereinigung wichtige Politiker durch Emotionen den Verlauf dieses Ereignisses mitunter zu positiv sahen, so ist das für mich entschuldbar. Das nach Jahren noch mit selbstgerechter Häme zu diffamieren, beweist mir, wie reserviert manche sich in diesen für viele freudigen Stunden verhielten.

Eine kleine Episode ist mir deutlich in Erinnerung geblieben. Ich erlebte sie am Abend nach der Bundestagswahl 1990 im Fernsehen. Am Ende der Ergebnisbekanntgabe betrat ein Abgeordneter das Wahlstudio seiner Partei, zog eine Banane aus der Tasche, zeigte sie seinen Genossen und sagte: "Das haben sie gewählt." Aus Geste und Ausdruck sprach eine tiefe Verachtung der Wähler in den neuen Ländern, die ich nicht vergessen kann. Heute ist er Innenminister. - Sicher ist solches und ähnliches Verhalten oft vorgekommen und hat für Verdruß im Osten gesorgt, ebenso wie die privaten Spekulanten, die kleinen und großen Geschäftemacher und Gauner, Immobilienhaie und Betrüger, Auftraggeber, die nicht bezahlten und mancher jungen Existenzgründung im Osten den Ruin brachten, zu Erfahrungen für ehemalige DDR-Bürger wurden, die sie schockierten. Diese Formen des Existenzkampfes waren für sie neu, und durch ihre Unerfahrenheit und Leichtgläubigkeit begünstigten sie die falschen Geschäftemacher.
Solche oder ähnliche Dinge ereignen sich leider während gesellschaftlicher Umbrüche immer. Sie sind ein günstiges Arbeitsfeld für Machenschaften zweifelhafter Elemente. Solche negativen Erscheinungen hinterlassen in der Meinung der Bevölkerung tiefere Spuren als der Aufbau und die Wiederherstellung von Gebäuden in Städten und Gemeinden, das Inordnungbringen von Straßen und Brücken sowie vieler anderer Dinge, an deren schleichenden Verfall man sich in den vorhergegangenen Jahren gewöhnt hatte. Das Anpassen vieler Dinge an modernere, technisch perfektere und umweltfreundlichere Verfahren nimmt man nach einiger Zeit als selbstverständlich hin. Aber es wäre nicht zu machen gewesen, ohne die Bereitstellung von mehrstelligen Milliardenbeträgen, die auch notwendig waren, um Rußland geneigt zu stimmen, die DDR frei zu geben.
Nach der kurzen Vereinigungseuphorie haben viele vergessen, was war. Und wenn sie Bilanz zogen, beschränkte sie sich nur darauf, ob es sich für sie persönlich "gerechnet" hat. Deshalb lehne ich ab, mich an Diskussionen über Fehler zu beteiligen, die bei der Wiedervereinigung begangen wurden, grundsätzlich jedenfalls bevor nicht anerkannt ist, was wir der früheren Bundesrepublik und ihren Bewohnern zu verdanken haben. Aus dem Zusammenbruch der DDR sind wir mit einem blauen Auge davon

gekommen, materiell wie ideel. Vergleiche unserer Lebensverhältnissen mit denen der Menschen in der ehemaligen Sowjetunion und in den mit ihr damals verbündeten Ländern, Vergleiche, die uns die Medien in Berichten und Bildern über die traurige Situation dort vorführen, beweisen uns das täglich.
Wer sehen will, sieht, was uns trotz allem erspart wurde. Es ist erstaunlich, was Menschen in der Lage sind zu ignorieren, wenn es nicht in ihr gewohntes oder ideologisch verzerrtes Weltbild paßt. In letzter Zeit muß ich, wenn ich mit Leuten solch enormen Gedächtnisschwundes in Kontakt komme, Leute, die nur auf sich bezogen denken und urteilen, Menschen, die für ihren Geltungsanspruch und ihr Geltungsbedürfnis durch das Verschwinden der DDR keinen Bezugspunkt mehr haben, an ein Kapitel deutscher Geschichte nach dem Ersten Weltkrieg denken. Die Schrecken des Krieges waren vorüber, das Reich zusammengebrochen ohne Kaiser und ohne das gewohnte nationalistische Umfeld, für viele eine schlimme Situation. Das nutzten Drahtzieher und Hauptschuldige am Krieg aus und konstruierten für die Enttäuschten und Unbelehrbaren die Dolchstoßlegende. Deutschland wurde angeblich nicht von seinen Feinden besiegt, sondern durch Vaterlandsverräter, die der Front in den Rücken fielen, eine Geschichte, die der jungen Weimarer Republik sehr geschadet und die auch nicht wenig zu der weiteren Fehlentwicklung Deutschlands beigetragen hat.
Ich war ein Kind damals, aber manches davon ist mir noch in Erinnerung. Jetzt, wenige Jahre nach der Wiedervereinigung des Landes erlebe ich mitunter etwas Ähnliches. Ab und zu werde ich mit Meinungen konfrontiert, die zwar schüchtern verklausuliert, aber auf den Nenner gebracht sagen: "Die DDR war nicht am Ende, sie wurde mehr oder weniger von der BRD okkupiert, ausgebeutet und platt gemacht." - Überraschen würde es mich nicht, wenn diese Ansicht an Boden gewinnt.
Es ist nicht zu leugnen, daß die soziale Marktwirtschaft - von der CDU nach dem Zweiten Weltkrieg entwickelt - den Bügern der Bundesrepublik weitgehend sozialen Frieden, Wohlstand und in Verbindung mit der Verfassung alle bürgerlichen Freiheiten brachte. Die SPD hat lange gebraucht, und es ist ihr schwer gefallen, dies offen anzuerkennen. Zur Zeit der Vereinigung mit der

DDR kränkelte die Wirtschaft schon etwas, war aber stark genug, die riesige finanzielle Last dieses Vorganges zu tragen. Die bewährten wirtschaftlichen und politischen Strukturen den neuen Erfordernissen anzupassen, wurde 1998 einem anderen politischen Parteienbündnis übertragen. Ich weiß nicht, wie lange ich seine Arbeit noch interessiert beobachten kann.
Am Ende dieses Jahrhunderts ein Drama zu erleben, wie es sich jetzt auf dem Balkan abspielt, habe ich nicht für möglich gehalten. Es wäre gut, wenn wenigstens Europa keinen Diktator mehr hätte, der sich als Führer eines besonderen Volkes versteht und glaubt, mit ihm über ethnische Minderheiten herrschen zu dürfen. Rücksichtslose Selbstverwirklichung und extremer Individualismus sind gleichermaßen zerstörend für die Gesellschaft, wie Arroganz in zwischenmenschlichen Beziehungen und in der großen Politik.

Abbildungsverzeichnis Seite
Gundorf, an der Kirche, 1928 11
Auenwald, 1953 29
An der Lehmbahn, 1935 33
Stilleben, 1973 39
Akt, 1950 57
Landschaftsskizze, 1933 65
Böhlitz-Ehrenberg, Auenstraße, 1932 69
Brückenbau, 1952 77
Bahnübergang, 1964 89
Schnitzer, 1955 97
Stabsunterkunft bei Kirkenes, 1941 115
Stellung im Eismeer I, 1943/44 127
Bunker, 1943/44 131
Nachkriegszeit, 1945 141
Dörflich Szene, 1947 149
Atelierdetail, 1973 155
Porträt, 1947 159
Goseck, 1964 163
Im Hof, 1946 167
Dorfplatz Untergreißlau, 1947 171
Porträt Ilse I, 1946 175
Porträt Ilse II, 1948 181
Skizzen, 1962 185
Park in Untergreißlau, 1954 189
Rudelsburg, 1975 197
Über der Saale, 1970 203
Diskutierende Traktoristen, 1970 207
Im Garten, 1968 213
Dorf im Mondschein, 1970 217
Gliederpuppe, 1947 225
Komposition, 1972 229
Heimweg 235
Maifeier auf dem Dorfplatz, 1948 241
Feldfrühstück, 1976 249
Bulgarien, 1963 257
An der Saale, 1973 263
Traktoristen, 1969 269